"十三五"国家重点图书出版规划项目
交通运输科技丛书·公路基础设施建设与养护

寒冷地区重载公路沥青路面服役性能研究

王殿臣　张洪伟　编著

内 容 提 要

本书通过典型道路调研、室内外试验及理论分析模拟,形成了一系列可推广应用的路面病害三维检测技术方案,研究并验证了沥青路面服役性能衰变模型,提出了基于效益费用分析的内蒙古地区沥青路面养护决策方案,提出了内蒙古地区沥青路面的路面材料关键性能指标、路面设计参数及病害处治对策。

本书理论与实践并重,有典型工程案例,深入阐述了寒冷、重载特点下沥青路面服役性能研究成果,可供大专院校、科学研究人员及公路技术人员使用参考。

图书在版编目(CIP)数据

寒冷地区重载公路沥青路面服役性能研究 / 王殿臣,张洪伟编著. — 北京:人民交通出版社股份有限公司,2019.5

ISBN 978-7-114-15431-7

Ⅰ. ①寒… Ⅱ. ①王… ②张… Ⅲ. ①寒冷地区—重载运输—沥青路面—性能—研究 Ⅳ. ①U416.217

中国版本图书馆 CIP 数据核字(2019)第 057393 号

"十三五"国家重点图书出版规划项目
交通运输科技丛书·公路基础设施建设与养护

书 名:	寒冷地区重载公路沥青路面服役性能研究
著 作 者:	王殿臣 张洪伟
责任编辑:	潘艳霞 尤 伟
责任校对:	赵媛媛
责任印制:	张 凯
出版发行:	人民交通出版社股份有限公司
地 址:	(100011)北京市朝阳区安定门外外馆斜街 3 号
网 址:	http://www.ccpress.com.cn
销售电话:	(010)59757973
总 经 销:	人民交通出版社股份有限公司发行部
经 销:	各地新华书店
印 刷:	北京市密东印刷有限公司
开 本:	787×1092 1/16
印 张:	14
字 数:	358 千
版 次:	2019 年 5 月 第 1 版
印 次:	2019 年 5 月 第 1 次印刷
书 号:	ISBN 978-7-114-15431-7
定 价:	90.00 元

(有印刷、装订质量问题的图书,由本公司负责调换)

交通运输科技丛书编审委员会
（委员排名不分先后）

顾　问：陈　健　周　伟　成　平　姜明宝
主　任：庞　松
副主任：洪晓枫　袁　鹏
委　员：石宝林　张劲泉　赵之忠　关昌余　张华庆
　　　　郑健龙　沙爱民　唐伯明　孙玉清　费维军
　　　　王　炜　孙立军　蒋树屏　韩　敏　张喜刚
　　　　吴　澎　刘怀汉　汪双杰　廖朝华　金　凌
　　　　李爱民　曹　迪　田俊峰　苏权科　严云福

总　　序

科技是国家强盛之基,创新是民族进步之魂。中华民族正处在全面建成小康社会的决胜阶段,比以往任何时候都更加需要强大的科技创新力量。党的十八大以来,以习近平同志为总书记的党中央做出了实施创新驱动发展战略的重大部署。党的十八届五中全会提出必须牢固树立并切实贯彻创新、协调、绿色、开放、共享的发展理念,进一步发挥科技创新在全面创新中的引领作用。在最近召开的全国科技创新大会上,习近平总书记指出要在我国发展新的历史起点上,把科技创新摆在更加重要的位置,吹响了建设世界科技强国的号角。大会强调,实现"两个一百年"奋斗目标,实现中华民族伟大复兴的中国梦,必须坚持走中国特色自主创新道路,面向世界科技前沿、面向经济主战场、面向国家重大需求。这是党中央综合分析国内外大势、立足我国发展全局提出的重大战略目标和战略部署,为加快推进我国科技创新指明了战略方向。

科技创新为我国交通运输事业发展提供了不竭的动力。交通运输部党组坚决贯彻落实中央战略部署,将科技创新摆在交通运输现代化建设全局的突出位置,坚持面向需求、面向世界、面向未来,把智慧交通建设作为主战场,深入实施创新驱动发展战略,以科技创新引领交通运输的全面创新。通过全行业广大科研工作者长期不懈的努力,交通运输科技创新取得了重大进展与突出成效,在黄金水道能力提升、跨海集群工程建设、沥青路面新材料、智能化水面溢油处置、饱和潜水成套技术等方面取得了一系列具有国际领先水平的重大成果,培养了一批高素质的科技创新人才,支撑了行业持续快速发展。同时,通过科技示范工程、科技成果推广计划、专项行动计划、科技成果推广目录等,推广应用了千余项科研成果,有力促进了科研向现实生产力转化。组织出版"交通运输建设科技丛书",是推进科技成果公开、加强科技成果推广应用的一项重要举措。"十二五"期间,该丛书共出版72册,全部列入"十二五"国家重点图书出版规划项目,其中12册获得国家出版基金支持,6册获中华优秀出版物奖图书提名奖,行业影响力和社会知名度不断扩大,逐渐成为交通运输高端学术交流和科技成果公开的重要平台。

"十三五"时期,交通运输改革发展任务更加艰巨繁重,政策制定、基础设施建设、运输管理等领域更加迫切需要科技创新提供有力支撑。为适应形势变化的需要,在以往工作的基础上,我们将组织出版"交通运输科技丛书",其覆盖内容由建设技术扩展到交通运输科学技术各领域,汇集交通运输行业高水平的学术专著,及时集中展示交通运输重大科技成果,将对提升交通运输决策管理水平、促进高层次学术交流、技术传播和专业人才培养发挥积极作用。

当前,全党全国各族人民正在为全面建成小康社会、实现中华民族伟大复兴的中国梦而团结奋斗。交通运输肩负着经济社会发展先行官的政治使命和重大任务,并力争在第二个百年目标实现之前建成世界交通强国,我们迫切需要以科技创新推动转型升级。创新的事业呼唤创新的人才。希望广大科技工作者牢牢抓住科技创新的重要历史机遇,紧密结合交通运输发展的中心任务,锐意进取、锐意创新,以科技创新的丰硕成果为建设综合交通、智慧交通、绿色交通、平安交通贡献新的更大的力量!

2016 年 6 月 24 日

前　言

内蒙古地区地域辽阔，在我国版图上由东北向西南斜伸，呈狭长形，东西长约2400km，南北宽约1700km，涵盖2-1、2-2、1-2共3个气候分区，地质条件、筑路材料和气候环境复杂多样。另外，内蒙古自治区作为我国的资源大省，煤炭、钢材等矿产资源及其产品大多需要通过公路运输，使得本地的公路运输呈现车流量大且重载货运车辆所占比重高的特征，具有寒区重载公路的典型特征。

本书紧紧围绕内蒙古地区气候寒冷、交通重载等公路服役的环境因素，从三维激光检测系统数据特性、典型病害的三维激光检测方案、沥青路面服役性能衰变模型、沥青路面养护决策体系及路面病害预防对策研究等角度展开寒冷地区重载公路沥青路面服役性能研究。

本书内容依托交通运输部建设科技项目"寒冷地区重载公路沥青路面服役性能研究"的研究成果，结合内蒙古地区公路建设与养护项目实际情况进行编写，共分为四篇。

第1篇　综述篇。阐述了寒冷地区重载公路沥青路面服役性能的研究意义、公路养护管理面临新的形势与挑战，从三维检测技术在病害检测中应用、路面性能预测评价与衰变模型、养护技术决策方法等方面介绍了国内外研究现状；开展了内蒙古东、中、西部三个片区沥青路面使用现状的调研及分析。

第2篇　服役性能研究基础篇。对三维激光检测系统原理、数据特性及影响因素进行了深入分析，揭示了三维激光检测系统的成型过程和特性，研究了云噪声分类与处理方法，得到了三维激光最佳布设参数确定方法。

第3篇　服役性能研究应用篇。以车辙、坑槽、裂缝、拥包四类病害为研究对象，设计并验证了三维激光检测方案的可靠性。结合传统检测方法与三维检测技术得到两类路面状况指数，选取合适的衰变模型进行参数标定，为道路养护施工提供指导。

第4篇　路面养护决策与对策篇。引入基于效益费用比的决策模型，建立精细化、科学化、高效化的沥青路面养护决策体系。从路面材料与结构参数角度，重点以沥青路面结构的动态模量及代表值为研究对象，进行沥青路面病害防治理论研究,分析并提出内蒙古地区寒区重载沥青路面的路面结构关键设计参数。

综上所述,本书介绍了自行研发的可调节三维激光路面病害检测系统,提出了三维激光传感器布设参数确定方法,构建了路面坑槽、车辙、拥包等病害三维重构和识别模型,给出了多维度检测与评价指标,揭示了基于三维检测路面状况指数和路面结构温度预估模型的沥青路面使用性能衰减规律,构建了基于效益费用比模型的内蒙古地区沥青路面养护决策体系,为延长沥青路面使用寿命,提升使用性能,节约养护管理成本,搭建便捷、高效的养护管理平台提供指导。

作　者

2018 年 5 月

目　　录

第1篇　综　述　篇

第1章　绪论 ··· 003
 1.1　研究背景及意义 ··· 003
 1.2　国内外研究现状 ··· 004
 1.3　主要研究内容与结论 ·· 017
 1.4　技术路线 ·· 019

第2章　内蒙古地区公路沥青路面综合状况调研 ······················ 021
 2.1　东部片区(呼伦贝尔市)公路沥青路面综合状况调研 ··········· 021
 2.2　东部片区(赤峰市)公路沥青路面综合状况调研 ················ 025
 2.3　中部片区(乌兰察布市)公路沥青路面综合状况调研 ··········· 029
 2.4　西部片区(阿拉善盟)公路沥青路面综合状况调研 ·············· 033
 2.5　本章小结 ·· 036

第2篇　服役性能研究基础篇

第3章　三维激光检测系统原理、数据特性及影响因素分析 ········ 041
 3.1　三维激光检测原理 ·· 041
 3.2　三维激光检测设备 ·· 042
 3.3　三维激光检测系统的物体成像特性分析 ························· 044
 3.4　三维激光信号特性研究 ·· 049
 3.5　激光点云噪声分类与处理方法 ···································· 055
 3.6　三维激光最佳布设参数确定方法 ································· 062
 3.7　本章小结 ·· 064

第3篇　服役性能研究应用篇

第4章　典型病害的三维激光检测方案与可靠性研究 ················ 067
 4.1　车辙三维检测准确性研究及重构方法研究 ······················ 067

4.2	车辙演化行为分析	076
4.3	裂缝病害的三维检测方案及分类研究	081
4.4	拥包病害的三维检测方案及可靠性研究	094
4.5	本章小结	102

第5章 沥青路面服役性能衰变模型及三维验证 ... 104

5.1	服役性能关键指标的选取与分析	104
5.2	性能指标测试方法与实体工程调研	107
5.3	服役性能衰变规律分析	109
5.4	服役性能衰变模型构建	113
5.5	基于二维检测方案的衰变模型参数标定	115
5.6	基于三维检测方法衰变模型的验证	125
5.7	本章小结	132

第4篇 路面养护决策与对策篇

第6章 基于效益费用比模型的沥青路面养护决策体系 ... 137

6.1	养护决策指标分析与性能预测研究	137
6.2	基于效益-费用比的预养护决策模型的建立	140
6.3	基于效益费用比模型的内蒙古沥青路面养护决策体系	147
6.4	本章小结	150

第7章 基于路面材料与结构关键参数的三维病害预防对策研究 ... 151

7.1	沥青路面特性研究与混合料设计	152
7.2	沥青混合料动态模量室内试验及结果分析	161
7.3	沥青混合料动态模量主曲线及预估模型研究	177
7.4	沥青路面沥青层模量代表值	188
7.5	本章小结	205

参考文献 ... 208

第1篇 综 述 篇

第1章 绪 论

内蒙古自治区幅员辽阔,在我国版图上由东北向西南斜伸,呈狭长形,东西长约2400km,南北宽约1700km,涵盖2-1、2-2、1-2共3个气候分区,地质、筑路材料和气候环境复杂多样,另外,内蒙古自治区作为我国的资源大省,煤炭、钢材等矿产资源及其产品大多需要通过公路运输,使得本地的公路运输具有车流量大且重载货运车辆所占比重高的特征,具有寒区重载公路的典型特征。

本书紧紧围绕内蒙古自治区气候寒冷、交通重载等公路服役的环境因素,从三维激光检测系统数据特性、典型病害的三维激光检测方案研究、沥青路面服役性能衰变模型、沥青路面养护决策体系及路面病害预防对策研究等角度展开寒区重载公路沥青路面服役性能研究。

1.1 研究背景及意义

1.1.1 公路养护管理面临新的形势与挑战

随着我国干线公路里程的快速增长,公路养护管理任务越来越艰巨、资金需求越来越大。据统计,"十一五"期间,全国累计用于公路养护工程的资金约8011亿元,完成路网改建工程55万km、公路大修工程16.7万km、公路中修工程36.4万km;"十二五"公路养护管理资金需求规模年均将超过3000亿元。公路养护管理日益成为一项紧迫、艰巨而又长期的任务。我国《"十二五"公路养护管理发展纲要》明确指出公路养护管理面临新的形势与挑战:从养护任务角度看,我国将迎来周期性的公路养护高峰期,加之公路交通流量特别是重载交通量的持续快速增长,公路将面临集中大修和改造的压力,养护任务极为艰巨;从资金保障角度看,公路养护资金不足的矛盾更为突出,特别是政府还贷二级公路取消收费后,随着普通公路融资难度加大,公路养护资金缺口进一步加大,而燃油税费改革后,公路养护资金的拨付程序与管理方式发生了变化,这将对公路养护资金的使用规模和养护管理模式产生一定影响;从服务需求和安全保障角度来看,随着汽车保有量的快速增长和机动化社会的快速到来,加之极端恶劣天气不断增多,由此引发的重特大自然灾害及突发性事件日益增加,交通运输安全风险持续加大,这对公路交通安全应急保障能力和服务水平提出了更大的挑战。

此外,我国已进入资源环境矛盾的凸显期,公路养护管理是建设资源节约、环境友好社会的重要领域。因此,需要全面推广路况快速检测、分析、决策支持成套技术,推进公路养护科学决策,提高公路养护决策的科学化水平和养护资金使用效率,以面对公路养护管理新的形势与挑战。

1.1.2 内蒙古自治区公路建设与养护管理状况

内蒙古自治区内连八省,外接俄罗斯、蒙古,具有独特的区位优势。与此同时,西部大开发战略、振兴东北等老工业基地战略、中俄蒙经贸合作战略的深入实施,为内蒙古产品走出区门提供了广阔的市场舞台,内蒙古自治区通过取长补短优化资本结构的时代已经到来,因此要通过推进公路交通建设工作,为内蒙古自治区内引外联枢纽作用的发挥和面向北方、服务内地的对外开放新格局的形成提供支撑。内蒙古的经济发展极大地促进了交通运输业的发展,公路交通基础设施网络加快形成,截至 2017 年底,全区公路总里程达到 19.9 万 km。全区高速公路总里程达到 6340km,一级公路总里程突破 7000km。农村公路里程达到 15.9 万 km,所有苏木乡镇、具备条件的嘎查村全面实现了通沥青水泥路,苏木乡镇通达率 100%,建制村通达率 99.8%。然而车辆超载对路面的损坏较为普遍,加之内蒙古自治区沥青路面技术的设计、施工、养护水平的发展也明显滞后,不少路面尚未达到设计使用年限就发生了结构性破坏或服务水平的急剧衰减,必须进行改造或重建,每年为运营、维护、改造现有的公路网需要投入大量的资金。

内蒙古处于寒区,降水量少而不均、寒暑变化剧烈。冬季漫长而寒冷,多数地区冷季长达 5 个月到半年之久。其中 1 月最冷,月平均气温从南向北由 -10℃ 递减到 -32℃,不利的气候条件必然对路面结构和混合料设计,以及路面性能耐久性提出更高的要求。

然而内蒙古公路建设采用的依然是现行《公路沥青路面设计规范》,难以满足内蒙古复杂的气候、地质和环境特点,难以避免重载交通带来的路面损坏。针对现有设计方法的不足,有必要研究各层材料参数对路面使用性能的影响,并考虑环境因素,建立基于表面功能衰变和结构材料参数的适用于内蒙古地区的多指标沥青路面的设计方法。

另外,随着内蒙古经济发展,道路建设量和交通量的增加,对已建成的道路使用性能的掌握也是十分必要的,这也要求定期对道路路况进行监测,建立长期、准确和可靠的路况变化监测平台,及时掌握已有道路的性能衰变规律,针对特定道路结构、环境状况、交通信息采取适当的养护方法,以使道路的服务保持在较高水平。目前路况监测主要采用二维视频检测技术,视频技术可以准确采集裂缝类二维破损几何信息,但对于车辙、沉陷、拥包、坑槽等三维破损的几何信息却无法准确采集。因此,目前采用二维视频检测技术获取的道路路况指标数据是不准确、不完整,没有真实地反映道路路况的真实变化,也无法准确反映路面使用性能指标的真实衰变情况。

在此背景下,采用三维激光技术快速检测与表征沥青路面病害,针对内蒙古地区的气候、交通、材料及病害特点,从模型预测、路面材料与结构设计参数、养护决策等角度开展技术攻关,开展寒冷地区重载公路沥青路面服役性能研究,可极大提高内蒙古地区沥青路面的设计、建设、养护质量与技术水平,节约养护维修经费,促进内蒙古地区的交通及经济发展。同时,可以为相邻省份的沥青路面病害检测、养护措施的提出提供借鉴经验,促进交通运输行业养护工作的开展。

1.2 国内外研究现状

1.2.1 三维检测技术在病害检测中应用研究现状

近几年,医用三维激光成像技术由于其高解析率和高精度的特点,开始应用于路面病害检测领域,从而使得路面检测真正进入了三维领域。目前,作为国际上最先进的路面状况检测方法,三维激光成像技术开始被国外公路机构关注和重视。由于三维激光系统具有较高的分辨率并能在较高的检测速度下工作,逐渐受到研究者和工程人员的青睐。

1) 三维激光检测设备

2007年,LRMS激光车辙检测系统得到了Fugro Roadware公司(加拿大)(ARAN 9000系列检测车)、Pathway公司(美国)等的广泛应用。该检测系统以一定的斜角对路面进行扫描,测量宽度为4m,采样频率为25Hz,每秒可采集250个横断面,每个断面有1280个点,共计约320000个三维激光数据点。加拿大的INO开发了LRMS来测量车辙,该系统由两个激光断面仪组成,每个断面仪的检测宽度为2m,在每个断面上采集640个数据点,该系统能够在速度高达100km/h的条件下进行检测。INO的另一种商业产品是LCMS,其横向分辨率和获取断面最大频率与路面三维可视化系统较为接近。美国得克萨斯大学的李庆光基于三维激光面技术开展设备研究,其设备每秒可以采集200个断面,每个断面有1024个点,每秒采集点数共计约204800个。得克萨斯州交通部的Robin Huang团队在2009年自主研发了VRUT车载式激光面检测系统,其横向检测精度为2.8mm,可覆盖4.267m宽的路面,沿横断面方向可收集1536个激光数据点;架设高度为2.13m,可在路面上每次收集到4.3m长、2m宽的激光检测区域的数据。此外还有GIE科技公司研发的激光视觉系统(LVS)等。得克萨斯大学奥斯汀分校的Li等(2010)开发了一种三维实时扫描系统,用于路面变形检测。该三维扫描系统包含两个激光断面扫描仪,每个扫描仪的横向检测宽度为1.83m,所获取的车辙横断面由1024个数据点构成,检测最大速率为每秒200个断面。Wang等(2011,2012)提出了一种新的三维激光系统,即路面三维可视化系统(Pave Vision三维),它能同时获取路面2D的灰度图像和三维的距离数据,其检测断面的横向分辨率和最大检测频率均大于三维实时扫描系统和VRUT。

武汉大学的左小清、李清泉在2004年曾提出根据公路设计数据,运用动态分段技术管理路面数据,建立公路三维模型,并实现道路附属设施的查询。2004年,JG-1型激光三维路面状况智能检测系统开发完成,该系统由南京理工大学的贺安之、徐友仁设计并完成开发。国外道路的三维可视化重构开始发展较早,丹麦开发的GW高速公路激光路面检测车集成了较先进的路面检测技术,该系统实现了路面的三维重构。

美国Pathway公司最新研制的多功能道路数据检测车配备最先进的计算机系统、传感器及数字式图像处理系统,可以用来进行高效的数据采集、道路和路面的图像视频采集。Pathway多功能路况检测车(图1-1)包含了世界上最先进的三维路面破损采集系统,可同时,进行路面车辙检测、三维路面破损采集、三维路面图像的自动裂缝识别。Pathway三维破损采集系统能在正常车速下获取全车道4m宽的横断面车辙和路面破损数据,在整个4m宽车道内描绘横断面特征和动态绘制详细路面病害。

图1-1 Pathway多功能路况检测车

2002年,我国第一辆道路智能检测车由南京理工大学研制成功,该检测车可以在车速为70km/h的情况下对路面损坏图像和数据进行采集,数据处理之后,裂缝识别精度达3~5mm。

两年之后,该校教授贺安之研发的激光三维路面智能检测系统,将裂缝识别精度提高到1mm,并对车辙数据重建路面破损三维信息进行了初步研究。

武大卓越科技公司在2004年研究开发的第一台道路路面智能检测车,该车可以对道路几何线形、路面病害信息、车辙等指标进行检测。到目前为止,该系统经过了4次改进升级,其中第四代检测系统可以在车速为100km/h的情况下准确采集道路性能指标,对裂缝的识别率达到95%。

由交通部公路研究院开发的道路路况快速检测系统CICS,可以对路面的损坏状况、平整度、车辙等指标数据或图像进行快速而准确的采集,并且自动识别处理这些路面损坏图像,对裂缝进行定位,并对其长、宽进行计算,能够识别的裂缝的最小宽度为1mm,道路损坏的识别率可以达到90%~95%。

2004年武汉大学的左小清、李清泉提出了公路三维模型建立与数据组织,2008年长安大学马荣贵提出了基于31路激光传感器的三维重建方法,2011年梁新成、张军等提出了一种基于三角级数法的三维路面重构技术。2012年马荣贵、汪华梅在同济大学学报上给出了基于横断面和GPS数据融合的路面三维重建模型,并提出了线性彩色晕渲方法。

目前,路面三维检测技术发展迅速,数据采集系统已经接近成熟和完备,但是路面重构技术研究还不是很完善,无法把检测数据直观地显示出来,应用到实际的道路养护状况评价和维修中。传统的路面三维重构模型的数据来源大致分为三种:①GPS或全站仪野外测量的离散数据;②公路设计数据;③从影像中提取的道路特征数据。运用这些数据所建立的三维重构模型也只能反映道路的宏观信息,如公路附属设施的定位及查询、公路周边地形环境等。

2)三维激光技术数据特性及影响因素分析

三维激光技术是最近几年出现的新兴技术,其在路面状况评估方面的应用仍处在初级阶段,研究者对三维激光数据特性的认识仍然比较有限。然而,三维激光数据作为路面状况评估及病害精细化研究的基础,对其特性的全面研究分析至关重要。三维激光检测系统在检测路面状况过程中,所获取的激光点云数据不可避免地会受到检测系统本身和外部环境等因素的干扰而产生噪声,噪声的存在会对三维激光数据质量产生一定的影响,进而影响病害研究的精确度和可信度。因此,有必要对三维激光的数据特性进行深入研究,进一步了解数据中噪声的特征,进而提出一种合理的方法对数据中的噪声进行有效滤除。近年来,对三维激光数据特性分析和去噪方面的研究取得了一些初步的进展。

孟娜对三维激光点云噪声点的产生进行了理论描述,将噪点的产生归结为两类:被测对象表面因素产生的误差(如表面粗糙度、波纹等)和测量系统本身(如设备的测量精度、CCD摄像机的分辨率、振动等)引起的误差。在对三维激光点云数据噪点分析的基础上,依次通过明显噪声点去除、随机滤波去噪、光顺去噪来去除点云数据中的噪声。戴彬在基于激光点云数据的三维重建研究中发现激光点云数据存在缺失,推测缺失点的产生可能是由于物体的遮挡及玻璃的镜面反射等,但并未对此推测进行实验验证,同时提出了一种基于几何关系的补洞算法来填补缺失的点云数据。

位洪军研究指出,激光三角法测量系统的精度容易受到测量系统本身误差、被测物体表面特征和测量环境等多种因素的影响。测量系统的测量精度主要取决于三维激光在图像中的提取精度,进一步取决于激光线在CCD图像中的宽度及宽度方向上的光强分布。同时,激光三角法测量系统对被测物体表面粗糙度、漫反射率和倾角过于敏感,存在阴影效应。被测物体表面颜色对激光点吸收程度不同,也将导致测量结果产生误差。测量环境的温度变化会对激光器组成原件的特性产生影响,进而影响系统的测量精度。然而,作者并未对以上影响系统测量精度的因素进行实验验证。

郭昌鹤对激光器所产生噪声的特性及分布类型进行了分析,但该噪声分析基于激光器的组成器件本身,并未涉及外部环境干扰对激光检测数据的影响。张汝婷将三维激光数据噪声的来源分为四类:光源噪声、光电器件噪声、外部噪声、测量系统中的平移运动装置引起的噪声,并通过均值滤波的方法对噪声进行滤除。

美国佐治亚理工学院的 Feng Li 对三维激光数据特性进行了较为广泛的研究,文中将激光点云数据包含的特征分为三种:固有测量不确定量、缺失点和异常点,并对各种数据特征的产生进行了试验验证,通过室内静态试验和动态试验,选择真实值已知且平整光滑大理石板为试验对象,以测量误差的标准差为指标,对比验证了试验对象在有无均匀覆盖物条件下三维激光系统的测量精度。试验结果显示,有覆盖物的大理石表面(有均匀的色泽与亮度)的测量误差符合激光检测系统手册给定的测量误差范围。对于数据中缺失点的产生,研究中给出了理论推测,CCD 所捕捉的激光束较暗时,可能产生激光点缺失。数据中的异常点可能由沥青路面表面的反射物引起。

Feng Li 以单幅车辙中所有横断面车辙深度计算结果为基础,应用多元自适应回归样条函数并基于阈值的异常值剔除方法来剔除车辙深度测量值中的异常值。该研究在试验对象的选取及试验设计中均未能全面展现道路实际特性,且并未对原始三维激光数据提出有效的去噪算法。

综上所述,大多数研究者对三维激光数据特性的研究比较片面,对于数据中噪声产生的原因多停留在理论描述和推测阶段,缺乏必要的试验验证。已有的试验验证方法在试验对象的选取和设计上存在不足,试验对象的选取需要更多地结合路面实际状况,试验设计中需要对激光数据特征进行更加深入的探究。由于缺乏对激光数据中噪声特性的深入分析与分类,研究者多采用单一的方法去噪,不具有针对性,导致去噪效果不佳。因此,有必要通过试验来对三维激光数据特性进行深入探究,对数据中存在的噪声进行系统分析和分类,提出一种合理有效的方法,去除三维激光数据中的噪声。

3) 三维激光在路面病害检测中的应用

路面病害的准确检测不仅为路面修补方法及措施提供了重要依据,也为路面养护节约了大量资金。国外对于三维激光在路面病害检测的应用起步较早,随着认识的不断深入,提出了一些较完善的自动检测与识别方法。1955 年,美国麻省理工学院的 Chaires L Miller 教授,以如何通过数字化计算的方法处理应用从摄影测量获得的数据,进而加快公路设计为研究目的,首次提出数字地面模型(Digital Terrain Model,DTM)的概念。由于计算机高速运算速度和数据的海量存储,数字地面模型也渐趋成熟。公路三维可视化设计的核心便是数字地面模型,公路三维设计所需的基本信息都是从数字地面模型中提取出来的。20 世纪 70 年代开始,公路路线的设计优化逐步拓展到二维、三维选线,作为三维地形可视化研究的基础,数字地面模型开始大规模应用。

美国 Waylink System Corporation 研制开发的 Waylink 数字式高速公路多功能检测车可在高速行驶情况下采集和实时全自动识别路表裂缝,生成包括裂纹位置、几何尺寸(如长度、宽度、面积等)在内的裂纹图,并以纵向、横向、块状和龟裂等裂纹类型对裂纹进行分类,同时自动建立图像数据库。

Laurent、John、Talbot、Mario等采用高精度的激光扫描装置,进行路面的三维测量,论文中给出了基于自同步激光扫描的光学系统,还同时给出了美国联邦公路局光学研究所采用该系统生产的路况调查仪,为了获得路面的横断面三维信息和准确的纵断面信息,采用了两套同步激光扫描系统,可以给出车辙及裂缝等信息。

美国佐治亚理工学院Tsai应用三维激光面技术进行了以下病害的检测研究工作:

(1)微铣刨路面质量控制。为了确保光滑的微铣刨表面纹理以及良好的黏结排水能力,Tsai提出了利用三维激光扫描铣刨后的路面,采用峰谷差值(Ridge to Valley Depth)评价微铣刨质量,可以有效识别铣刨后的不良区域。

(2)裂缝检测及其自动化检测。Tsai指出三维激光技术在外界照明条件不佳的情况下仍然可以自动检测宽度大于2mm的裂缝。Kevin Wang基于三维激光所采集到的数据采用包围盒算法识别裂缝,试验结果表明:对于包含不同裂缝类型(龟裂、横缝、纵缝、块裂)的路面,与人工检测结果相比,89%的裂缝自动分类和严重等级划分结果与人工检测一致。

(3)车辙深度检测方法。Tsai首先指出多点激光检测方法(3点、5点)由于样本数量有限,无法准确测量车辙深度,由此提出利用三维激光可建立一套完整的车辙评价体系,包括数据的获取、处理、分割与统计分析,并应用该评价体系对室内模拟车辙与室外实际车辙的测量数据分析,结果表明三维激光对车辙深度测量准确性高、可重复性好。

(4)刚性路面的错台检测可行性研究。Tsai首先对三维激光检测混凝土错台的可行性进行了研究,通过对已知高差的错台进行测量,其结果表明三维激光可准确测量错台高差,并具有良好的可重复性,随后Kevin Wang基于三维激光技术采用模板匹配算法测量错台高差,其测量结果与人工检测结果一致。

(5)松散检测。Tsai利用三维激光和宏观纹理分析,结合随机森林模型实现了路面松散检测与分类,其所提出的算法可准确测量沥青路面松散情况。

考虑到病害检测与识别的重要性,国内的研究人员通过室内试验和现场试验,应用三维激光对路面病害检测进行了以下研究:李伟对三维数据特征和错台形状的分析,提出致密错台量计算方法,通过计算可得到平均错台量和最大错台量,结果表明91%的错台三维检测结果与直尺测量结果绝对误差在2mm内。李伟利用双相标准差粗滤波与分层形态学精滤波对三维激光原始数据去噪后,采用递减指数加权平均法计算路面构造深度。通过沥青路面现场试验,与铺砂法测量结果进行对比,结果表明该方法得到的构造深度数值与铺砂法结果相对误差在0.13mm以内,相关系数为0.9232,表明三维激光测量路面构造深度准确性高、可靠性强。李伟[15]基于三维数据扫描技术,提出双相扫描路面裂缝初识别方法;在此基础上,采用区域生长算法进行裂缝进一步识别;使用线性拟合与双向扫描求取交叉点的方法进行网状裂缝类型判断;同时,通过使用距离以及角度判断的方法由断裂裂缝模型获得完整裂缝矩形模型,并基于该矩形模型进行了线性裂缝区域信息的表征及类型的判定。该方法对于网状裂缝具有较高的检测精度,而对线性裂缝的检测精度相对较低。惠冰利用三维激光技术对室内坑槽模型进行扫描,基于MATLAB软件对激光点云数据采用不规则三角网(TIN)平面插值法重构了坑槽三维模型,进而结合等高线提取确定了坑槽边界,实现了坑槽多维度指标自动计算,研究结果表明坑槽深度、面积和体积指标的最大相对误差分别为 3.96%、4.58% 和 4.74%,同时为保证坑槽多维度指标检测的准确度,建议激光线纵向间距应不大于 5mm。

随着信息科学发展、应用的不断深入、信息管理的数字化以及虚拟现实技术的快速发展,三维仿真系统的发展也日新月异。同时,交通事业的飞速发展,对道路的可视化需求也愈发迫切。融合三维检测数据,通过三维建模实现路面三维重构,进一步建立三维可视化数字路面系统,有助于公路系统更加科学地管理大规模的公路路面。通过三维路面可视化重构可以查看路况以及道路轨迹,精确定位路况信息并给出准确的数字信息(经纬度、高程、里程、车辙、平整度、容积、体积等),尤其是针对沥青路面车辙、坑槽、沉陷和拥包等三维破损进行了准确定位,为计算破损体积提供了依据,为进一步制定养护方案提供了重要的数据信息。三维可视化数字路面系统的开发有助于便捷、高效地制定科学合理的路面养护方案,提高公路服务水平。因此,三维数字路面信息的显示技术有利于道路检测技术向系统化、智能化的方向发展。

综上所述,目前利用三维激光,国外研究人员与学者建立了较为完整的病害检测与识别体系,将着手制定三维激光检测规范,而国内对于三维激光在路面病害检测的应用研究起步较晚,尚处于探索阶段。对于某些病害检测的准确性仍然无法满足工程要求。

1.2.2 路面养护管理决策技术研究现状

1)路面性能评价

最早的路面使用性能评价模型是美国 AASHTO 于 20 世纪 60 年代基于 10 年的试验观测提出的路面使用性能评价模型 PSI(Present Serviceability Index)。它是公路管理行业第一次引用专家评分技术建立客观联系的成功典范。此后,许多国家和地区建立了不同概念和意义的路面使用性能评价模型,例如,美国各州的 PCI、SCI、PQI、PRI、PCR 等,这些模型的共同点是依靠专家评价,运用多元回归法建立模型。

随着养护经验的积累和学科的发展,对路面性能衰变研究越来越深入,路面使用性能评价领域引入了新的理论和方法,如模糊数学法、集对分析法、物元法等。

20 世纪 80 年代末交通部公路科学研究所以河北和浙江试验路为基础,建立的一般公路路面使用性能评价模型(RIOH),是我国建立的第一个较为全面、科学的公路路面使用性能评价模型。该模型在杭州市路面管理系统中得到了实际的运用。

"七五、八五"期间,我国通过国家重点攻关项目"干线公路路面评价养护成套技术"的研究,建立了我国的干线公路路面评价养护系统,即路面管理系统 CPMS(China Pavement Management System),同时在一些地区引进了世界银行的 HDM-Ⅲ 公路养护标准模型,用于沥青路面的养护决策和养护措施选择。在此的基础上,交通部公路科学研究所与同济大学、北京、广东等地区联合开发了干线公路(省市级)路面评价养护系统(PEMS)。

目前,我国现行的《公路沥青路面养护技术规范》(JTJ 073.2—2001)和《公路技术状况评定标准》(JTG H20—2007)中的路面使用性能评价模型是结合大量实例经验,针对传统的矫正性养护或改扩建等建立起来的。通过对沥青路面使用性能评价方法的研究,可以更好地分析出沥青路面的早期衰变规律,这对预防性养护有着十分重要的意义。

2)路面性能预测方法

路面使用性能的预测是为了让决策者更直接地了解到路面使用性能和更好地进行路面管理

决策,让决策者在合适的时间选择合适的养护方法,使得养护费用最小,达到的养护效果最好。

20世纪60年代初,Carey和Irick在AASHTO试验路段研究中,第一次提出了路面性能预测的概念,随后关于路面性能预测的探索和研究便发展起来。目前,许多国家和地区根据自身的需求和发展情况,分别提出了不同的路面性能预测模型。从模型的分类上,可以分为最基本确定型模型和预测状态分布的概率模型两类。确定型模型主要分为经验型模型、力学预测模型和力学-经验预测模型。由于路面使用性能受到路面因素、环境因素、交通因素、路龄因素、工程因素等的影响,其变化充满不确定性。确定型模型并不能直接反映这种不确定的属性,因此产生了能反映路面性能变化的不确定性的概率型模型。概率型模型主要包括马尔可夫模型、半马尔可夫模型等。这两类路面使用性能预测模型依据积累的路况数据而建立,模型的精度受数据的多少和质量的优劣影响。

上述两类方法,在我国不同地区都有具体应用。江西省根据6年的历史数据,采用确定型模型建立了网级路面性能预测模型;沈大高速公路根据1996年、1997年两年全线上下行的路况普查数据,应用马尔可夫过程建模方法,依次建立了沈大高速公路路面损坏状况、路面行驶质量和路面综合状况的概率预测模型。同济大学孙立军教授等结合国内外资料,提出了定量描述各种衰变模式的数学物理含义明确的路面性能标准方程,通过方程可以科学地对路面性能变化做出准确预测。

随着计算机和人工智能技术的发展,许多应用数学方法和新技术已用来对路面性能进行预测,包括灰色模型、人工智能、遗传算法等。灰色理论系统是邓聚龙教授于1982年提出。灰色理论系统可以从有限、杂乱无章的路面性能检测数据中找出某种规律,建立灰色模型,从而对路面性能衰减作出恰当的预测。神经网络模型被应用于预测路面平整度、裂缝发展等。北京交通大学玉俊杰在分析了国内外常用的路面使用性能预测模型的基础上,采用BP神经网络,建立了基于预防性养护的高速公路沥青路面使用性能预测模型。遗传算法结合专家经验法,可以根据路况检测数据的更新对预测模型进行修正。聚类回归分析法也应用于路面性能的预测。

对比分析各类预测方法,总结相应优缺点及适应性,具体如下:

(1)力学预测模型与力学经验模型有比较成熟的理论基础,能不同程度反映路面使用性能变化的实质,所需标定的数据不多,预估精度较高。缺点是结构复杂,计算量大,仅适用于项目级路面管理系统。

(2)经验预测模型是采用回归技术寻求对现有数据与其影响因素的最佳拟合,避免了力学预测模型或力学-经验预测的复杂结构分析和计算过程。主要缺点表现在用一个非时变参数模型来描述一个时变系统,随着预测时间的增长,预测误差也会很快增长。因此模型难以准确反映路面使用性能随时间变化的规律,这就要求有大量长期的路面检测数据基础,而对于刚建成通车不久的高速公路来说是比较困难的。同时在具体建模的过程中容易出现一些偏差和错误,对于模型某些变量的标定也存在一定的困难,因此经验预测模型只适用于精度要求不高的网级路面管理系统。

(3)以马尔可夫概率预测模型为代表的概率模型考虑了路面使用性能预测的不确定性,能够较好地反映各种影响因素变化所导致路面性能变化的不确定性,这样更符合实际情况。马尔可夫概率预测模型作为变起点模型,可以依据最新的调查数据为预测起点,提高了预测精度,并且模型能够随路况的变化及时更新,模型结构与网级动态优化方法可达到协调一致。在实际工作中,为提高预测精度,可将路网按所在地区、路面结构、路龄等因素划分为若干子网,分别对各子网建立转移概率矩阵。

(4)随着人工智能技术的发展,更多的新技术已被应用到路面性能预测模型中。如专家系统可综合路面管理专家的经验建立一个知识库,使计算机能够模拟专家对各种条件下的路况进行预测。人工神经网络 ANN 能够模拟人类的思考和判断过程,根据已有的历史数据库对其中的规律进行总结,并对复杂预测问题提供实时的解答,预测时不需要专家的介入或专门的知识。

3)路面性能衰变模型研究

路面长期使用性能的研究在国外很受重视。例如,英国自 1949 年以后进行了 6 次大规模的路面结构性能与设计方法的试验验证工作,其 1987 年制定的路面设计方法,就是建立在对 400 多个试验路段长期观测的路用性能数据基础上。美国各州公路工作者协会(AASHO)在 1956—1960 年间进行了著名的 AASHO 试验路研究,研究了真实荷载作用对路面使用性能的影响,并根据试验结果提出了 AASHTO 路面设计指南。

在路面长期性能研究方面最为系统的应属美国。为提高本国高速公路网的服务水平,通过科技手段增强公路运输系统的有效性,美国联邦公路局(FHWA)于 1982 年委托美国国家研究院(NCR)的运输研究委员会开展了一项"战略运输研究调查"。在该调查所提出的建议的基础上,FHWA 和 NRC 于 1987 年正式投资 5000 万美元,启动国家战略公路研究计划(SHRP),目标是为"提高路面性能和服务寿命,在不过分增加投资的前提下使道路更好地为客货运输服务"提供手段和帮助。路面长期性能(Long Term Pavement Performance,LTPP)是 SHRP 的四个研究领域之一。作为一项持续 20 年公路研究项目,TLPP 在 SHRP 工作结束后由 FHWA 负责继续进行,研究覆盖整个北美地区,该计划的内容可以概括为:对采用不同设计方案和不同材料、处于不同环境条件和路基状况下,经历不同荷载和养护维修措施的路面结构进行广泛而深入的调查研究,解答荷载、气候、材料变异性、施工操作、养护维修实践等长期影响路面性能的基本问题,为增加路面使用寿命提供技术支持。

北美 LTPP 研究以试验、观测以及在此基础上的数据分析为主要技术手段。作为研究工作的依托,LTPP 在北美划分 4 个气候大区,建立了 2200 多个试验观测路段,包括一般性路面研究(GPS)项目和特定性路面研究(SPS)项目两大类。前者是处于设计使用期内的现有路面实体工程,分为 8 种路面结构形式;后者是为特定的研究内容专门修建的试验路段,根据考察目标不同划分为 9 组试验方案。LTPP 对 GPS 路段和 SPS 路段的路面性能、路面材料特性、交通状况、养护维修措施以及环境状况变化等进行详尽的测试和试验,所取得的大量数据由路面性能数据库(NPPDB)进行存储和管理,进而开展数据分析工作。在 LTPP 中,利用国家路面数据库(NPPDB)已获得的数据,现已进行的分析工作包括:评价现有设计方法,改进路面维修策略,确定荷载、环境、材料特性及其变异性、施工质量及养护水平等对路面性能的影响,明确设计中的某些要点内容对路面性能的影响,修订新建路面的设计方法,等等。其中,开发详细的路面性能预测模型和修正 AASHTO 路面设计指南是美国 TLPP 计划的重要目标之一。

在 AASHTO 的版设计指南中,提出了下列损坏类型标准:永久变形、疲劳开裂、温度开裂、平整度 IRI 指数。其损坏模型参考了有关科研项目的成果,即完全参照其他模型或借鉴其他模型并进行修正,然后利用 LTPP 的大量数据进行验证。为验证 SHRP 的研究成果,美国联邦公路局(FHWA)于 1995 年开展了西部环道试验,在 1995 年 10 月在内华达洲建成试验环道,于 1996 年 3 月开始进行加速荷载破坏试验,目的是通过评价材料和施工参数差值对路面性能影响,来开发与性能相关的沥青路面设计规范,提供 SUPERPAVE 沥青混合料设计方法的早期工程实践的检验。试验环岛共包括 26 个试验段,长 3km。

此外,其他一些研究机构也应用有关试验手段,如澳大利亚的室外(内)环(直)道,研究路面使用性能的变化情况。除了以试验和观测为主的路面长期性能的研究以外,一些国家还开展了关于路面长期性能的理论分析工作。其中,较有影响的有英国 Nottinham 大学和 Cambridge 大学的路面性能综合模拟模型、加拿大 Waterloo 大学的 OAPC 模型等。

各国对路面长期性能的大量研究,使人们对于路面材料、结构与路面性能之间的关系有了更深入的理解,从而为各国、各地区的公路建设提供了宝贵的理论依据,使道路建设技术迈上了新台阶。然而,道路工程最大的特点是变异性大,不同地区所适应的结构组成和材料组合差异性很大。由于我国多变的地理环境和气候特征,使得当地的路面建设不能照搬国外经验。

随着道路建设的增加以及人们对道路使用要求的不断提高,国内也相继开展了路面长期使用性能的相关研究。在 20 世纪 80 年代,随着路面养护管理系统在我国的引入和推广,很多省市,如北京、上海、江西、江苏等,都开展了较大规模的路面使用性能调查和研究。进入 20 世纪 90 时年代以后,随着我国高等级公路建设的快速发展,人们对高速公路使用性能研究更加重视起来。一方面,国内许多科研机构和公路管理部门对于高速公路沥青路面的使用性能评价体系进行了研究,对其中一些重要的指标,如开裂、车辙等进行了较为深入的研究;另一方面,一些省市的研究单位也开展了路面使用性能的系统研究:西安公路研究所最早在 1990 年开始进行"陕西省高等级公路半刚性基层沥青路面长期使用性能研究",从 1990 年至 2000 年对西三线、西临线等试验路段进行了 10 余年的连续观测,取得了大量的观测数据,为我国进行路面长期性能研究提供了有力的支持。

同济大学的孙立军教授在分析国内外路面性能研究的基础上,将路面性能衰变划分为 4 种典型模式,提出了能够定量描述各种衰变模式、方程系数、数学物理含义明确的路面性能标准方程,从而可将任一使用性能曲线用两个简单的回归常数来表示,为进一步研究奠定了简易可行的基础。

交通部于 1998 年 1 月立项开展路面长期使用性能研究,具体由交通部公路科学研究所主持研究工作。随后,新疆、辽宁、广东、河南等省也相继立项开展了这方面的工作。这些研究项目中都建立了相应的试验观测路段,对车辆荷载、气候环境、路面材料与结构等对路面的长期使用性能的影响进行了研究分析。

内蒙古地区地理跨度大,气候多变,冬季寒冷,路面容易发生低温开裂;区域内多矿区,重载现象严重,路面易发生疲劳损坏;长期高荷载,加上夏季温度较高,路面车辙病害也不容忽视。而我国当前道路性能研究多集中在沿海及中部经济较发达省份,继而制定的一系列道路设计施工规范难以满足内蒙古地区复杂的区域地理及气候环境。内蒙古现有道路呈现与内地其他省份典型道路不同的衰变规律与特性。对于现有道路的养护和新建道路,其结构组合、厚度、材料选择、施工工艺选择等缺乏有效的路面性能衰变理论依据。因此,针对内蒙古地区特殊的气候、地理环境下,开展沥青路面性能衰变规律研究具有重要意义。

4) 沥青路面沥青层模量代表值的研究

材料的设计参数、结构设计指标、理论体系三部分共同构成路面设计方法。自 1958 年学习苏联《路面设计规范(草案)》中的路面设计方法以来,我国沥青路面设计规范始终采用路面材料静态加载条件下的力学特性指标(由形变模量过渡为弹性模量)作为设计参数,这套参数体系与层状弹性体系理论、弯沉和考虑结构层疲劳效应的拉应力指标相统一,所构成的设计方法反映了当时交通条件下路面结构的主要破坏模式,也保证了路面结构设计方案与工程实践所反映规律相一致。然而,随着交通荷载的发展变化,路面结构的破坏形态更为多样,其力学机制也更为复杂,面对这一情况,始于2004年的西部交通建设科技项目"沥青路面设计指标和参数研究"与"基于多指标的沥青路面设计方法研究"开展了全面、系统、深入的研究,在保持理论体系不变的基本框架内,采用动态加载下材料的力学响应变量作为设计参数,以多指标反映路面的多种破坏形态,所构建的设计方法更为全面、系统,尤其是动态参数与静态理论的结合,将复杂的理论问题简化处理,再加以修正,使得科学研究同工程技术的解决有效衔接,这一思路与框架值得深化、完善,并同各地区实际情况相结合,予以补充、修正。

沥青路面材料设计参数主要包括沥青混合料动态压缩模量、无机结合料弹性模量、路基和粒料层回弹模量等,这些设计参数能反映材料的力学性质,并能与设计指标的预估模型建立合理的相关关系。

到目前为止,路面材料的动态模量研究经历了40多年的历史。早在1962年,美国Seet等人首先将动态模量的概念引入路面结构设计和研究中。他针对动态三轴试验,定义材料动态模量为动态偏应力与相应的动态荷载作用下的回弹(可恢复)应变的比值,这个概念一提出就被广大公路界所接受。

目前,国外室内动态模量试验主要有单轴压缩试验(圆柱体试件)、直接拉伸或直接拉压试验(圆柱体试件)、直接拉伸试验(长方体试件)、三轴压缩试验(圆柱体试件)、间接拉伸试验(或者称为劈裂试验,圆柱体试件)、两点弯曲试验(梯形试件)、两点或三点或四点弯曲试验(长方体试件)等。而开展较为普遍的试验方法主要是单轴压缩试验、间接拉伸试验和四点弯曲试验。单轴压缩试验是测定沥青混合料的抗压动态模量,间接拉伸试验是测定沥青混合料的劈裂回弹模量,而四点弯曲试验是测定沥青混合料的弯拉劲度模量。

国外公路路面设计方法可分为经验法、理论法及半理论半经验法,不同的路面设计方法表征路基强度的参数指标也不尽相同。如地基反应模量,即采用Winkler地基模型,反映路基顶面压力与弯沉关系的比例系数;加州承载比CBR是美国加利福尼亚州提出的一种以材料抵抗局部荷载压入变形的能力。苏联则采用土基弹性模量作为设计参数;美国AASHTO沥青路面厚度设计方法中采用路基土的有效回弹模量作为设计参数;SHELL沥青路面厚度设计方法中采用路基土动态回弹模量作为设计参数;美国PCA、AASHTO水泥混凝土路面厚度设计方法则采用路基反应模量。相应于各设计方法的路基强度设计参数,均进行了大量试验研究,提出了各自的确定方法,并在实践中得到验证和完善。

AASHTO(2002)中沥青混合料的动态模量可采用三种方式获得:按ASTM 3497或NCHRP 9-19的试验方法实测不同温度、频率下的沥青混凝土动态模量、泊松比等参数;根据沥青混合料的级配、空隙率以及沥青黏度和加载频率,按回归公式计算得出各参数;也可按默认值取值。EICM将预测沥青各层的小时温度分布剖面图,从而预估使用期内每个月或每半个月沥青层的模量变化值。

SHELL法把路面当作一种线弹性体系,材料以动态模量或劲度表征。混合料的黏弹性性质以其劲度模量体现,其值则取决于温度、沥青含量、沥青劲度和混合料的空隙。SHELL设计方法提供一套诺漠图,只要知道沥青的针入度、软化点等基本数据,由 Van der Poel 的劲度诺漠图得出沥青的劲度 Sbit,再由 Sbit 及混合料中沥青含量和矿料的体积百分含量确定沥青混合料的劲度模量。在考虑温度对沥青混合料材料特性的影响中,应用程序把月平均气温转化为加权年平均气温,依据沥青层厚和加权年平均气温则可求得有效沥青温度。

美国沥青协会(AI)的设计法中,考虑了材料的黏弹性特性,以动态模量(劲度)表示,具体数值的确定则考虑了温度和加载频率等。Kallas 对此进行的相关研究表明,环境温度、荷载频率、加载方式都对动态模量的大小以及滞后相位差有明显影响。

比利时所用的劲度是采用梁式试件弯曲试验施加动载而得出的,除考虑温度、加载频率外,还有沥青混合料的空隙率和粒料体积。它将一年分为 3 个时期:冬季、春秋季、夏季。根据沥青层的深度确定不同时期各沥青层的温度,从而确定相应的动态模量值。

其他国家的设计方法对沥青层的动态模量进行了研究。如英国运输部 1987 年颁布的设计方法中的动态模量既考虑了温度的影响,又考虑了加载频率;美国联邦公路管理局的设计方法中采用动态复合模量,考虑了不同季节里的路面平均温度、沥青黏滞度、加载频率、沥青用量和空隙率。

随着我国公路建设的发展,我国沥青路面结构设计一直处在不断的修订和完善过程中。迄今为止,我国分别在 1958 年、1978 年、1986 年、1997 年和 2006 年、2017 年共正式颁布过六个版本的公路路面设计规范,包括沥青路面和水泥混凝土路面设计的规范。

在现行设计方法中,土基回弹模量是公路路基路面设计的主要参数之一,因其受土质、含水率、压实度、测试方法等诸多因素影响,使其数值的确定比较困难,尽管多年来不少研究者致力于此方面的研究,但目前仍存在不少问题。另外,在沥青路面机构设计的现行方法中,我国一直以路表弯沉为主要设计指标,这种设计体系脱离了沥青路面自身的结构特点和损坏模式,设计出的路面结构或者过早损坏或者过于浪费,失去了设计指标应起到的控制作用。

同济大学高英等分析了静态参数与动态指标配套使用情况,根据现行沥青路面设计规范中综合弯沉修正系数易出现反常情况,采用动态参数计算沥青路面路表弯沉,与实测路表弯沉进行比较,并在广深高速公路进行了实测,以达到沥青路面设计参数与控制指标的一致性。

在"沥青类路面设计指标和参数研究"中,由华南理工大学、同济大学等单位完成了路基和粒料层回弹模量、路基回弹模量湿度调整系数和综合调整系数、沥青混合料动态压缩模量、无机结合料弹性模量的研究工作。这些设计参数能反映材料的力学性质,并能与设计指标的预估模型建立合理的相关关系。为测定这些参数分别制定了标准试验规程,建立了它们与主要物理性质参数之间的经验关系式,并提供了这些参数在标准条件下的设计参考值以及在非标准条件下的调整系数。

在重载交通方面,长安大学王选仓、陈忠达教授通过对高速公路轴重调查分析,提出了重载下的弯沉、弯拉关系的轴载换算公式。其中,陈忠达教授提出了重载下车辙等效的轴载换算公式。山西交通科研所的黄勇、虞文景等人针对重载交通的特点,结合山西的实际情况,利用几种典型半刚性基层材料的疲劳试验结果,根据疲劳等效的原则,考虑车辆超载效应,在借鉴国外研究成果的基础上,得出了以基层底面拉应力为指标的适应重载交通条件和半刚性沥青路面特点的车辆换算公式和相应的设计方法。

近年以来,通过对国内外沥青路面破坏类型和使用性能的调查,针对重交通条件下路面结构和材料的适应性,认为柔性基层沥青路面结构是解决重载沥青路面早期损坏的有效技术手段。然而,柔性基层沥青路面与半刚性基层沥青路面结构不同,特别是在重载交通作用下,路面结构和材料的破坏状态和损坏机理更加复杂多样。因此,长安大学相关研究人员对柔性基层沥青路面结构设计理论与方法所涉及的设计指标、设计参数与控制标准等进行了初步研究。

内蒙古地区沥青路面建设需要全面考虑沥青层以下的结构特征。不同地质、水文条件下的路基模量及承载力不同,从而对应的适合沥青层模量值也不同。因此,需要针对内蒙古地区典型的寒区重载沥青路面进行模量测试工作,并与对应沥青层以下的结构模量值进行验算,提出适宜的模量值。

综上所述,就沥青路面性能衰变模型的研究现状来看,目前国内外已建有多种不同的衰变模型,每种模型中又包含相应的参数,这些参数与环境条件、道路结构、材料性能等有密切关系。不同地区路面损坏过程的差异很大,路面损坏的影响因素也不同,直接使用其他地区的模型不能准确反映内蒙古地区的路面损坏规律。因此,需要针对内蒙古当地的道路、环境以及行车条件,建立适用于当地的路面性能衰变模型,以指导道路设计。

一方面,国外公路学者对沥青路面模量值进行了大量研究,得到的研究成果应用到了相关道路设计领域,改善了新建道路的相关性能及服务质量。国内该项研究起步较晚,但已得到部分研究成果。内蒙古地区复杂多变的气候、地质及行车条件下的沥青路面适应模量与内地典型沥青路面有明显差异,这部分研究还处于空白阶段,因此,有必要针对内蒙古各典型分区进行道路沥青层模量研究,为接下来的道路修建及养护提供理论依据。

另一方面,通过对现有的国内外道路设计现状分析,沥青路面衰变模型及模量研究主要存在以下问题:

(1)分别以弯沉及路面结构拉应力为控制标准,用以控制车辙的深度、路面的开裂,但真正起控制作用的指标只是路面弯沉指标,其他指标不起控制作用。弯沉是一项总体性、综合性指标,无法与具有多种破坏类型和破坏标准的不同路面结构建立起统一、协调和稳定的关联。

(2)我国多采用半刚性路面,沥青面层底面拉应力验算指标在设计中不会起控制作用。疲劳规律的可靠性也需要得到进一步验证。而且对于柔性基层,很多研究表明,现行规范公式在概念和推演需进一步验证。

(3)国外设计方法中多采用材料的动态特性值,而我国路面设计材料参数以静态为主,与路面材料在车辆荷载作用时处于动态反应状态不相符,未能真实反映路面的实际作用状态。

(4)模量设计参数的选取未充分考虑地域特点,由于各地交通荷载、环境气候以及路用材料差异很大,规范没有分季节考虑路基、路面材料的实际强度,也就无法考虑不利季节长短,高温期、低温期长短对设计的影响。

此外,虽然国内外在重载交通路面的设计方面进行了一些有益的探讨,但对于寒冷地区重载交通路面性能衰变模型、设计方法、设计参数的研究还不够深入和系统,尤其针对内蒙古自治区特有的、与季冻区不同的寒冷气候条件下的重载道路而进行的相关研究就更加缺乏。原有的沥青路面性能衰变模型及沥青路面设计体系、设计指标是否适合内蒙古自治区寒冷重载道路,若适合该如何标定相关参数,若不适合该如何调整和修正甚至建立一个新的模型和体系,这些都是值得深入研究的问题。

5)养护技术决策方法

道路养护技术方案的选择,涉及很多学科,如系统工程、道路工程和经济分析等。方案选择时不仅要考虑道路材料、设计、施工等工程实际因素,同时还与道路等级、各种路面的性能评价、路面性能预测、交通构成、养护费用以及资金预算水平等因素密切相关。道路预防性养护技术方案选择的核心内容是在指定的预算资金和其他因素的约束下,寻求最优养护策略,使得效益目标最大化,或者是在一定的路面使用性能要求和资源限制的约束下,寻求最优养护策略,使得费用目标最小化。

在路面预防性养护决策方面,国内外进行了大量的研究,提出了很多方法。1992年美国成立的路面保值基金会(Foundation for Pavement Preservation,FP2)以及2003年7月在密执安州立大学和FP2合作建立的国家路面保值中心(National Center for Pavement Preservation,NCPP)都致力于"在适当的时机,将适用的预防性养护措施,应用在适宜的路面上"的研究。加利福尼亚州交通运输部运用决策树和决策矩阵来为路面养护选择各种预防性养护措施,取得很好的应用效果。

1997年加拿大提出了柔性路面养护知识专家决策系统,该专家决策系统是一种用于传递路面养护知识、制定路面养护决策的有效手段,养护知识是由负责沥青混凝土路面养护的一些科技人员通过多年的研究和实践而积累的知识系统的总结。其相当于一套可供选择的计算机程序,程序中可提供鉴定、经验、直观知识及其他知识等方面的信息,为科学选择路面养护措施提供决策依据。

2000年,在FP2的资助下,R. Gary Hicks等人专门对预防性措施和时机选择进行了研究,提出采用决策树和决策矩阵的方法;2004年,在国家战略公路计划NCHRP的资助下,D. G. Peshkin等人对预防性养护的时机进行了专门的研究,提出了预防性养护效益的表示方法,建立了预防性养护时机的计算模型,对模型效果的计算进行了详细的描述,给出了效果权重系数的确定方法,对效果进行了量化。

澳大利亚各州建立起了类似于美国PMS的资产管理系统,包括优先次序建模、成本效益分析、需求分析等,为路面选择最合适的预防性养护措施,以延缓路面性能的衰减。

我国上海市公路管理处和同济大学合作完成了"公路沥青混凝土路面预防性养护技术研究"科研项目。该研究对目前公路部门有关沥青混凝土路面养护理念存在的问题、实施预防性养护的技术关键、预防性养护的路况要求、预防性养护措施的技术特点、预防性养护对策的确定方法、最佳预防性养护时间的确定方法、上海市常用预防性养护措施的设计与施工技术等进行了深入而系统的研究。提出了公路沥青路面预防性养护的标准和预防性养护对策选择的方法和流程;建立了上海市公路沥青路面预防性养护对策库;针对上海市不同等级公路,计算得到最佳预防性养护的时间,提出了最佳预防性养护时间的确定方法;总结了上海市常用预防性养护措施技术特征,并提出了相关的设计理论和施工技术。该技术成果也应用在上海市浦星公路上,高镇都、凌建明等人对浦星公路沥青混凝土路面预防性养护措施和对策的选择方法、过程进行了详细的分析和说明。

综上所述,国内外路面养护决策技术不断革新发展,取得了一定的成果,但是仍存在以下问题,尚需进一步深入研究。

(1)对于实施预养护技术的路面关键性能指标,目前大部分的研究停留在传统表面功能指标(例如PCI、SRI、RQI、RDI等)的研究上,同时对预养护时机的判定也缺乏针对性研究。

(2)国内外对于预养护技术的效益量化通常借助于路面性能指标曲线的面积差来完成,

性能预测具有重要的作用,性能预测的精度决定了效益分析的准确性及合理程度。

(3)不能单纯依靠人为经验去进行养护技术决策,基于工程经济方法的费用效益分析思路目前被广泛接受与推广,以效益费用比作为养护技术的决策指标,兼顾投入成本和产出,保障路面具有优良的使用性能。

1.3 主要研究内容与结论

1.3.1 主要研究内容

项目组围绕寒冷地区重载公路沥青路面服役性能研究这一核心主题,主要研究内容如下:

(1)内蒙古地区公路沥青路面综合状况调研

根据内蒙古的气候环境、交通荷载、地质情况和材料特点等,将内蒙古划分为三个片区,分别是东部片区、中部片区、西部片区。采用资料与现场调研的方式,开展了三个片区的公路沥青路面使用现状的调研及分析:东部片区主要在呼伦贝尔市和赤峰市进行调研,中部片区主要在乌兰察布市进行调研,西部片区主要在阿拉善盟进行调研。

(2)三维激光检测系统原理、数据特性及影响因素分析

在对国内外研究现状进行深入调研的基础上,首先对项目采用的基于 Gocator 2300 系列一体式三维激光智能传感器的三维检测系统组成、检测原理进行分析、研究,组建适应性强、精度高、便捷的三维检测系统;其次设计并开展广泛的室内试验,对三维激光检测系统的成型过程和特性进行研究,揭示影响被测物理成像结果的因素;最后针对试验过程中激光数据出现的异常值,提出合理有效的处理方法,减少路面病害检测中的缺失点和异常点。

(3)典型病害的三维激光检测方案与可靠性研究

以车辙、坑槽、裂缝、拥包等沥青路面典型病害为研究对象,分别设计了三维激光检测方案,并进行室内、室外的精度及可靠性研究,为内蒙古地区路面检测提供解决方案,为三维激光检测技术的大面积推广奠定基础。

(4)内蒙古地区沥青路面服役性能衰变模型及验证

在对内蒙古东、中、西三个片区内的典型沥青路面的服役状况进行调研的基础上,进一步针对传统的沥青路面检测方法得到的路面状况指数及基于三维检测技术得到的路面状况指数,选取合适的路面状况指数衰变模型,对模型进行参数标定,以研究内蒙古地区沥青道路的路面使用性能衰减规律,为道路养护施工提供指导。

(5)基于三维检测指标的养护决策体系

在三维检测技术及其指标研究的基础上,引入基于效益费用比的决策模型,建立精细化、科学化、高效化的沥青路面养护决策体系,进而延长沥青路面使用寿命,提升使用性能,节约养护管理成本,为搭建便捷、高效的养护管理平台提供指导。

(6)病害防治对策理论研究与设计

在内蒙古地区病害调研、三维激光检测病害衰变模型预测基础上,从材料性能指标与结构关键参数指标两个角度,研究病害防治对策理论,分析并提出内蒙古地区沥青路面的路面材料与结构关键性能指标。

1.3.2 主要结论

围绕寒冷地区重载公路沥青路面服役性能研究这一技术难题,首先开展了大量典型道路调研、室内外试验研究、理论分析与实践,形成了一系列可供大规模推广应用的高效三维检测技术方案;其次在三维检测技术指标的基础上,基于效益费用分析,提出可动态修正的内蒙古地区沥青路面养护决策方案;最后从材料性能指标和结构关键参数等角度,采用可靠度理论,研究病害防治理论与对策,分析并提出内蒙古地区沥青路面的路面材料关键性能指标、路面设计参数及养护决策方案。主要结论和取得的成果如下:

(1)在总结分析激光三角测量法原理基础上,架设了室内三维激光检测系统,对三维激光检测系统的成像过程及特性进行了揭示,发现三维激光检测系统能够对被测物体表面轮廓进行良好重构,边缘重构效果与被测物体的表面形态有关。同时,激光传感器架设高度及扫描频率等条件发生变化时,被测物体的成像结果存在差异。

(2)依托实体工程的车辙现场病害三维检测数据,得到了连续三年的车辙病害重构模型及其多维度指标;以时间序列为基础,通过各单元多维度指标变化量、变化速率、变化方向和变化范围分析,揭示了路面车辙病害的三维演化规律。

(3)通过室内试验获取激光点云数据,分析了三维激光数据特性,包括针对不同对象采集数据的准确性和重复稳定性等。结果表明,试验对象表面色彩、反射性、构造深度等,会对三维激光数据的特性产生影响。针对被测对象表面色彩差异、构造深度的不同,对三维激光数据特性的影响进行了深入实验探究。最后,通过室内外试验,对三维激光数据中的异常值特性及其可能的成因进行分析与分类。

(4)针对车辙、坑槽、裂缝、拥包四类病害,以三维激光检测技术为基础,建立了相应的检测方案与指标计算方法,可用于车辙、坑槽、拥包的严重等级判别和裂缝种类的识别,并通过室内试验,验证了检测结果的可靠性。结果证明,三维激光检测技术的检测精度能够保证有效识别多种路面病害和计算指标,所提出的检测方法,能够快速、准确地进行严重程度的计算和病害分类。

(5)根据内蒙古地区的气候与地理条件,按照东、中、西三个片区进行沥青路面病害调研,重点关注道路的破损状况指数(PCI);基于室内试验开发的三维检测技术,收集了实际服役状况下的典型道路路面性能数据,并与传统二维检测方案进行了对比。建立了路面性能标定的基本程序,对于仅有两年检测数据的道路采用反解方程的方法计算模型参数。对于含有三年以上检测数据的道路,采用非线性拟合的方法进行拟合,基于MATLAB平台编制了便捷的非线性拟合程序,后续检测数据的积累可对性能衰变方程进行动态修正与优化。

(6)在二维检测数据基础上,研究了路面三维重建模型和倾斜校正算法,使用三角网格技术、矩阵变换技术和彩色渲染技术,重构沉陷、拥包、车辙等三维变形类破损信息,利用检测数据对路面特征的精准计算,进一步提高了三维变形类破损检测的准确性,弥补了现有检测技术无法检测三维变形类破损的空白,可以提供更为全面的寒区路面破损数据。三维检测数据可以对二维衰变模型进行验证与优化,提高衰变模型的精度。

(7)在三维检测技术及其指标研究的基础上,引入基于效益费用比的决策模型,建立精细化、科学化、高效化的沥青路面养护决策体系,进而延长沥青路面使用寿命,提升使用性能,节约养护管理成本,为搭建便捷、高效的养护管理平台提供指导。

(8) 以沥青路面面层混凝土结构在行车荷载作用下的力学响应为切入点,研究沥青路面设计关键参数——沥青混合料动态模量及其变化规律,建立了基于永久变形和疲劳寿命等效的沥青面层等效温度与动态模量代表值模型,为沥青路面结构设计提供可靠参数。

(9) 根据时温等效原理和西格摩德模型,对动态模量室内试验结果进行最小二乘法拟合分析,得到沥青混合料动态模量主曲线和位移因子,利用WLF方程对位移因子进行拟合,进而得到动态模量预估方程,经动态模量主曲线拟合分析,相关系数 $R_2>0.99$,拟合程度非常好,位移因子的WLF方程拟合,相关系数 >0.95,拟合程度非常好,得到的动态模量预估方程可用于后续研究。

(10) 对路面代表温度预估方法进行研究,得到基于环境温度的路面不同结构、深度的温度预估模型,结合永久变形和疲劳寿命预估模型,给出沥青路面永久变形和疲劳寿命等效温度预估方法。对内蒙古地区典型道路进行调研,得到温度及路面结构参数,对典型沥青路面的高温疲劳性进行预估分析,给出该地区永久变形、疲劳寿命等效温度和模量代表值。

1.3.3 创新点

项目组通过实地调研、室内外试验、理论分析、设备研发和工程验证等手段,针对寒冷地区重载公路沥青路面,开展了沥青路面表面病害三维检测技术及工程应用研究,取得以下创新性成果:

(1) 研发了可调节三维激光路面病害检测系统,建立了三维激光传感器布设参数确定方法。

(2) 构建了路面坑槽、车辙、拥包等病害三维重构和识别模型,并提出了多维度检测和评价指标。

(3) 揭示了基于三维检测路面状况指数与路面结构温度预估模型的沥青路面使用性能衰减规律,构建了基于效益费用比模型的内蒙古地区沥青路面养护决策体系。

1.3.4 研究展望

目前国内外对于三维检测技术的研究还处于初期阶段,技术尚未成熟。针对内蒙古区域特点,进一步展望如下。

(1) 项目针对车辙、坑槽、裂缝、拥包等四类内蒙古地区典型病害进行了三维检测、识别、评价研究,经室内外试验验证效果良好。还需进一步开发便捷的自动化处理软件,进一步研究智能快速三维检测系统,满足工程项目需求。

(2) 限于工程项目周期以及历史养护管理数据的缺失,在不同片区沥青路面进行PCI衰变模型标定时,绝大多数路段只有3年左右的调研数据,所得到的性能衰变模型不够精确。今后可以在动态修正模型基础上,对典型路段进行长期跟踪观测,修正、优化性能衰变模型,为后续的养护维修提供可靠依据。

(3) 限于历史养护维修费用、效益、路段参数等历史管养数据库的缺失,项目提出了基于效益费用比的养护决策框架,各类养护措施的费用、养护措施实施前后的性能数据需要进一步积累,以完善与优化项目提出的决策模型,并形成适应内蒙古地区的养护决策库。

1.4 技术路线

技术路线如图1-2所示。

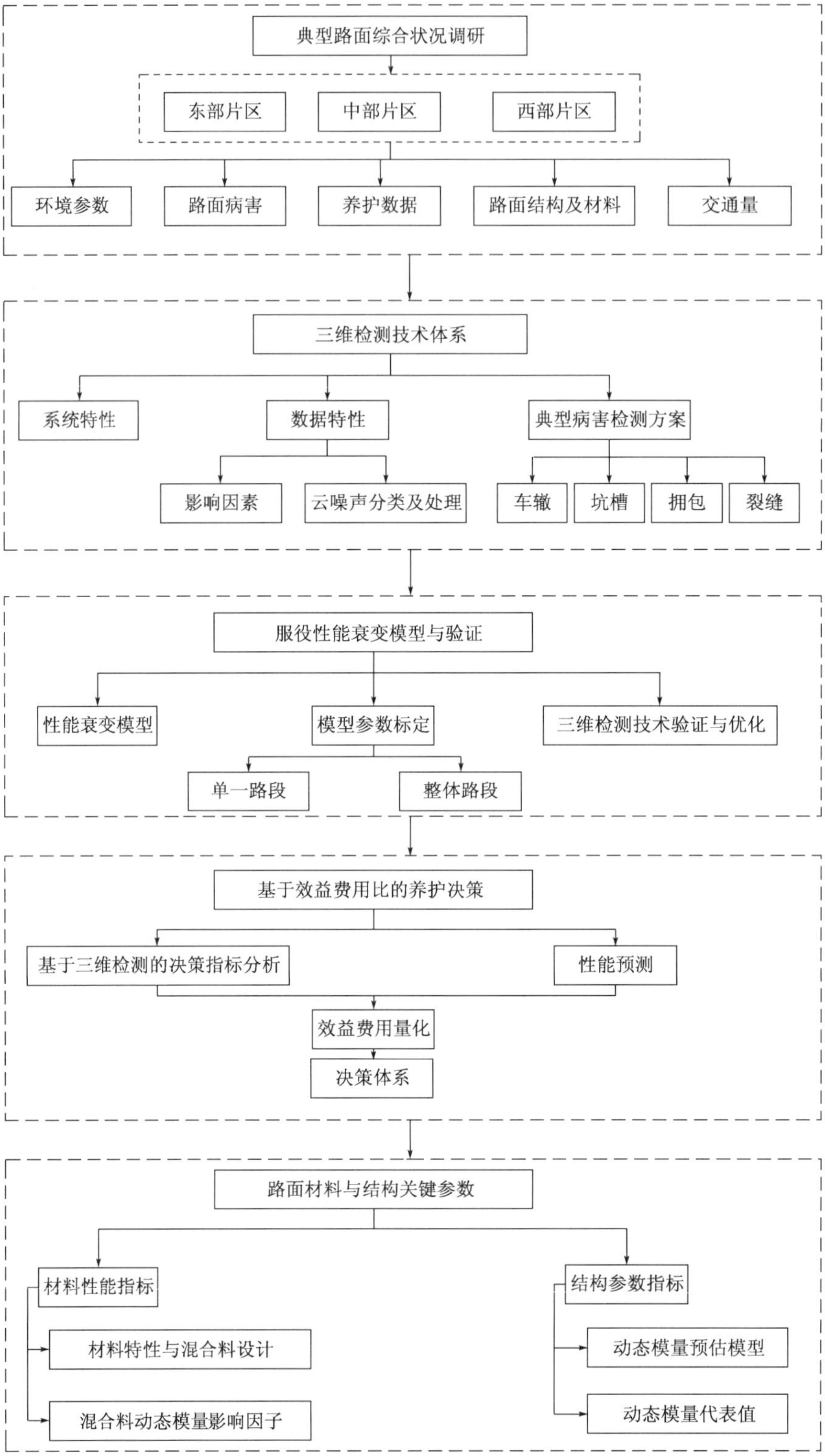
典型路面综合状况调研
东部片区
中部片区
西部片区
环境参数
路面病害
养护数据
路面结构及材料
交通量
三维检测技术体系
系统特性
数据特性
典型病害检测方案
影响因素
云噪声分类及处理
车辙
坑槽
拥包
裂缝
服役性能衰变模型与验证
性能衰变模型
模型参数标定
三维检测技术验证与优化
单一路段
整体路段
基于效益费用比的养护决策
基于三维检测的决策指标分析
性能预测
效益费用量化
决策体系
路面材料与结构关键参数
材料性能指标
材料特性与混合料设计
混合料动态模量影响因子
结构参数指标
动态模量预估模型
动态模量代表值

图 1-2　技术路线图

第2章 内蒙古地区公路沥青路面综合状况调研

2.1 东部片区(呼伦贝尔市)公路沥青路面综合状况调研

2.1.1 气候特征

内蒙古呼伦贝尔市兼有季风性气候与大陆性气候特点。春季干燥,冻融循环显著;夏季温凉短暂,年降雨量接近500mm,最高气温持续月份为7月、8月,为20~30℃;秋季霜冻较早,冬季严寒漫长,最低气温可达-40℃,-30~-20℃气温可持续近4个月,属重冰冻地区。总体而言,该地区在进行沥青路面设计时应注重保障沥青路面低温性能与抗水损害性能。

现场调研地区位于博克图至牙克石段,沿线所经地区属温带大陆性半湿润气候,春季干旱多风,日照充足;夏季短暂温凉、多雨;秋季降温急剧,霜冻早;冬季漫长、寒冷,冷空气活动频繁,积雪深且积雪期长。多年平均气温-2.6℃,极端最高气温36.5℃,极端最低气温-46.7℃。无霜期仅为137天,最大积雪厚度31cm,最大冻土深度3m以上,地震基本裂度为6度。多年平均降水量386mm,年最大降雨量946.4mm,最小降雨量140.1mm,年蒸发量1190.6mm。流域内风速及风向受地形影响较严重,主导风向为西北风,多年平均风速为3.1m/s,多年平均风速最大值为18.6m/s。

2.1.2 地质特点

内蒙古呼伦贝尔片区的大兴安岭中南部中低山腹地,地形起伏变化频繁,地面纵坡大,地形复杂,地势较为险要,属山岭重丘地形。大兴安岭西侧,属呼伦贝尔高平原地貌区,该地区在地貌上受东亚巨型多字形构造体系中的大兴安岭新华夏隆起带影响,主要表现为中山、低山、河谷平原、堆积地形等;根据地貌形态、特征及其成因类型,地貌可分为河漫滩、阶地、山间凹地和低山。沿线所经区域为大兴安岭林区,植被茂密,多为人工林和次生林,少量为原始林。

博克图至牙克石段工程沿线位于大兴安岭北段山岭、丘陵区,海拔高度729~1037m。山岭、微丘陵、重丘相间,主要地貌类型除侵蚀、剥蚀丘陵外,还有山间、山前冲洪积平原。山间谷地宽阔水源丰富。坡面有大量石屑堆积,山上有积岩裸露,植被茂盛有大面积森林。沿线地质属于新华夏系隆起构造带,岩性以花岗岩为主,全线多以中液限黏质土、低液限黏质土和低液限粉土为主,局部地段为碎石土或砾石土。地下水位较高,时有泉水出露,常年流水,水文地质条件较差。路基常见病害,如翻浆、积雪、延冰等现象对公路的破坏很大。

2.1.3 原材料及配合比设计特点

通过调研可知,原 301 国道博克图至牙克石段工程的路面原材料为:辽宁盘锦产的 A 级 140 号道路石油沥青,博克图石场产的 1~2cm 碎石、0.5~1cm 碎石,免渡河产的矿粉、河砂和石屑。沥青混合料配合比设计级配为 AC-16,具体配合比情况根据项目合同段、桩位的不同有所变化。其中,博牙公路 A 合同段(K194+000~K195+140、K205+000~K205+470)的设计及施工配合比为 1~2cm 碎石:0.5~1cm 碎石:石屑:河砂:矿粉=43:18:12:21:6,最佳油石比为 5.21%,此外该合同段为土方路基,底基层配合比为水泥:石灰:天然砂砾=2.5:5.5:92。项目 D 合同段(K283+000~K307+900)的原材料与 A 合同段基本一致,路面基层为水泥石灰综合稳定砂砾,其实验室配合比为 5:2:93,增设的底基层配合比为水泥:石灰:砂砾=3:3:94,路面面层的试验室配合比为 1~2cm 碎石:0.5~1cm 碎石:石屑:砂:矿粉=20.5:29:14:30:6.5。上述调研材料中,A-140 号沥青目前已不再适合在本地区公路工程中应用。其针入度、延度和软化点等指标对混合料的力学强度和路用性能均有影响,集料的针片状较高,在 13%~16% 左右;黏附性往往在 3 级;项目 A 合同段面层混合料配合比中粗集料偏多,D 合同段面层混合料配比中细集料偏多,易导致路面早期病害的产生,影响道路的使用性能。

博牙高速公路工程的路面原材料为:上、中面层采用辽宁盘锦 A 级 90 号沥青材料、K43+000 处碎石场的粗、细集料、伊尔施矿粉;下面层采用辽宁盘锦 A 级 90 号沥青材料、免渡河 K48+000 处碎石厂的粗、细集料、阿荣旗的矿粉。上面层级配设计为 AC-16,矿料配合比为:9.5~16mm:4.75~9.5mm:2.36~4.75mm:0~2.36mm:矿粉=38:20:10:28:4,最佳油石比为 4.8%;中面层级配设计为 AC-20,矿料配合比为:10~25mm:5~10mm:3~5mm:0~3mm:矿粉=44:20:5:28:3,最佳油石比为 4.2%;下面层级配设计为 AC-25,矿料配合比为:19~31.5mm:9.5~19mm:4.75~9.5mm:0~4.75mm:矿粉=20:33:15:29:3,最佳油石比为 4.1%。综上可知,项目中面层混合料配比中粗集料偏多,下面层混合料配比中细集料偏多,此外,当地所采用的矿粉均为石灰岩或岩浆岩,但在实际应用过程中发现矿粉 0.075mm 通过率变异性较大,进而影响沥青混合料粉胶比,易导致路面早期病害的产生,影响道路的使用性能。

2.1.4 路面结构形式

国道 301 线博牙段公路的主要路面结构形式为:4cm 沥青混凝土面层、20cm 厚水泥石灰稳定砂砾基层、20cm 厚水泥石灰稳定砂砾底基层和厚度在 18~30cm 的垫层。

博牙高速公路的主要路面结构形式为:

(1)主线路段:路面为 4cm 中粒式沥青混凝土上面层 AC-16C、5cm 中粒式沥青混凝土中面层 AC-20C、7cm 粗粒式沥青混凝土下面层 AC-25C、20cm 5% 水泥稳定级配碎石基层、32cm 5% 水泥稳定级配砂砾底基层、20cm 天然砂砾垫层。

(2)互通立交匝道、服务区匝道:路面为 4cm 中粒式沥青混凝土上面层 AC-16C、5cm 中粒式沥青混凝土下面层 AC-20C、20cm 5% 水泥稳定级配碎石基层、32cm 5% 水泥稳定级配砂砾底基层、20cm 天然砂砾垫层。

(3)桥面铺装路面结构:4cm 中粒式沥青混凝土上面层 AC-16C、5cm 中粒式沥青混凝土下面层 AC-20C。

2.1.5 路面典型病害

通过现场调研,301国道及博牙高速公路的主要病害类型为:横向裂缝、纵向裂缝(图2-1)、局部龟裂伴有轻微沉陷、局部有坑槽和轻微车辙产生(图2-2)。如遇雨雪天气水分渗入,路面病害会日益加剧,严重影响道路行驶安全及舒适度,大大降低道路使用寿命。

图2-1 纵向、横向裂缝

图2-2 坑槽、龟裂、局部沉陷

2.1.6 路面病害致因分析

通过调研发现,裂缝在当地的表现形式较多,包括横向裂缝、纵向裂缝与龟裂,由于当地属于重冰冻区,降温速率快,升降温循环次数较多,低温收缩裂缝与温度疲劳裂缝较多。初步分析其原因,主要有以下几方面:稳定基层含有过多细粒土或拌和不均匀,造成稳定基层表面受力软化或强度不均匀,在行车荷载作用下,产生破坏;道路超载重载运营,超过道路本身的设计运营能力和荷载极限,造成路面龟裂;由于沥青老化路面黏结强度日趋不足,造成路面疲劳破坏,路面轮迹带处产生网裂或横向、纵向、不规则的裂缝,持续破损发展为龟裂。由于裂缝宽度不超过1cm,可采用贴缝带或灌缝处理。

局部沉陷出现的原因,经初步分析,可能是路基不均匀沉降、基层局部强度不足或基层局部结构损坏导致。当地的地基下往往存在地下冰河,在春秋两季冻融循环较频繁时,极易造成路基的不均匀沉陷。

坑槽近年来呈逐年上升趋势,随着车辆荷载呈现高增长,并且载荷逐年增加,原有路面结构厚度偏薄,车辆荷载作用下,路面结构出现较大变形,导致路面结构出现严重网裂、龟裂,冬季不能及时修补,水分渗透等原因,使沥青从碎石表面剥落下来,局部沥青混凝土变成松散体,碎石被车轮甩出,逐渐发展形成坑槽。同时,由于季冻区的温度变化大,导致沥青材料老化加剧,沥青混合料由于沥青失去黏性,致使路面结构出现松散,加上车辆荷载的作用形成了坑槽,可采用冷补料进行及时的修补,防止渗水。

车辙的成因经初步分析,主要是沥青混合料热稳定性不足,级配中细料偏多,未形成嵌锁结构,沥青用量偏高,或是重载车辆频繁碾压造成,也有可能是因为基层软弱,在行车作用下出现剪切破坏。

2.1.7 小结

本次调研的路段为绥满高速公路主干线牙克石至博克图段高速公路工程,位于我国内蒙古地区呼伦贝尔市境内,属于重冰冻区,温带大陆性半湿润气候特征显著,春季干燥风大,夏季温凉短促,秋季气温骤降、霜冻早,冬季寒冷漫长,年温度差、日温度差大,气候条件十分恶劣。

由于该地区冰冻期长、昼夜温差大、降水集中、雨热同季,已建成的沥青路面中,出现了各种早期病害,特别是低温病害非常普遍且十分严重。病害的产生除荷载、环境等影响因素外,沥青混合料性能的差异性也是主要原因。

(1)该地区基质沥青主要采用90号道路石油沥青与140号道路石油沥青,产地均为辽宁。其中140号沥青由于其主要性能指标影响混合料的路用性能,其抗老化性能不佳,市场上已停止使用。此外,该地区位于重冰冻地区,极端低温天气致使沥青路面温缩裂缝显著。为了保障道路石油沥青的低温性能与抗疲劳性能,道路建设者往往需将10℃延度与老化指标作为施工过程控制的关键指标。

(2)该地区集料以酸性与中性石料为主,多为花岗岩与辉绿岩。由于石材质地较为坚硬,脆性较大,在经过破碎设备后,集料的针片状较高,在13%~16%左右;黏附性往往在3级,整体效果一般,沥青路面水损害现象一直都是当地沥青路面的主要病害之一,同时,考虑当地冬季备料的问题,备料时部分雪水渗入料堆中,致使含泥量在0.3或0.5左右。

(3)当地所采用的矿粉均为石灰岩或岩浆岩,但在实际应用过程中发现矿粉0.075mm通过率变异性较大,进而影响沥青混合料粉胶比。

该地区公路中,由于交通量的不断增长及轴载的明显加大,已修筑的半刚性沥青路面早期破坏严重,特别是道路结构层变形过大而产生的车辙、半刚性基层材料的收缩特性而导致的沥青路面早期开裂、在行车荷载、重交通作用下出现的早期疲劳损坏等早期破坏,已严重影响了行车安全及路面长期服务性能。因此,当地高等级公路沥青路面的主要病害为裂缝、坑槽、沉陷与车辙。

该地区的气候和交通特点决定沥青混合料的设计特点,设计中主要考虑低温抗裂性能和水稳定性能,主要的设计理念包括两种,一种主要从2.36~4.75mm档集料对沥青混合料体积指标的影响考虑,该档集料累计筛余百分率较大,相应的VMA较大,为保证沥青路面具有合适的空隙率而增加沥青用量,这种级配类型提高了沥青混合料的抵抗低温开裂和水损害的能力,适合内蒙古东部夏季凉爽多雨、冬季寒冷的气候区;另一种设计成悬浮密实型连续级配,这类沥青混合料密实性较好,但热稳定性较差。

2.2 东部片区(赤峰市)公路沥青路面综合状况调研

2.2.1 气候特征

赤峰地区属中温带半干旱大陆性季风气候区。冬季漫长而寒冷,春季干旱多大风,夏季短促炎热、雨水集中,秋季短促、气温下降快、霜冻降临早。大部分地区年平均气温为 0 ~ 7℃,最冷月(1月)平均气温为 - 10℃ 左右,极端最低气温 - 27℃;最热月(7月)平均气温在 20 ~ 24℃ 之间。年降水量的地理分布受地形影响十分明显,不同地区差别很大,有 300 ~ 500mm 不等。大部分地区年日照时数为 2700 ~ 3100h。每当 5 ~ 9 月天空无云时,日照时数可长达 12 ~ 14h,多数地区日照百分率为 65% ~ 70%。

现场调研的内蒙古丹锡高速公路所经地区属中温带半干旱大陆性季风气候,降雨量小,昼夜温差变化较大。年平均气温为 - 2 ~ 5℃,1 月平均气温 - 18.3℃,极端最低气温 - 45℃,7 月平均气温 18.7℃,极端最高气温 38℃。年日均气温 5℃ 以上的持续时间为 159 天,年日均气温 0℃ 以上的持续时间为 195 天,无霜期年平均为 107 天。年平均降水量在 276 ~ 383mm。极端年降水量最多为 558.9mm(1959 年),极端降水量最少为 235.2mm(1965 年),平均年蒸发量 1660 ~ 1811mm。冻结期从 10 月中旬至次年 5 月,长达 7 个月,全年 3 ~ 6 月为风季,平均风速 2.8 ~ 3.0m/s,最大风速 22 ~ 24m/s。根据气象资料及沿线地质调查,全线土壤最大冻结深度 2.8m。

2.2.2 地质特点

赤峰地处大兴安岭南段和燕山北麓山地,分布在西拉木伦河南北与老哈河流域广大地区,呈三面环山、西高东低、多山多丘陵的地貌特征。山地约占赤峰市总面积的 42%,丘陵约占 24%,高平原约占 9%,平原约占 25%。大体分为四个地形区:北部山地丘陵区;南部山地丘陵区;西部高平原区;东部平原区,海拔高 300 ~ 2000m。东部在西拉木伦河与老哈河汇流处大兴三角地区,海拔高不足 300m,为赤峰市地势最低地带;西部克旗、郊区和河北省围场县交界处的大光顶子山,海拔高 2067m,为赤峰市第一高峰。主要山脉有大兴安岭南段、努鲁儿虎和七老图三条山脉。

调研的丹锡高速公路起点至乌珠日段,地处内蒙古高原与大兴安岭西南端山地余脉与浑善达克沙地的结合部,赤峰市西北部的熔岩台地和北部丘陵山区;乌珠日至终点段位于内蒙古锡林郭勒高原南缘、锡林郭勒盟中南部,地势东部高,西部低。项目沿线海拔高度在 1200 ~ 1600m 之间,地形开阔,除个别路段地形起伏较大外,其余段地形较平缓,属平原微丘区。沿线村庄较少,植被覆盖较好。根据地貌形态不同,将项目区地貌细划为三种不同类型,具体如下:

(1)风积沙地

分布在克什克腾旗工业园区起点至乌珠日段、伊和乌拉—白音锡勒牧场两段,植被较发育,沙地潜水较丰富,生长有草本和木本植物,构成了草丛沙丘。两段沙丘主要由固定和半固定沙丘、沙丘链及沙垄组成。沙丘波状起伏,相对高差约 10 ~ 20m。

(2)低山丘陵及熔岩台地地区

分布在项目区中部、北部大部分地区。达来诺日—伊和乌拉、白音锡勒牧场—锡林浩特。系玄武岩熔岩台地,地表呈平缓或舒缓波状。岩性组成主要为华力西晚期及燕山早期侵入岩及下古生界变质岩、碎屑岩。山顶多呈浑圆状、残坡积物较厚。海拔高程1280~1400m左右,相对高差约100~150m。沟谷呈宽缓"U"字形,坡角5°~20°。

(3)丘间宽谷洼地

分布于贡格尔河滩地、锡林河河滩地、好来吐河滩地、浩来郭勒河滩地、瓦窑沟滩地五段。均处在低山丘陵和熔岩台地之间,由一些宽浅的沟谷台地和洼地组成,范围不大。在这些洼地中沉积了全新统坡积物和洪积物,厚度较薄。且洼地中心多为季节性地表积水水体,形成下湿地。洼地主要由第四系全新统冲积、洪积、湖积的淤泥质砂,低液限黏质土等沉积物组成。

2.2.3 原材料及配合比设计特点

(1)原材料特点

①沥青

该地区生产改性沥青的基质沥青为A级90号道路石油沥青,改性沥青多采用SBS类Ⅰ–C改性沥青,用于重载一幅上、下面层,轻载一幅上、中面层,互通立交匝道上、下面层。改性沥青所用改性剂的剂量按沥青用量的5.0%控制。

为加强沥青与骨料之间的黏结力,沥青混凝土面层及沥青碎石上基层按沥青用量的0.3%掺加抗剥落剂。路线重载一侧行驶的重车较多,路面易产生剪切破坏和车辙,因此在重载一幅路面上、下面层掺高模量抗车辙剂,掺配量为沥青混合料质量的0.4%。

该地区位于重霜冻地区,极端低温天气致使沥青路面温缩裂缝显著,为了保障道路石油沥青的低温性能与抗疲劳性能,道路建设者往往需将10℃延度与老化指标作为施工过程中控制的关键指标。除此之外,考虑到该地区低温持续时间较长且正负温交替频繁,可将改性沥青的弹性恢复性能与储存稳定性能指标作为抽检的必检项目。

②集料

路面上面层所用碎石由克什克腾旗南店镇柳条沟碎石厂供应,石质为玄武岩,质地坚硬,粒型一般,主要表现为针片状含量偏高,表面较为光滑且多孔,吸水率一般在2%左右,黏附性较差,多采用抗剥落剂与消石灰处理。路面中下面层、基层、底基层用碎石采用沿线石料,石质多为石灰岩、凝灰岩,质地坚硬,压碎值较高。

沥青混凝土的粗集料采用反击式破碎机加工的碎石。沥青混凝土面层的针片状颗粒含量通常不大于15%,吸水率不大于2%,软石含量小于3%,石料与沥青的黏附性在4级左右。沥青混凝土用细集料不采用天然砂,全部采用机制砂代替,有利于提高机制砂的抗裂性能,可以常年加工开采。

③矿粉

当地所采用的矿粉均采用石灰石加工。干燥、洁净,符合规范要求。

(2)沥青混合料设计特点

本工程根据公路等级、气候及交通条件,沥青混合料的设计要求是各项性能均衡,即高温稳定性、低温抗裂性、水稳定性能都要兼顾,因此,沥青混合料采用密级配沥青混合料,在沥青混合料的设计时粗集料的比重要适当提高一些,同时空隙率也不宜太高。为了保证沥青混合料合适的矿料间隙率、空隙率、粉胶比和沥青膜厚度,沥青混合料的矿料级配、ATB-25 沥青碎石上基层级配均参照施工技术规范,面层沥青混凝土设计目标空隙率为 3%~5%,ATB-25 沥青稳定碎石设计目标空隙率为 3%~6%。

2.2.4 路面结构形式

(1)主线重载方向路面结构:上面层采用 5cm AC-16 中粒式改性沥青混凝土;下面层采用 6cm AC-20 中粒式改性沥青混凝土;上基层采用 11cm ATB-25 沥青稳定碎石;下基层采用 18cm 水泥稳定级配碎石(5.0% 水泥);底基层采用 36cm 水泥稳定级配碎石(4.0% 水泥);垫层采用 20cm 未筛分碎石(碎石土、低液限黏土挖方路段设置)。

(2)主线轻载方向路面结构:上面层采用 5cm AC-16 中粒式改性沥青混凝土;中面层采用 6cm AC-20 中粒式改性沥青混凝土;下面层采用 7cm AC-25 粗粒式沥青混凝土;基层采用 20cm 水泥稳定级配碎石(5.0% 水泥);底基层采用 20cm 水泥稳定级配碎石(4.0% 水泥);垫层采用 20cm 未筛分碎石(碎石土、低液限黏土挖方路段设置)。

(3)互通匝道(重载):上面层采用 5cm AC-16 中粒式改性沥青混凝土;下面层采用 6cm AC-20 中粒式改性沥青混凝土;基层采用 18cm 水泥稳定级配碎石(5.0% 水泥);底基层采用 36cm 水泥稳定级配碎石(4.0% 水泥)。

(4)互通匝道(轻载):上面层采用 5cm AC-16 中粒式改性沥青混凝土;下面层采用 6cm AC-20 中粒式改性沥青混凝土;基层采用 20cm 水泥稳定级配碎石(5.0% 水泥);底基层采用 20cm 水泥稳定级配碎石(4.0% 水泥)。

(5)收费站路面结构:面层采用 28cm 钢筋水泥混凝土面板;基层采用 20cm 水泥稳定级配碎石(5.0% 水泥);底基层采用 20cm 水泥稳定级配碎石(4.0% 水泥);垫层采用 20cm 未筛分碎石。

(6)主线桥面铺装路面结构:上面层采用 5cm AC-16 中粒式改性沥青混凝土;下面层采用 6cm AC-20 中粒式改性沥青混凝土。

沥青混凝土面层、沥青碎石层之间设黏层,沥青混凝土、沥青碎石与半刚性基层之间设下封层、透层;黏层油采用 PC-3 喷洒型阳离子改性乳化沥青;透层油采用 PC-2 喷洒型阳离子改性乳化沥青;下封层采用 ES-2 型稀浆封层,厚 5mm,结合料采用改性乳化沥青。

2.2.5 路面典型病害

项目组通过查阅相关资料和对大经高速公路路面状况的调研,总结认为该项目段旧有路面的主要病害类型为:纵向裂缝、横向裂缝、重度车辙、拥包和坑槽。

2.2.6 路面病害致因分析

由于沥青路面老化、路面疲劳破坏,轮迹带易出现纵横向裂缝。此外,地基不均匀沉降、结构破坏导致的反射裂缝,昼夜温差过大导致的混合料收缩、路面设计承载力不足等都是横向裂缝、纵向裂缝出现的原因。对于横向裂缝、纵向裂缝路段,建议对弯沉满足要求的横向裂缝、纵向裂缝采用灌缝处理。对于路面裂缝较完好路段,宽度小于 3mm 以下的直接采用改性乳化沥青进行灌缝。宽度为 3~5mm 的裂缝或宽度大于 5mm 的裂缝,但缝壁无散落或轻微散落,无或少支缝,采用开槽灌缝处理后再用抗裂贴进行处理。对于路面裂缝较严重路段,宽度大于 5mm 以上的裂缝或伴随 3 条以上支裂缝的路段,采用开槽灌缝处理后,再用聚酯玻纤布进行处理。对弯沉不满足设计要求的纵向裂缝路段,采用挖除基层用贫混凝土补强的方式进行处理。

原沥青混合料的热稳定性不足、级配不好、细集料、沥青用量偏高,重载车的反复荷载作用、基层软弱或未充分压实都是导致车辙出现的原因。对于深度大于 2.5cm 的重度车辙路段,需要挖补面层,采用沥青面层全深度切割挖除,将不符合要求的段落局部挖除。

路基不均匀沉降、基层结构破坏及局部强度不足等因素会导致沉陷的产生,道路超载、纵横向裂缝的发展导致网裂的出现。对局部有网裂或沉陷的位置,可采用将基层挖除,用贫混凝土补强,具体实施时,需将病害范围扩大 1m 进行挖除。

由于沥青混合料的沥青用量偏高或细料偏多,热稳定性不好,加之重载车辆的不断作用,路面不足以抵抗行车引起的水平力,路面平整度差、局部路段沥青用料过多、摊铺不均匀也是路面出现拥包的原因。此外,局部松散、基层强度不足、面层厚度不够等造成路面出现坑槽。对局部有拥包或坑槽的位置,可采用将路面挖除,用贫混凝土补强处理,具体实施时,需将病害范围扩大 1 倍进行挖除。

2.2.7 小结

内蒙古丹锡高速公路所经地区属中温带半干旱大陆性季风气候,降雨量小,昼夜温差变化较大。年平均气温为 -2~5℃,极端最低气温 -45℃,极端最高气温 38℃。冻结期从 10 月中旬至次年 5 月,长达 7 个月。全线土壤最大冻结深度 2.8m。

该地区位于重霜冻地区,极端低温天气致使沥青路面温缩裂缝显著,为保障道路石油沥青的低温性能与抗疲劳性能,道路建设者往往需将 10℃延度与老化指标作为施工过程中的关键控制指标。除此之外,考虑到该地区低温持续时间较长且正负温交替频繁,可将改性沥青的弹性恢复性能与储存稳定性能指标作为抽检的必检项目。

路面上面层用碎石为玄武岩,黏附性较差,多采用抗剥落剂与消石灰处理。沥青混凝土的粗集料采用反击式破碎机加工的碎石。沥青混凝土面层的针片状颗粒含量通常不大于 15%,吸水率一般在 2% 左右,石料与沥青的黏附性在 4 级左右。沥青混凝土用细集料不采用天然砂,全部采用机制砂代替。

沥青混合料的设计要求是各项性能均衡,即高温稳定性、低温抗裂性、水稳定性能都要兼顾,因此,沥青混合料的矿料级配、ATB-25 沥青碎石上基层级配均参照施工技术规范,面层沥青混凝土设计目标空隙率为 3%~5%,ATB-25 沥青稳定碎石设计目标空隙率为 3%~6%。

对于横向裂缝、纵向裂缝段落,建议弯沉满足要求的横向裂缝、纵向裂缝采用灌缝处理。宽度为 3~5mm 的裂缝或大于 5mm,但缝壁无散落或轻微散落,无或少支缝,采用开槽灌缝处理后再用抗裂贴进行处理。对于路面裂缝较严重路段,宽度大于 5mm 以上的裂缝或伴随 3 条以上支裂缝的路段,采用开槽灌缝处理后,再用聚酯玻璃纤维布进行处理。

对于深度大于 2.5cm 的重度车辙路段，需要挖补面层，采用沥青面层全深度切割挖除，将不符合要求的段落局部挖除。

对局部有拥包或坑槽的位置，可采用将路面挖除，用贫混凝土补强处理，具体实施时，需将病害范围扩大 1 倍进行挖除。

2.3 中部片区（乌兰察布市）公路沥青路面综合状况调研

2.3.1 气候特征

内蒙古乌兰察布市属典型的大陆性气候。气候干燥，风天较多，降水量少且集中于 6~8 月，多为暴雨，蒸发量大。夏季最高气温持续时间为 7 月、8 月，为 25~35℃，冬季最低气温可达 −30℃，昼夜温差大，属季节性冰冻地区，春秋两季正负温交替频繁，一般可持续两个月，总体而言，路面施工工期较短，一般集中在四月底到九月底左右。该地区在进行沥青路面设计时应注重保障沥青路面高低温性能的平衡。

2.3.2 地质特点

内蒙古乌兰察布片区自北向南由蒙古高原、乌兰察布丘陵、阴山山脉、黄土丘陵四部分组成。阴山山脉的支脉大青山，灰腾梁横亘中部，海拔为 1595~2150m，最高峰达 2271m，灰腾梁最高海拔 2118m。支脉蛮汉山、马头山、苏木山蜿蜒曲折分布于境内的东南部。习惯上将大青山以南部分称为前山地区，以北部分称为后山地区。前山地区地形复杂、丘陵起伏、沟壑纵横、间有高山，平均海拔 1152~1321m，其中乌兰察布最高点苏木山主峰海拔为 2349m。北部丘陵山间盆地相间，有大小不等的平原；最南部为黄土丘陵。后山地区为乌兰察布市丘陵地带，地势南高北低，后山地区南部底质多为岩石，表面覆盖，是比较平坦的天然大草原。

其中，现场调研的 G6 高速公路老集段地层、岩性的主要特点为：路线范围地层主要为第三系地层、上新统（N2）地层；第四系地层路线所经地区分布范围较小。在土城子到头道河之间分布着全新统的湖积淤泥，在路线所经河流及沟谷地带分布有全新统冲洪积砂、砂砾石层。沿线主要地层为第三系陆相碎屑岩、玄武岩及第四系砂土、粉土等，沿线存在地质不良地段，地质情况十分复杂，并分布有膨胀土、泥岩等，对工程危害极大。在设计中采用了相应的工程措施。

2.3.3 原材料及配合比设计特点

（1）原材料特点

①沥青

该地区基质沥青主要采用 90 号道路石油沥青，石油产地多为辽宁盘锦，改性沥青多采用 SBS 类 I-C 改性沥青，改性剂为线形、星形或两者皆有，改性剂掺量为 3.5%~4%，无确定掺量的试验检测方法。

该地区对于改性沥青的抽检仅检测三大指标，在工程应用过程中发现，改性沥青的弹性恢复性能与储存稳定性能不良，考虑到该地区低温持续时间较长且正负温交替频繁，该地区多将上述两个指标作为抽检的必检项目,同时考虑是否有必要提高5℃延度的技术指标,以应对该地区的气候特点。

②集料

该地区粗集料主要采用玄武岩,或者选择质地坚硬的辉绿岩、石灰岩、花岗岩,粒型一般,主要表现为针片状含量偏高,表面较为光滑且多孔,空隙较大,吸水率一般在2%左右,黏附性较差,一般为三级左右,多采用抗剥落剂与消石灰处理,但效果不佳。

③矿粉

当地所采用的矿粉均为石灰岩或岩浆岩,但在实际应用过程中也出现过采用水泥熟料磨细后充当矿粉的情况,主要表现为矿粉颜色发黄、手捻触感偏粗等情况。

(2)沥青混合料设计特点

考虑到中部片区的气候与交通特点,沥青混合料的设计要求是各项性能均衡,即高低温水稳定性能都要兼顾,因此,在沥青混合料的设计时粗集料的比重要适当提高一些,同时空隙率也不宜太高,最为适合的是间断级配,但考虑到一般均设计为连续级配,因此,沙庆林院士提出的SAC级配类型在当地应用较多。该类级配中间的集料多,提高集料之间的嵌挤能力,最细的集料也多,是为了保证沥青混合料合适的矿料间隙率、空隙率、粉胶比和沥青膜厚度,保证沥青混合料有足够的耐久性。

2.3.4 路面结构形式

科布尔至卓资山一级公路的主要路面结构形式为:

(1)主线、互通立交匝道路面结构:上面层采用4cm厚AC-16C型中粒式改性沥青混凝土;下面层采用6cm厚AC-20C型中粒式改性沥青混凝土;基层采用20cm厚水泥稳定级配碎石;底基层采用20cm厚水泥稳定级配碎石;垫层采用20cm厚天然砂砾垫层(未筛分碎石,石质挖方段采用),路面总厚度70cm。

(2)收费站路面结构:面层采用28cm钢筋水泥混凝土面板;基层采用20cm水泥稳定级配碎石;底基层采用20cm水泥稳定级配碎石;垫层采用20cm天然砂砾垫层,路面总厚度88cm。

(3)桥面铺装路面结构:上面层采用4cm厚AC-16C型中粒式改性沥青混凝土;下面层采用6cm厚AC-20C型中粒式改性沥青混凝土,SBS改性沥青防水层。

G6高速公路老集段主要路面结构形式为:路面采用沥青混凝土面层,上面层采用4cm中粒式沥青混凝土,中面层采用5cm粗粒式沥青混凝土,下面层采用6cm粗粒式沥青混凝土;基层为水泥稳定砂砾厚20cm,底基层采用水泥、石灰稳定砂砾30cm。考虑到防冻厚度的要求,全线部分路段设置20cm的天然砂砾垫层。

2.3.5 路面典型病害

分别对G6、G55高速公路、110国道、208国道的病害类型、发展程度、致因、防治措施与防治效果进行了调研,总结认为车辙、裂缝与坑槽是该地区的主要病害,部分路段有麻面现象(图2-3、图2-4)。

图 2-3　车辙、裂缝

图 2-4　坑槽、麻面

2.3.6　路面病害致因分析

车辙问题主要集中在长大纵坡路段。车辙为失稳性车辙,车辙深度有 2cm 左右,采用了微表处的处理方式,但是仅对车辙位置使用微表处进行填平,处理效果不理想,根据现场调查,车辙问题仍重新出现。

裂缝主要以横缝为主,部分路段伴有纵缝与网裂,裂缝特点为裂缝宽、间距小。宽度一般为 2~4cm,极个别路段出现 10cm 横缝,裂缝呈现不断加宽加密的趋势,间距一般为 3~5m,裂缝一般为上宽下窄,也有上窄下宽的情况,裂缝多与路基连贯,主要反映在进行灌封作业时,有时一条缝需要一罐热沥青甚至不够,养护人员将缝打开,很多缝就是和基层连贯的。发生的横缝一般为反射裂缝,产生原因一方面是干缩裂缝,另一面为路基冻胀线在 1.5m 以上,春季冻融循环下,路基胀裂,最后反射到面层;在 G6 高速公路上,很多横向裂缝表现为:在裂缝与中间隔离带位置,横向裂缝两侧拱起,形成上拱。养护人员反映,上拱是逐年增加的,越来越厉害,上拱幅度越来越大。分析原因主要是横向裂缝开裂后,水进入基层,形成唧浆,在行车的作用下,唧浆向道路边缘移动,冬天,发生冻胀,形成上拱。由于在隔离带位置行车较少,没有外力的作用,上拱无法下去。

G6 高速公路 K314～K318 路段,路面结构层采用柔性基层,下面层铺筑 ATB-25。根据 10 年的路面运行情况看,横向裂缝相比其他路段较少,一般横向裂缝间距为 10m 左右。根据实际的使用效果,采用柔性基层可以有效减少横向裂缝。

坑槽也是所有道路发生的主要病害,坑槽主要发生在桥面铺装与地势低洼路段。坑槽出现较为集中,面积大小不一。坑槽出现在桥面铺装位置主要是由于层间处理不佳,水泥面板完工后未清理浮浆,造成桥面铺装与水泥面板层间处于滑动状态,在车辆荷载动水压力的冲刷下,出现坑槽;出现在地势低洼路段主要是由于集料与沥青黏附性较差,在水长时间的浸泡下,出现松散剥落,最终导致坑槽的发生。

在 G6 高速公路,查看使用熟石灰提升集料黏附性的路段,其坑槽发生未明显减少。采用抗剥落剂或者熟石灰处治后,与沥青黏附性会增加,但是对于沥青混合料抗水损害性能增加不明显,与现场调研相吻合。坑槽发生的过程一般是先有掉粒现象,慢慢形成麻面,形成麻面后渗水增加,水进入后形成水损害,集料和沥青剥落,最终发展成坑槽。将坑槽挖开后,下面都会有积水,这与分析坑槽形成的过程是吻合的。

G55 高速公路 K288～K301 处出现大面积掉粒现象,该路段在施工时为同一标段,出现问题可能与施工水平、原材质量有关。

2.3.7 小结

该地区昼夜温差较大,可达 15～20℃。7、8 月为多雨高温季节,但雨量不大;同时高温不高且持续时间较短。一级路面层多采用 4+6 结构,两层均采用改性沥青。高速路面层多采用 4+5+7 结构,上中面层采用改性沥青,下面层采用基质沥青。改性沥青一般仅测试弹性恢复和软化点差。地方技术单位主要采用马歇尔设计方法,并特别强调稳定度和流值指标,实际生产过程中流值指标很难满足。实验室空隙率控制为 4% 左右。内蒙古中部地区夏季温度不高,抗车辙需从重载角度考虑。雨量不大且冰冻损坏并不明显,因此水稳定性可不必提高要求。

该地区粗、细集料主要采用玄武岩,质地坚硬,粒型一般,主要表现为针片状含量偏高,表面较为光滑且多孔,吸水率一般在 2% 左右,黏附性较差,多采用抗剥落剂与消石灰处理,但效果不佳。

针对横缝,主要采用热沥青灌封与贴缝带处理,从处理效果来看,贴缝带要优于热沥青。根据养护经验,使用贴缝胶处理,能够使用三年,采用热沥青灌封,只能使用一年,综合经济效益,还是使用贴缝胶比较好。

灌封处理时,时期一定要把握好,根据养护经验,一般要求要在 3 月 15 日之前完成。根据养护人员的介绍,在此之前,裂缝宽度还没有收缩,进行灌缝处理后,裂缝收缩,将缝隙完全封住,真正能够起到封水的效果。灌封处理的一定要认真仔细,如果哪条裂缝没有处理好,翻浆等病害便会随之发生,形成坑槽,最后只能做挖补处理。

坑槽主要采用热料进行填补,填补时将四周切割挖出,再补进去新的热料,处理得当,一般坑槽问题就不会发生。有时也采用冷补料进行填补,但效果不佳,只能作为临时措施和冬季时的应急措施。如果仅仅是简单的松散与脱落,形成麻面时,主要处理措施:在进行灌封处理时,对形成的麻面位置也进行灌封,增加集料与沥青的黏附力。

2.4 西部片区(阿拉善盟)公路沥青路面综合状况调研

2.4.1 气候特征

内蒙古阿拉善片区属典型的温带大陆性干旱气候,气候特点是:干旱少雨,风大沙多,冬寒夏热,四季气候特征明显,昼夜温差大。年均气温 8.3℃,1月平均气温 -11.6℃,极端最低气温 -36.4℃,7月平均气温26.6℃,极端最高气温42.5℃。年平均无霜期179~227 d,多年平均降雨量不足40mm。年日照时数达2600~3500h,年太阳总辐射量147~165千卡/千方厘米。常年多风,风向多为东西向,春冬季各月发生较多,尤其是春季,多年平均风速3m/s,年均8级以上大风日数25.6天,风期长达5~6个月,大风常伴随沙尘暴,年均沙尘暴次数14次。最大冰冻深度1.3~1.80m。主要气象灾害是大风与沙尘暴、干旱、霜冻、寒潮等。总体而言,该地区在进行沥青路面设计时应注重提升沥青路面高温抗车辙性能。

现场调研的京新高速公路临白段所在地为额济纳旗,该地区属内陆干燥气候。具有干旱少雨、蒸发量大、日照充足、温差较大、风沙多等气候特点。额济纳旗日均气温0℃以上持续时期为3月中旬~10月下旬。年均降水量37mm,年极端最大降水量103.0mm,最小降水量7.0mm。额济纳旗年均蒸发量3841.51mm,湿润度0.01mm。常见天气现象多风。春、冬季各月发生较多,尤其是春季。年均≥8级以上大风日数44d。大风常伴随沙尘暴,年均沙尘暴次数14次。

2.4.2 地质特点

阿拉善盟地形呈南高北低状,平均海拔900~1400m,地貌类型有沙漠戈壁、山地、低山丘陵、湖盆、起伏滩地等,巴丹吉林、腾格里、乌兰布和三大沙漠横贯全境,面积约7.8万 km^2,占全盟总面积的29%,居世界第四位,国内第二位。沙漠中分布有500多个咸、淡水湖泊或盐碱草湖,其中较大的有古日乃湖、拐子湖、巴彦霍勒、乌日图霍勒、图兰太湖、通古勒格淖尔、英格田等。北部戈壁分布较广,面积9万多平方公里,占全盟总面积的33.7%。阴山余脉与大片沙漠、起伏滩地、剥蚀残丘相间分布,东南部和西南部有贺兰山、合黎山、龙首山、马鬃山连绵环绕,雅布赖山自东北向西南延伸,把阿拉善盟境内大体分为两大块。贺兰山呈南北走向,主峰达郎浩绕和巴彦笋布日,海拔分别为3556m、3207m。贺兰山巍峨陡峻,犹如天然屏障,阻挡腾格里沙漠的东移,削弱来自西北的寒流,是外流域与内流域的分水岭。

京新高速公路临白段所在地为额济纳旗,该地区为北东走向的断裂凹陷盆地。地形呈扇状,总势西南高,北边低,中间呈低平状。地域大部海拔高度1200~1400m之间,相对高度50~150m之间,平均海拔1000m左右,最低900m。最低点西居延海,海拔820m。主要山脉、山峰为马鬃山,海拔高度1600m。地形主要由戈壁、低山、沙漠、河流、湖泊和绿洲等类型构成。其中,戈壁面积0.61万 km^2,沙漠面积1.56万 km^2,丘陵面积4.8万 km^2,绿洲面积3.16万 km^2,分别占总面积的5.93%、15.17%、47.15%、27.57%。

2.4.3 原材料及配合比设计特点

(1) 原材料特点

①沥青

该地区下面层及基质沥青主要采用 A-90 号石油沥青,石油产地多为辽宁与新疆,改性沥青多采用 SBS 类改性沥青。

该地区对于基质沥青的高温性能有区别于其他两个地区的要求,现行规范中对于 90 号道路石油沥青的软化点要求 44℃,考虑到当地的气候条件,道路建设者在进行沥青路面施工控制中,将软化点提升 0.5℃或 1℃,以利于提升沥青路面的高温抗车辙性能;对于改性沥青,由于运距较远,一般都要再经过中转加热,因此改性沥青的短期抗老化性能是道路建设者重点关注的对象,在进行沥青路面施工过程中,每车改性沥青到场后不仅要做沥青的三大指标试验,还应做老化后的性能试验,以便对其短期抗老化性能进行控制。

②集料

该地区及周边并无玄武岩,主要采用当地自产的凝灰岩、火山角砾、闪长岩等,质地坚硬,压碎值一般在 10% 以上,破碎机械一般为一破用颚式破碎机、二破用反击式破碎机,很少三破,因此材料的针片状含量在 10% 左右。同时由于所选石材均为碱性石材,所以集料的黏附性较高,一般在四级左右,在调研的京新高速公路路段,所有路段均未使用抗车辙剂与抗剥落剂,也体现出材料质地坚硬与黏附性能高等特点;考虑到当地常年多风,填料中的粉料含量偏低,一般在 5% 左右,在沥青混合料设计过程中矿粉量将比其他地区高 1%~2%。

(2) 沥青混合料设计特点

该地区的气候与交通特点主要要求沥青混合料具有良好的抗车辙能力。因此,在进行矿料级配设计时,往往会借鉴 AK 级配的设计理念,普通 AC 矿料级配设计中 4.75 的通过率一般均为 30%~45%,整体的设计特点是级配偏粗,主要目的是提高沥青混合料的抗高温性能(图 2-5)。

图 2-5 AC-16 面层配合比设计偏粗

2.4.4 路面结构形式

京新高速公路临白段全长 930.09km,其中阿拉善盟境内主线全长为 814.17km。公路主线采用双向四车道高速公路标准,其中部分路段共 85.46km,采用整体式路基,路基宽 28m,部分路段采用分离式路基,路基宽度 2×13.75m。桥涵设计汽车荷载采用公路—Ⅰ级。

(1) 主线路段路面结构:上面层为 4cm 改性沥青混凝土 AC-16C;中面层为 5cm 改性沥青混凝土 AC-20C;下面层为 7cm 沥青混凝土 AC-25C;基层为 18cm 水泥稳定碎石(高水泥剂量);底基层为 36cm 水泥稳定碎石(低水泥剂量)。

(2) 互通匝道路段路面结构:上面层为 4cm 改性沥青混凝土 AC-16C;下面层为 5cm 改性沥青混凝土 AC-20C;基层为 18cm 水泥稳定碎石(高水泥剂量);底基层为 36cm 水泥稳定碎石

(低水泥剂量)。

(3)收费广场路段路面结构:面层为28cm C35水泥混凝土;基层为20cm水泥稳定碎石(高水泥剂量);底基层为20cm水泥稳定碎石(低水泥剂量)。

(4)互通连接线路段路面结构:面层为5cm改性沥青混凝土AC-16C;基层为20cm水泥稳定碎石(高水泥剂量);底基层为20cm水泥稳定碎石(低水泥剂量)。

(5)沥青层间设SBS改性乳化沥青黏层,基层顶设改性乳化沥青透层,沥青层与基层间采用SBS改性乳化沥青同步碎石封层。

2.4.5 路面典型病害

本次调研的路段是京新高速公路临白段,由于项目刚建成通车,路面状况良好,基本无典型路面病害,如图2-6所示。

图2-6 京新高速公路临白段现场调研情况

2.4.6 路面病害致因分析

现场路面平整、完好,未出现裂缝、拥包、车辙、坑槽等病害,道路两侧的沙地均采用网格状hdpe阻沙网进行防护,路面基本无积沙,行驶通畅,如图2-7所示。

图2-7 道路两侧用hdpe阻沙网防护

2.4.7 小结

该地区属典型的温带大陆性干旱气候,干旱少雨,风大沙多,冬寒夏热,四季气候特征明显,昼夜温差大。在进行沥青路面设计时需注重提升沥青路面高温抗车辙性能。

该地区主要使用 A-90 石油沥青和 SBS 改性沥青,SBS 改性沥青的软化点较高,不适用于冬季施工,在进行沥青路面施工过程中,每车改性沥青到场后不仅要做沥青的三大指标试验,还应做老化后的性能试验,以便对其短期抗老化性能进行控制。90 号道路石油沥青的三大指标检测值都不太高,考虑到当地的气候条件,道路建设者在进行沥青路面施工控制中,应将其软化点提升 0.5℃ 或 1℃,以利于提升沥青路面的高温抗车辙性能。

集料质地坚硬,压碎值一般在 10% 以上,针片状含量在 10% 左右,同时由于所选石材均为碱性石材,所以其黏附性较高,一般在四级左右。考虑到当地常年多风,细集料的粉料含量偏低,一般在 5% 左右,在沥青混合料设计过程中矿粉量将比其他地区高 1%~2%。

该地区的气候与交通特点主要要求沥青混合料既具有良好的抗车辙能力。普通 AC 矿料级配设计中 4.75mm 的通过率一般均为 30%~45%,整体的设计特点是级配偏粗,主要目的是提高沥青混合料的抗高温性能。

调研现场为新建成路段,路面平整、完好,未出现典型路面病害,两侧沙地均采用网格状 hdpe 阻沙网进行防护,路面基本无积沙,行驶通畅。

2.5 本章小结

本章主要针对内蒙古地区不同的气候特点、交通荷载和区域特点,将内蒙古地区分为东、中、西三个片区,东部片区主要包括呼伦贝尔市、兴安盟、通辽市、赤峰市和锡林郭勒盟,该区域主要区域特点是冬季气温严寒,夏季气温较热,在调研的时候分别在呼伦贝尔市和赤峰进行调研。中部区包括乌兰察布市、呼和浩特市、包头市和鄂尔多斯市,该区域最主要的特点就是高低温兼顾,同时重交通荷载较多;西部片区主要包括乌海市、阿拉善盟和巴彦淖尔市,该区域特点主要是高温抗车辙要求高,温差大,紫外线辐射强。通过调研,我们可以得到以下几点:

(1)对于东部片区来说,呈现低温、重载兼顾的显著特征。该片区的气候和交通特点决定沥青混合料的设计特点,设计时主要考虑低温抗裂性能和水稳定性能,主要的设计理念包括两种:一种主要从 2.36~4.75mm 档集料对沥青混合料体积指标的影响考虑,该档集料累计筛余百分率较大,相应的 VMA 就较大,为保证沥青路面具有合适的空隙率增加沥青用量,这种级配类型提高了沥青混合料的抵抗低温开裂和抗水损害的能力,适合内蒙古东部夏季凉爽多雨、冬季寒冷的气候区;另一种,设计成悬浮密实型连续级配,这类沥青混合料密实性较好,但热稳定性较差。

(2)对于中部片区,呈现高低温兼顾的显著特征。该地区昼夜温差较大,可达 15~20℃。7、8 月为多雨高温季节,但雨量不大;同时高温不高且持续时间较短。一级路面层多采用 4+6 结构,两层均采用改性沥青。高速公路路面层多采用 4+5+7 结构,上中面层采用改性沥青,下面层采用基质沥青。改性沥青一般仅测试弹性恢复和软化点差。地方技术单位主要采用马歇尔设计方法,并特别强调稳定度和流值指标,实际生产过程中流值指标很难满足。实验室空隙率控制在4%左右。内蒙古中部地区夏季温度不高,抗车辙需从重载角度考虑;雨量不大且冰冻损坏并不明显,因此水稳定性可不必提高要求。

（3）对于西部片区来说,呈现出高温显著特征。该片区属典型的温带大陆性干旱气候,干旱少雨,风大沙多,冬寒夏热,四季气候特征明显,昼夜温差大。在进行沥青路面设计时需注重提升沥青路面高温抗车辙性能。

第2篇 服役性能研究基础篇

第3章 三维激光检测系统原理、数据特性及影响因素分析

目前高速公路路面路况调查主要采用多功能检测车进行快速连续检测。多功能检测车虽然融合了信息化与自动化技术,解决了快速自动检测的问题,但其主要检测对象是二维类病害,无法准确检测出拥包、车辙、沉陷等三维类病害的破损信息,导致检测范围不全面,评价结果不准确,进而影响了道路养护决策的准确性。因此,研究路面三维检测技术和方法意义重大。

在对国内外研究现状调研的基础上,本章首先对项目采用的基于 Gocator 2300 系列一体式三维激光智能传感器的三维检测系统组成、检测原理进行阐释,组建适应性强、精度高、便捷的三维检测系统;其次设计并开展广泛的室内试验,对三维激光检测系统的成型过程和特性进行研究,揭示影响被测物理成像结果的因素;最后针对试验过程中激光数据出现的异常值,提出云噪声分类与处理方法,减少路面病害检测中的缺失点和异常点。

3.1 三维激光检测原理

三维激光检测系统一般由一个激光器和一个照相机组成,激光器主要作为光源来向被测物体表面发射激光,而照相机用于捕捉激光器在被测物体表面所形成的亮光。三维激光检测系统所采用的激光器通常为结构光激光器。结构光是指从已知角度将某种特定光图案(如平面、网格或者更复杂的形状)投射到物体上形成的投影,最常用的光图案是由某一束光沿扇面展开后形成的一面光,当这面光与物体表面相交时,会在物体表面形成一条相机可见的亮线,故该激光器也可称为三维激光器。用三维激光对被测物体表面进行连续扫描可以获取被测物体的三维形状信息,进而对被测物体进行外形轮廓重建,这是点激光难以实现的。三维激光检测系统采用的照相机的核心部件是传感器,工业中常用 CCD 或者 CMOS 传感器作为像面接收器,有面阵和线阵两种。以 CCD 为感光器件的线阵照相机是目前三维激光检测系统最常用的。

激光器和 CCD 照相机通常被放置在一定的高度并成一定的角度进行布设,较为常见的布设方式为,激光器垂直于被测物体表面,而照相机与之呈一定的角度。图 3-1 所示为三维激光检测系统测量物体的示意图。如

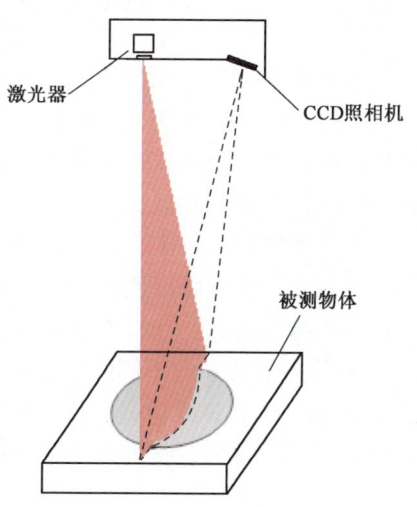

图 3-1 三维激光检测系统测量物体示意图

图 3-1 所示,在对被测物体进行测量过程中,激光器垂直于被测物体表面发射的激光沿扇面展开后形成的一面光,该激光面与被测物体表面相交并在物体表面形成一条相机可见的亮线,CCD 相机从另一方向捕捉物体表面的激光线并成像。此时,物体表面因凹凸不平而产生形变,CCD 相机将捕捉到一条变形的激光线条图像。通过图像处理的方法可提取激光线条的中心线,根据中心线图像和设备标定数据可计算出物体表面该线条上各点的高程信息。

三维激光检测系统基于激光三角测量法对物体进行测量,激光三角测量系统对于被测物体的材质没有要求,既可检测金属,也可检测非金属,特别是一些质地非常柔软或表面非常粗糙的材料。根据激光三角测量法原理可对物体表面变形程度进行测量。图 3-2 所示为激光三角测量法原理图,图中给出了激光三角测量的几何原理及相应参数。由图中所给定的内容,可通过公式(3-1)计算图 3-2 所示的凹槽深度 h:

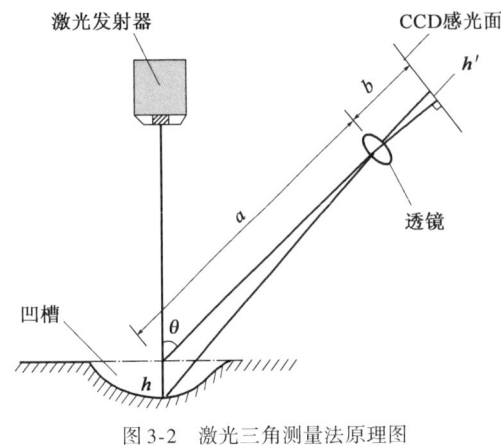

图 3-2 激光三角测量法原理图

$$h = \frac{ah'}{b\sin\theta - h'\cos\theta} \quad (3-1)$$

式中:a——激光器与被测物体表面虚拟交点至透镜的距离;

b——透镜至 CCD 感光面间的距离;

θ——激光束法线与成像镜头光轴的夹角;

h'——像点在成像面上的位移;

h——被测物体表面凹槽深度。

3.2 三维激光检测设备

本书采用 LMI 公司生产的 Gocator 一体式三维激光智能传感器。LMI Technologies Inc. 是一个专门从事非接触式三维测量传感器研究、开发和生产的全球性组织,其三维测量技术可以满足冶炼金属、轮胎制造、木材加工、汽车制造、电子产品制造和运输等行业的需求,目前也逐渐应用于路面检测领域。

在路面检测过程中,由于检测环境复杂,对路面检测设备也有较高的要求。例如,设备需要有较高的扫描速度以匹配检测车辆高速行驶的需求;设备要有足够大的测量范围,以保证路面较为粗糙、起伏较大时,能够获取完整数据;路面光照条件复杂,设备需要能够抵御一定的光照干扰;设备要能适应不同的路面状况,包括潮湿路面、新铺沥青路面等。图 3-3 所示为 Gocator 2300 系列一体式三维激光智能传感器产品图。表 3-1 给出了 Gocator 2300 系列一体式三维激光智能传感器较为完整的性能参数。

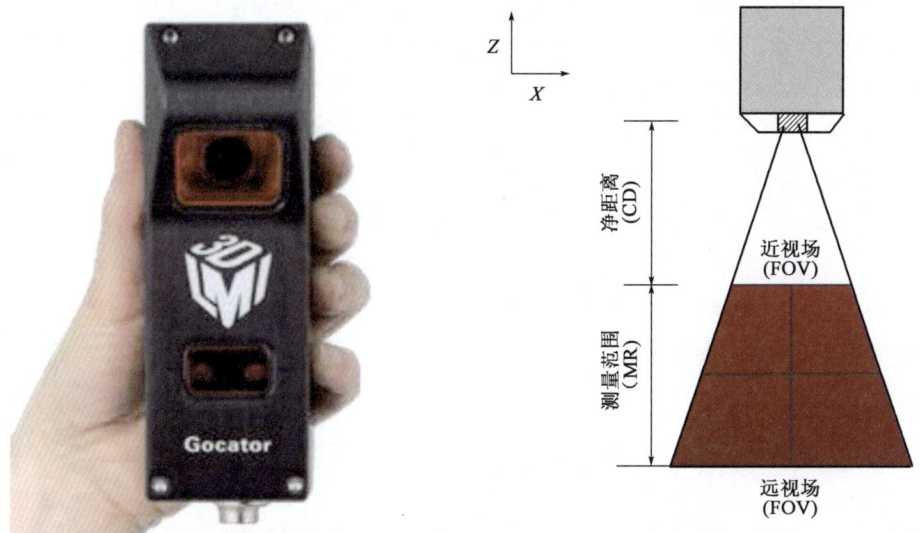

图 3-3 Gocator 2300 系列一体式三维激光智能传感器

Gocator 2300 系列一体式三维激光智能传感器性能参数　　　　表 3-1

产品型号	Gocator 2300 系列		
	2350	2370	2380
每条轮廓包含数据点数	1280	1280	1280
Z 方向线性度(%)	0.01	0.04	0.04
Z 方向分辨率(mm)	0.019～0.060	0.055～0.200	0.092～0.488
X 方向分辨率(mm)	0.150～0.300	0.275～0.550	0.375～1.100
Z 方向重复性(mm)	2	8	12
净距离 CD(mm)	300	400	350
测量范围 MR(mm)	400	500	800
视场 FOV(mm)	158～365	308～687	390～1260
设备尺寸(mm)	49×75×272	49×75×272	49×75×272
质量(kg)	1.3	1.3	1.3
扫描速度(Hz)	大约 170～5000		
接口	千兆以太网(Gigabit Ethernet)		
工作温度(℃)	0～50		

表 3-1 中每条轮廓点上的激光点数及各个方向的分辨率与重复性可综合表征为激光传感器的分辨率与稳定性指标,分辨率及重复性越高,获取的激光点数据越精准。净距离、测量范围和视场所表征的意义在图 3-3 中进行了解释,净距离和测量范围共同决定了激光传感器的可架设高度范围;测量范围对被测目标的纵向高程变化范围也进行了限定,超出测量范围的目标,激光传感器无法捕捉;视场大小决定了激光传感器的横向可测量范围,横向超出测量范围时,激光器依然无法捕捉,但 Gocator 2300 系列产品可进行组合使用,以扩展视场。较小的质量与尺寸,使激光传感器更便于携带与组装。扫描速度影响沿激光传感器移动方向扫描线的

采样间隔,激光器在相同的移动速度下,扫描速度越高,激光线的采样间隔越窄,所重构的被测物体表面轮廓越清晰。接口传输速率决定了所采集数据的传输与保存效率。较宽的工作温度范围可保证激光传感器能够应对恶劣的温度环境。设备的抗震性和抗冲击能力使激光传感器在动态检测条件下,能够有效减少因震动和碰撞所带来的噪声。

3.3 三维激光检测系统的物体成像特性分析

以 LMI Gocator 为基础,开发了室内三维激光检测系统。本节主要借助室内三维激光检测系统,选取形状规则的标准物体作为被测对象,通过室内试验对三维激光检测系统的物体成像过程及成像特性进行分析,为进一步深入探究三维激光数据的特性奠定基础。

3.3.1 室内三维激光检测系统介绍

基于 LMI Gocator 架设了室内三维激光检测系统。图 3-4a)所示为室内三维激光检测系统架设图,图 3-4b)所示为室内三维激光检测系统结构图。由图 3-4b)可知,检测系统主要由四部分组成:支架主体、一个 Gocator 激光传感器、两个电机和一个计算机。其中,支架主体包含固定横梁、带滑轨横梁、带滑轨纵梁和三脚支座四个部分,横梁和纵梁的连接处均用三脚支架固定,具有较高的稳定性。同时,支架主体各部分均由铝合金材料制成,具有较高的强度,抗变形性能强。

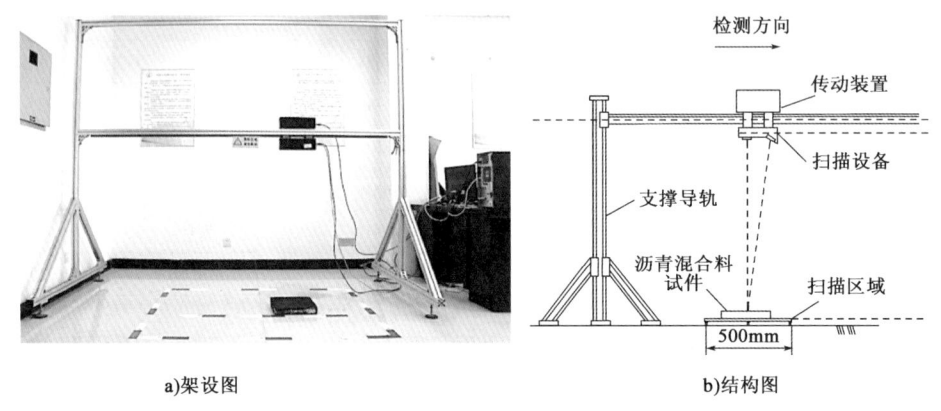

a)架设图   b)结构图

图 3-4 室内三维激光检测系统

激光传感器通过端面连接板与带滑轨横梁连接,在 1 号电机的牵引下可沿带滑轨横梁左右往复移动,以完成对被测物体各截面的扫描。横梁长 2.5m,该距离可提供一定的缓冲区,以使激光传感器在对被测物体进行动态检测时,能够以稳定的速度完成对被测物体的扫描。1 号电机的运行速度可调,转化为激光传感器的移动速度范围为 0~2m/s。2 号电机主要用于牵引带滑轨横梁沿带滑轨纵梁上下移动,以调节激光传感器架设高度,其可调节范围为 0.5~1.5m,带滑轨纵梁高 2.0m,能够满足激光传感器高度调节需求。激光传感器的性能参数在表 3-1 中已有述及,其视场范围为 390~1260mm,在不同的架设高度下,其有效视场范围不同。激光传感器的扫描速度最高可达 5000Hz,即每秒获取被测物体 5000 个断面的数据,每个断面具有 1028 个激光点数据,由此可获取被测物体较高密度的激光点云数据。Gocator 内置软件,通过连接计算机,可在浏览器中的 Web 应用界面对激光传感器的相关参数进行调节,并获取被测物体的轮廓图。图 3-5 所示即为 Gocator 2380 内置软件的 Web 应用界面,图中左侧的图形显示窗口用于显示激光器扫描被测物体的轮廓图,右侧区域可对激光传感器的扫描速度、曝光值等参数进行调节。

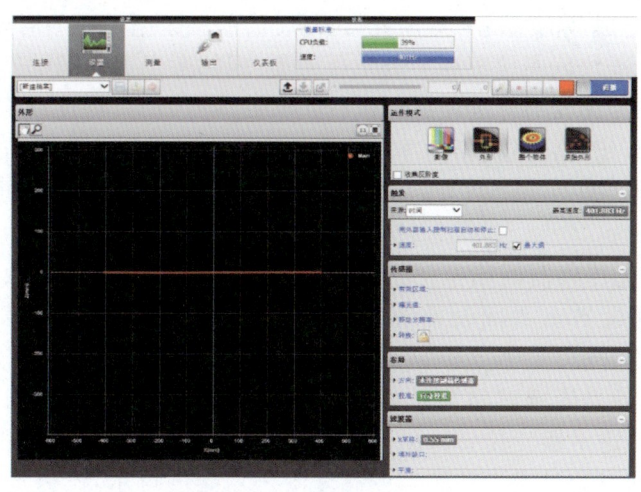

图 3-5　Goacator 2380 内置软件的 Web 应用界面

3.3.2　三维激光检测系统成像过程介绍

通过激光扫描以获取被测物体的三维形状信息,是三维激光检测系统最具特点的应用。为进一步了解三维激光检测系统在三维成像方面的应用,本书选择一个形状规则的标准块作为试验对象,通过室内试验来对被测物体的三维成像过程进行分析。标准块为一边长 100mm 的立方体水泥块,如图 3-6 所示。

a)立体图　　　　　　　　　　b)俯视图

图 3-6　立方体水泥块

在检测过程开始前,首先需要对检测系统进行平面校准。检测系统自带校准功能,平面校准需要在静止状态下进行。本试验中,激光传感器的架设高度为1m,选择室内平面作为校准平面。启动三维激光检测系统,Web界面中的图形显示窗口随即出现一条亮线,校准前该亮线具有一定高程。

此时,将标准块置于激光传感器正下方,传感器发射的激光照射在被测物体表面形成一条凸起亮线,CCD相机记录该变形亮线图像,经过传感器内置软件对图像的处理及计算,并将结果转化到三维空间,形成截面线的三维激光点数据,借助该数据可在图形显示窗口中重构截面轮廓线。重构出的标准块截面轮廓线上激光点密集,相邻激光点之间的间距为0.55mm,可视为连续线条。将激光传感器沿标准块纵向进行完整扫描,照相机将连续记录标准块的所有截面线,所有截面线进行组合将重构出标准块表面轮廓。通过设置传感器扫描频率和移动速度,可将相邻两条截面线之间的间距调节至亚毫米级,足够小的截面线间距可使获取的被测物体表面轮廓近似一个平面。

打开电机,将激光传感器回归至初始位置后停止。通过电机设置激光传感器移动速度为0.5m/s。然后,通过Web界面设置激光器的扫描频率为200Hz。在对被测物体进行动态扫描以获取其表面轮廓前,还需要根据被测物体的高程变化范围对扫描高度进行限定,低于扫描高度的对象,激光传感器将自动进行滤除,不再获取其数据。扫描高度限定及激光器的测量范围共同决定了激光传感器的高程扫描范围。超出测量范围的对象,激光传感器无法捕捉其数据。本书为对激光传感器的高度限定功能进行示意,另选择一高30mm、底面直径100mm的圆柱体马歇尔试件作为试验对象,将其与水泥标准块相邻放置。首先,将激光传感器扫描高程限定为50mm,移动激光传感器对两个试验对象进行连续扫描,激光传感器自动将高程低于50mm的包括马歇尔试件在内的被测物体的激光数据成功滤除。将激光传感器移动到初始位置,重新将扫描高度限定为5mm,移动激光传感器再次对两个试验对象进行连续扫描,本次扫描成功获取到高程大于5mm的马歇尔试件的表面轮廓。同时,5mm的扫描高程限定可将高程为0的室内平面数据滤除。当被测对象的高程低于0平面时,可将扫描高程设置为负值。

3.3.3 三维激光检测系统成像特性分析

由对水泥标准块和马歇尔试件的扫描试验结果知,激光器架设高度为1m,移动速度为0.5m/s,扫描频率为200Hz时,三维激光检测系统能够对被测物体表面轮廓进行良好的重构。然而,在不同的试验条件下,例如,激光传感器的扫描频率不同,架设高度改变,被测物体的形态不同时,物体表面轮廓重构结果的差异并未知晓。为探究三维激光检测系统的成像特性,本书进行了以下试验:

(1)将激光传感器架设在1m的高度,移动速度设定为1.5m/s。选择前文试验中的马歇尔试件为试验对象,将其以图3-7a)所示的方式,圆形底面朝上放置于激光传感器正下方。分别以200Hz和400Hz的扫描频率对马歇尔试件进行完整扫描,两种扫描频率下所对应的相邻激光截面线的间距分别为7.5mm和3.75mm,图3-7b)、c)所示为不同扫描频率下对马歇尔试件圆形表面轮廓的重构结果。由图3-7b)可明显观察出,马歇尔试件圆形表面由多个宽度相等的矩形连续组合而成,且边缘呈明显的锯齿状。图3-7c)所示的矩形宽度较小,边缘的锯齿状明显减弱,整体形态更加接近圆形。由此可知,激光扫描线的间距不同时,被测物体圆形表面的重构结果可能存在差异。扫描线的间距越小,三维激光系统对被测物体表面形态的重构结果越真实。

 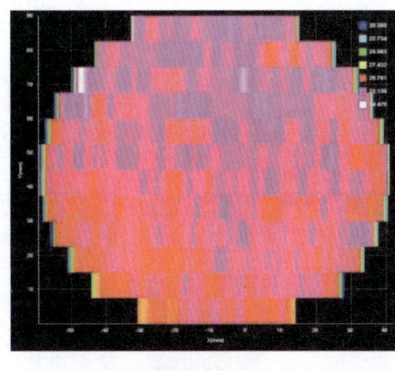 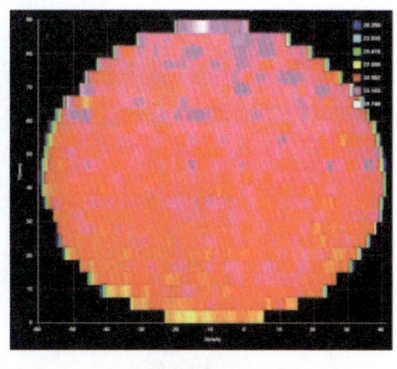

a)放置方式　　　　　　　b)扫描频率200Hz　　　　　　　c)扫描频率400Hz

图 3-7　不同扫描频率下马歇尔试件圆形表面轮廓重构结果

在相同的试验条件下,选择与马歇尔试件材料相同的长方体试件作为试验对象,该试件的尺寸为 100mm×100mm×400mm,将其以图 3-8a)所示的方式放置于激光传感器正下方,使试件的长边与激光传感器的移动方向平行。分别以 200Hz 和 400Hz 的扫描频率对长方体试件进行完整扫描,图 3-8b)、c)所示为不同扫描频率下对长方体试件矩形表面轮廓的重构结果。由图可知,不同扫描频率下对长方体试件矩形表面的重构结果并无太大差异,二者的边缘均平整且连续,如图 3-7b)、c)中所示的锯齿状边缘现象。由此可知,激光传感器扫描频率的不同,对沿传感器移动方向两侧边缘变化不明显的被检测物体的重构结果影响较小。

 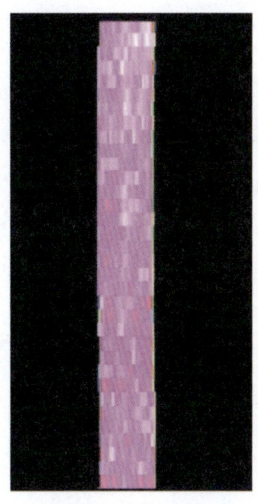 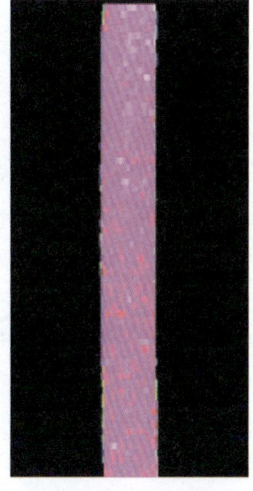

a)放置方式　　　　　　　b)扫描频率200Hz　　　　　　　c)扫描频率400Hz

图 3-8　不同扫描频率下长方体试件矩形表面轮廓重构结果

试验条件不变,仍以上述长方体试件为试验对象,将长方体试件以图3-9a)所示的方式,长边与激光传感器移动方向呈15°的夹角放置,分别以200Hz和400Hz的扫描频率对长方体试件进行完整扫描,图3-9b)、c)所示为不同扫描频率下对倾斜放置的长方体试件矩形表面轮廓的重构结果。由图3-9b)可明显观察到,长方体矩形表面由多个宽度相等的矩形连续组合而成,且边缘出现明显的锯齿状。图3-9c)与之相比,边缘更加连续。由此可知,三维激光检测系统在对表面形态规则、边缘连续的物体进行重构时,激光传感器的移动方向与物体的表面中轴线出现一定偏离时,也可能造成物体重构结果的失真。

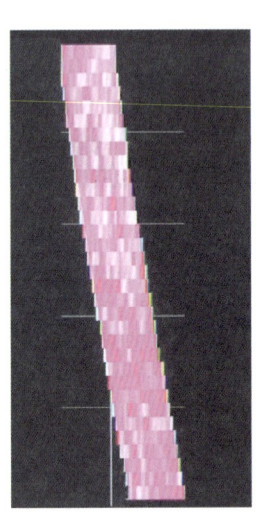
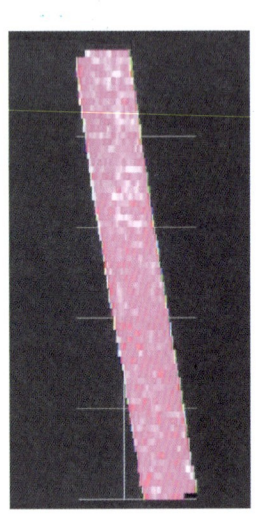

a)放置方式　　　　b)扫描频率200Hz　　　　c)扫描频率400Hz

图3-9　不同扫描频率下长方体试件倾斜放置时矩形表面轮廓重构结果

以上三个试验的结果表明,三维激光检测系统对被测物体表面轮廓的重构结果与激光扫描线的扫描间隔相关,扫描线间隔越小,重构结果越真实。而激光扫描线的间隔由激光传感器移动速度和扫描频率共同决定,在传感器移动速度一定的情况下,扫描频率越小,激光扫描线的间隔越大。被测物体表面形态的不同也会对重构效果产生影响,对于表面形态边缘变化较大的物体,如路面坑槽,重构结果会出现一定的失真。而对于沿传感器移动方向,表面形态边缘变化较小的被测物体,如路面车辙,重构的结果会更加真实。同时,在检测过程当中,传感器的移动方向最好与车辙的延伸方向保持严格一致,检测方向的偏移可能导致检测结果的失真。

(2)选择图3-9所示长方体试件作为试验对象,将其长边垂直于激光传感器移动方向放置于激光传感器正下方。激光器在横梁上位置不变,扫描频率设置为200Hz。改变激光传感器的架设高度,使其分别在0.7m和1m的高程且静止状态下获取长方体截面轮廓线,图3-10所示为激光传感器在不同架设高度下所获取的长方体试件截面轮廓线。由图可知,激光传感器的架设高度发生改变时,其所获取的被测物体轮廓的宽度、高度等测量值并未发生变化,不过,在该过程中,激光传感器横向扫描宽度发生改变,且架设高度越高,扫描范围越宽。

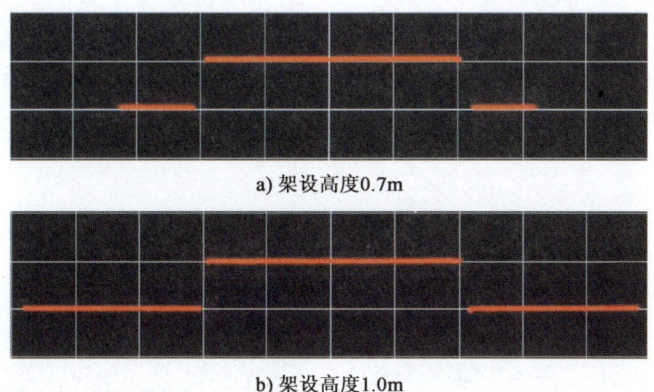

图 3-10　激光传感器在不同架设高度下所获取的长方体试件截面轮廓线

3.4　三维激光信号特性研究

本节针对被测物体表面色彩和构造深度的不同对三维激光数据特性的影响进行分析。

3.4.1　表面纹理对激光特性影响分析

基于对三维激光基本成像特性的分析可知,激光在不同被测对象上所呈现的成像特性及规律有所不同。为了更为全面地分析激光数据在具有不同材料组成和不同表面特征的被测对象上所展现的特性,同时考虑到三维激光在路面检测应用实例中可能涉及的材料的情况,本书将选取以下试验对象进行研究:

（1）大理石板

大理石板的基本成分是以 $CaCO_3$ 为主的变质岩,其基本特性为:结构致密,表面平整光滑,色彩较浅且统一。本书选择的大理石板呈淡米黄色,与其他材料形式相比,其表面平整度、光滑程度及色彩一致程度较高,几乎不受到表面颗粒等的影响,是必要的对比研究对象之一。

（2）沥青混凝土板

沥青路面是目前我国高速公路的主要路面形式,激光检测技术广泛应用于沥青路面病害的检测,因此,选择沥青混凝土板作为研究对象,切合实际应用中的研究需求。

（3）水泥板

水泥混凝土路面是路面的基本形式之一,与沥青路面相比,其表面较为平整,对激光数据特性产生的影响也与沥青路面存在差异,同时,水泥路面是激光检测技术的主要应用对象,因此,选择水泥板作为试验对象之一。

（4）标定板

本书所采用的标定板由树脂材料制成,表面为黑色,由不同高度和几何形状的几种形式构成,可依据不同的实验目的选择不同的测量对象。同时,其作为室内试验的基本材料,研究其对激光数据特性的影响具有重要的实际价值。

本书所选择的大理石板、水泥板、标定板和沥青板表面真实情况分别如图 3-11 各分图所示。

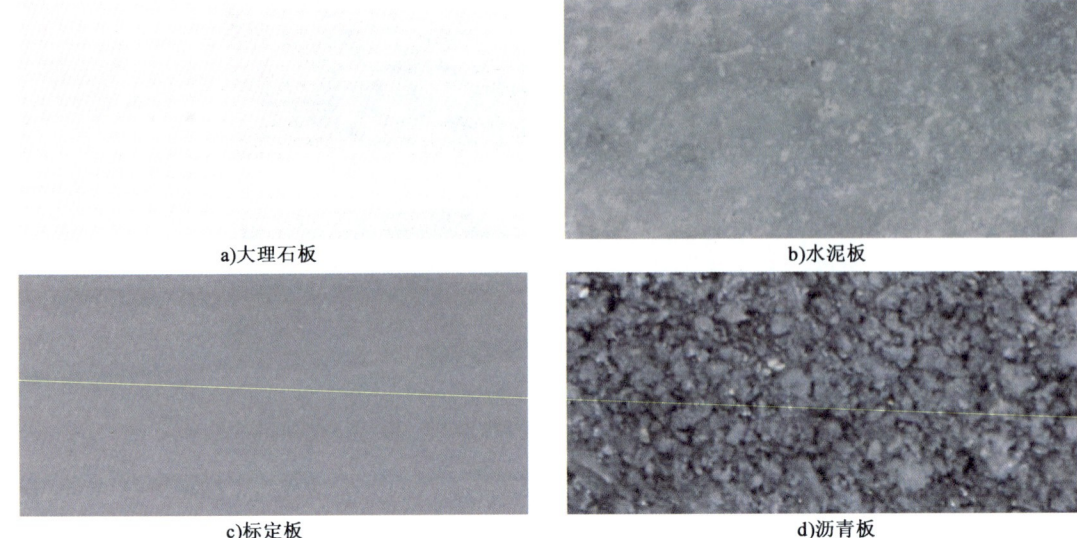

图 3-11　表面纹理实验对象

在对各断面的测量误差分析之前,首先,以各个实验对象上某一标记断面的三维激光数据中间一段为研究对象,对数据所呈现的基本特性进行分析。图 3-12 各分图中蓝线所示分别为根据各个试验对象上某一标记断面的激光测量数据重构的原始横断面图,其基本形态为波动曲线。图中黑色虚直线为对蓝色波动虚线进行线性拟合的结果。在本书中,认为各试验对象表面是平整的,并将该线性拟合的虚直线视为各检测对象的真实断面。

由对图 3-12 各试验对象被测断面的波动曲线图和线性拟合结果的初步观察分析,可得到以下结论:

(1)激光数据存在固有的测不准性,即便是表面平整度较高的大理石板和标定板,由激光数据重构的二者的断面曲线仍不够平直,存在不同程度的波动。

(2)不同试验对象横断面曲线的波动程度存在明显差异,波动程度从小到大依次为大理石板、水泥板、标定板、沥青板,说明在相对光滑平整的大理石板上,激光测量数据点更为准确,而沥青板的激光测量数据准确性稍差。

(3)不同试验对象线性拟合所得的虚直线存在轻微的倾斜,这主要由于放置试验对象时,无法保证其表面绝对水平,同时也说明激光检测系统可以捕捉到肉眼难以察觉的细微差异。

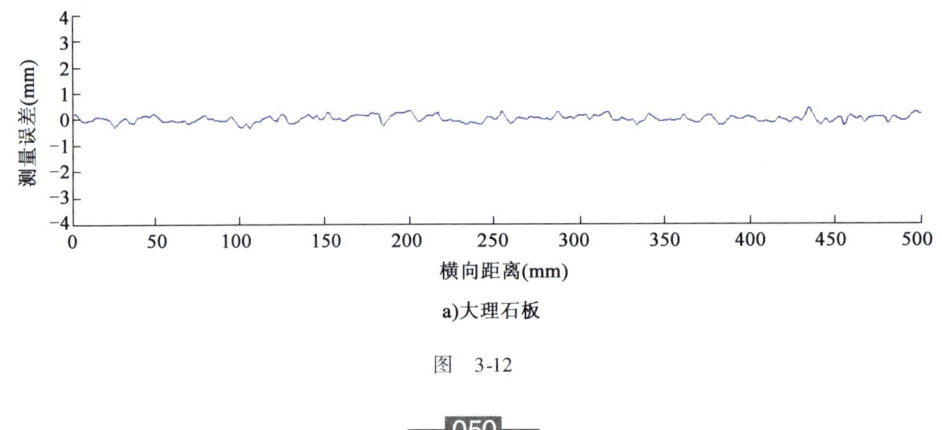

图　3-12

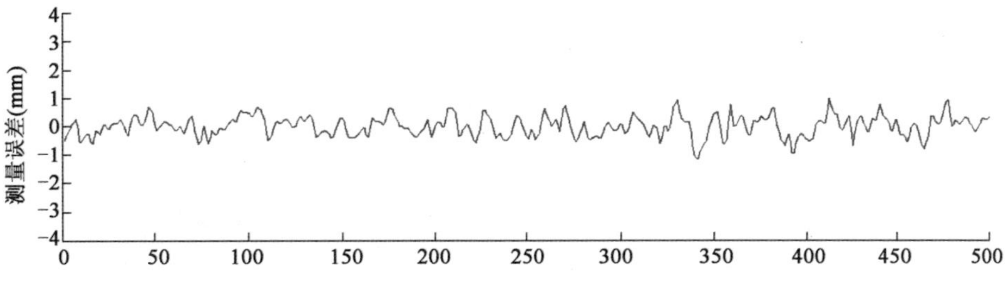

b) 水泥板

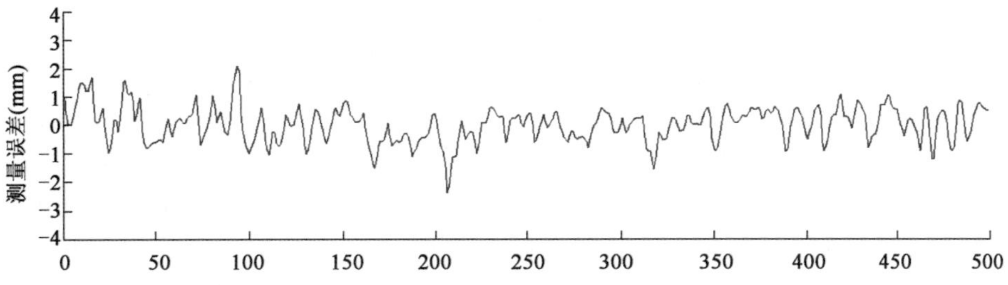

c) 标定板

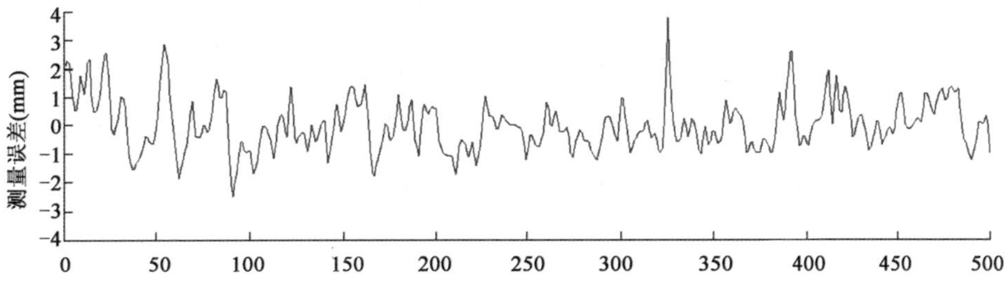

d) 沥青板

图 3-12 不同试验对象三维激光数据误差

考虑到数据的分布情况，将组距设置为 0.05mm。不同试验对象测量误差频数分布如图 3-13 所示。

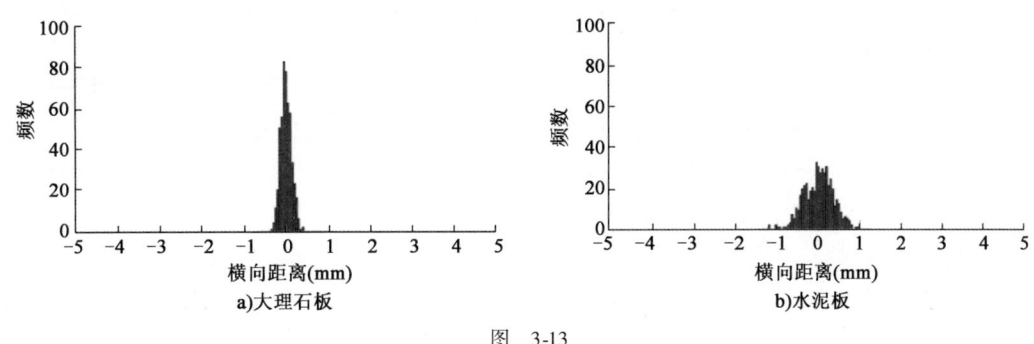

a) 大理石板　　　　　　　　　b) 水泥板

图 3-13

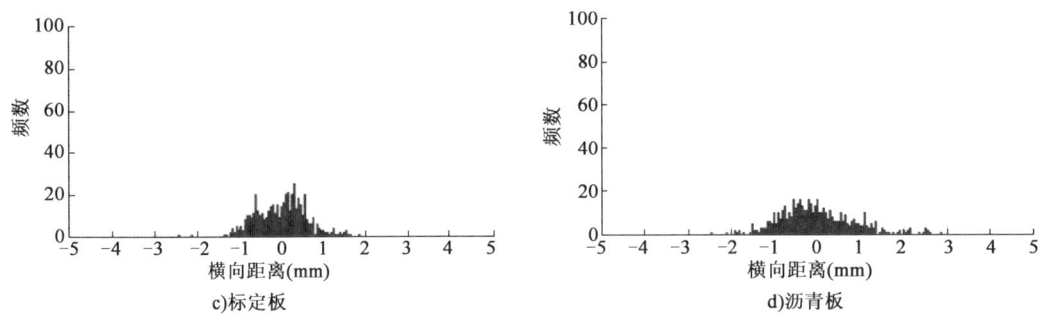

图 3-13 不同试验对象测量误差频数分布直方图

从图 3-13 所示的误差频数分布直方图可以看出,误差分布的集中程度从密集到分散依次为大理石板、水泥板、标定板和沥青板。对各试验对象误差分布的范围进行观察得到,大理石板的测量误差集中在 $-0.5 \sim 0.5$ mm 之间,水泥板、标定板和沥青板的测量误差范围逐渐变大,其大部分误差数据点集中的区间分别为 $-1 \sim 1$ mm、$-1.5 \sim 2$ mm 和 $-2 \sim 3$ mm。

为了更加准确、详细地了解各试验对象表面的三维激光测量值误差特征,本书对误差数据进行进一步综合量化分析。选取的数据为各试验对象某检测断面所进行的 1000 次连续测量误差值,大量的试验数据可以有效提高分析结果的准确性。本书选取测量误差的最大值、最小值、99% 置信区间和标准差为指标,对各试验对象表面的三维激光数据测量误差进行进一步量化分析。误差值的最大值、最小值可以反映出误差的范围大小,99% 置信区间的含义为,当某个估计值的 99% 置信区间为 $[a,b]$ 时,认为有 99% 的信心使得样本的平均值介于 a 到 b 之间,发生错误的概率为 1%,而标准差则表征一个数据集的离散程度,代表误差的不稳定性。表 3-2 给出各试验对象测量误差最大值、最小值、99% 置信区间及标准差的平均值的计算结果。

不同试验对象测量误差的统计量(mm)　　　　　表 3-2

试验对象	测量误差统计量				
	最大值	最小值	置信下限	置信上限	标准差
大理石	0.43	-0.37	-0.01	0.01	0.13
水泥板	0.99	-1.18	-0.04	0.04	0.36
标定板	1.94	-2.64	-0.07	0.07	0.62
沥青板	3.67	-2.55	-0.1	0.1	0.89

通过表 3-2 所示的计算结果,可以得到以下结论:

(1)误差的最大值和最小值代表误差所能达到的最大范围,大理石板的误差最小值和最大值分别达到 -0.37mm 和 0.43mm,范围最小,沥青板的误差最小值和最大值分别达到 -2.55mm 和 3.67mm,分别为大理石板的 6.8 倍和 8.5 倍,标定板误差最小值和最大值为大理石板的 7.1 倍和 4.5 倍,水泥板为 3.2 倍和 2.3 倍。

(2)通过测量误差的 99% 置信上下限可知,大理石板测量误差的 99% 置信区间为 $[-0.01,+0.01]$,置信区间最小,表明测量误差值较集中,测量精度较高。水泥板、标定板和沥青板的 99% 置信区间依次增大,分别为 $[-0.04,+0.04]$,$[-0.07,+0.07]$,$[-0.1,+0.1]$。由此可判定,大理石板、水泥板、标定板和沥青板的测量精度依次减小。

(3)标准差反映误差的离散程度,标准差计算结果进一步印证,大理石板的误差最为集中,测量稳定性较好,标准差为 0.13mm,沥青板的测量稳定性最差,标准差为 0.89mm,水泥板和标定板的误差值标准差分别为 0.36mm 和 0.62mm。

3.4.2 路表色彩对激光特性影响分析

我国的高速公路路面以沥青路面为主,表面色彩为黑色。此外,路面上还包括黄色和白色两种色彩的标线,在检测过程当中,不同的色彩对激光检测过程可能产生不同的影响,进而影响激光数据特性。图 3-14 所示为高速公路路面色彩状况。本节在研究色彩对激光数据特性的影响时,主要考虑路面上常见的三种色彩:黑色、白色和黄色。本书选取相同材料、相同尺寸的黑、黄、白三种色彩的试验板材拼接为一个整体作为试验对象,如图 3-15 所示。

图 3-14 高速公路路面色彩状况

图 3-15 不同色彩试验对象

本试验通过在各个色彩区域随机标记一个断面,仍借助室内三维激光检测系统在静态条件下获取各标记断面的激光数据进行研究。激光器仍被架设在 1m 的高度,扫描频率为 400Hz,对每个标记断面进行连续 1000 次扫描。通过线性拟合的方式获取各标记断面的理论真值,进一步计算出各断面的测量误差。不同色彩试验对象各标记断面的测量误差曲线如图 3-16 所示。

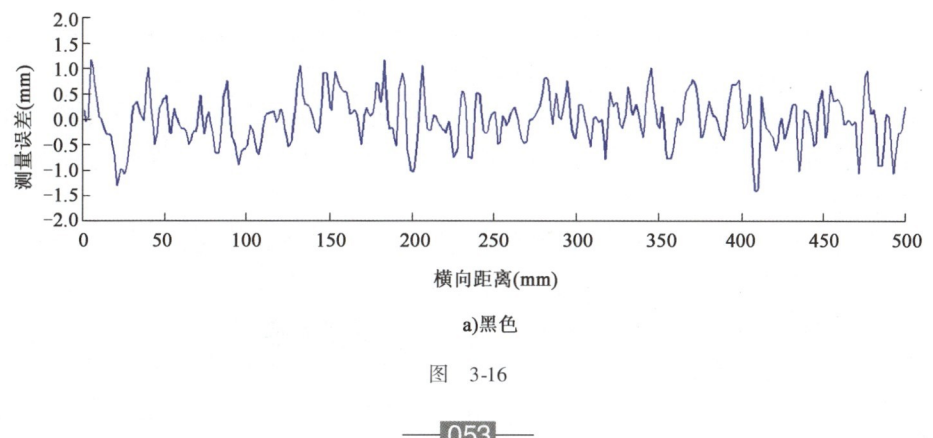

a)黑色

图 3-16

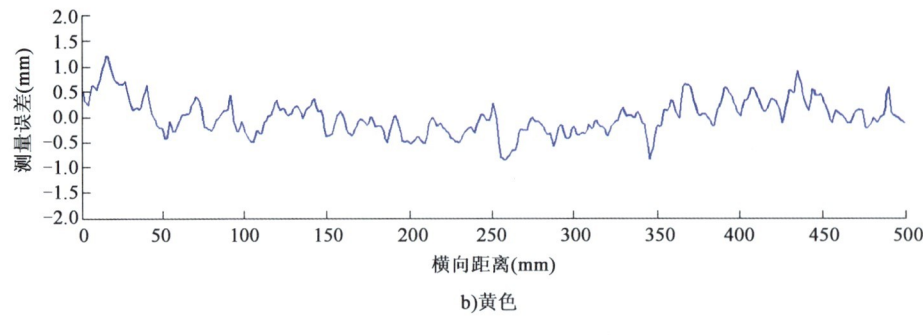

b)黄色

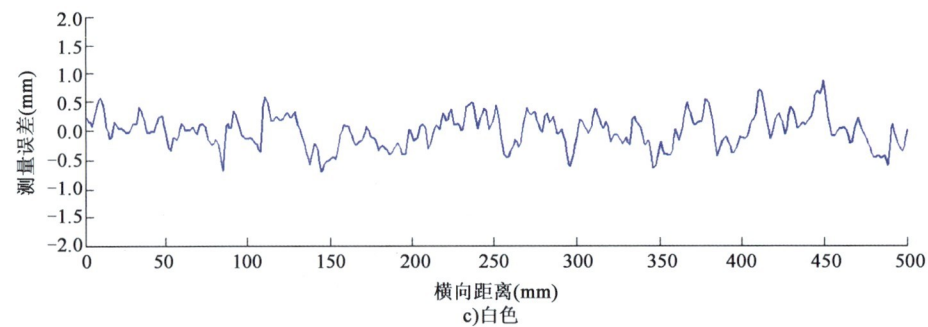

c)白色

图 3-16 不同色彩试验对象标记断面测量误差曲线

通过对图 3-16 的观察可得,黑色区域测量误差值波动范围较大,黄色色带和白色色带的波动值次之。为了进一步对测量误差进行量化评价,以推断不同色彩对激光测量值准确度的影响,首先计算了各区域标记断面连续 1000 次激光测量值测量误差的最大值、最小值、99% 置信区间和标准差等统计量,然后计算各统计量 1000 个结果的均值并以此为指标。表 3-3 给出了相应的计算结果。

不同色彩试验对象测量误差的统计量(mm)　　　　表 3-3

试验色彩	测量误差统计量				
	最大值	最小值	置信下限	置信上限	标准差
黑	1.66	-1.73	-0.05	0.05	0.47
黄	1.21	-0.94	-0.04	0.04	0.34
白	0.89	-0.76	-0.03	0.03	0.28

通过对表 3-3 进行分析,可以得到以下结论:

(1)由测量误差的最值的计算结果可知,其绝对值大小顺序为黑色、黄色、白色,说明在相同条件下,黑色所能达到的误差最值范围最大,其次是黄色,白色区域测量误差的最值范围最小,测量精度最高。

(2)由置信区间的计算结果可知,黑色区域测量误差的 99% 置信区间为[-0.05,+0.05],置信区间最大,表明测量误差较分散,测量精度较低。黄色区域及白色区域置信区间依次减小,分别为[-0.04,+0.04],[-0.03,+0.03],测量精度依次增加。

(3)不同颜色实验对象的测量值误差的标准差大小顺序为黑色、黄色、白色,这说明白色的激光数据测量更为稳定，误差较为集中，黄色次之，黑色的激光数据误差最为分散，精度最差。

3.5 激光点云噪声分类与处理方法

在现场检测过程当中，由于各种不利环境因素的影响或者检测设备自身条件的限制，所获取的激光数据不可避免地包含一些异常值，以上对激光数据的普遍特性进行了分析，主要针对试验过程中激光数据出现的异常值，将激光点云数据噪声分为缺失点和异常点两种类型。

3.5.1 缺失点来源及其处理方法

1) 缺失点来源

在对三维激光数据特性进行分析时，选择了多种试验对象。在调节室内三维激光检测系统参数对不同试验对象表面激光数据的获取情况进行测试的过程中，发现所获取的激光数据中存在数据点缺失的现象，且多发生于对沥青板和标定板的检测中。为进一步探究缺失点发生的规律，本节将结合实验图例和数据进行详细分析。

在沥青面板的检测过程中，当设置不同的曝光值时，激光数据出现缺失点的程度不同。在沥青面板表面随机标记一个断面，将激光器固定在1m的高度，扫描频率设定为400Hz，分别将激光检测系统曝光值设置为200μs、400μs和600μs，静止状态下对标记断面进行激光扫描。

在对标定板采用激光进行扫描时，同样发现存在数据点缺失现象。由于标定板表面由多个区域组成，对于缺失点采用组成较为复杂的梯形区域进行数据采集试验，因此有必要对试验区域形态进行说明。图3-17中红框标定区域即为标定板梯形区域。

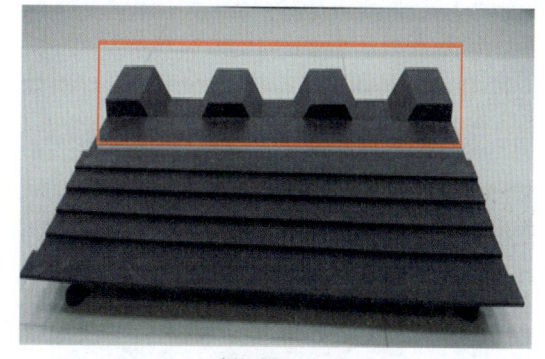
a) 侧视图

b) 俯视图

图3-17 标定板梯形区域

在标定板梯形区域随机选择一个断面，对激光检测系统的其他参数进行相同的设置，分别调节曝光值至200μs、400μs和600μs，静止状态下获取标定板梯形区域标记断面的激光数据，每个断面连续检测1000次。

无论是沥青板表面还是标定板表面，当曝光值较低，如曝光值为200μs时，所获取的激光数据缺失情况较严重。当曝光值增加至400μs时，试验对象激光轮廓线上中心位置的数据逐渐完整，而试验对象激光轮廓线两侧位置仍存在较大的数据缺失。当曝光值增加到600μs时，沥青板激光轮廓线几乎不存在数据缺失，标定板梯形轮廓的水平部分激光数据也趋于完整，而斜坡部分数据仍几乎完全缺失。当曝光值为200μs时，大理石地面的激光轮廓线已经比较完整，几乎不存在数据缺失。

通过上述分析可以得出如下结论：

（1）当激光检测系统的曝光值不足时，系统所获取的试验对象表面的激光数据易产生缺失，且缺失数据多存在于激光器横向扫描范围的两端；

（2）不同试验对象对激光检测系统的曝光值要求可能不同，表面色彩较浅且光滑度较高的实验对象，如大理石板，曝光值较低时，即可获取完整的检测数据；

（3）激光检测数据的完整性与被测对象表面构造有关，表面存在一定角度的坡度时，易导致激光检测数据的缺失。

为进一步探究具有一定坡度的被测断面激光检测数据的完整性与曝光值的关系，本试验继续增大激光检测系统的曝光值。

通过试验发现，当曝光值调高到 $1000\mu s$ 时，标定板梯形区域中心位置处倾斜表面开始出现少量激光数据点，随着曝光值的增加，倾斜表面上缺失点越来越少，当曝光值增加到 $3000\mu s$ 时，激光检测数据点可以反映出倾斜面的基本形态。结合前文的分析可以得出如下结论：

（1）无论被测对象表面是水平还是倾斜，当曝光值足够大时，均可以获得被测断面完整的激光检测数据；

（2）无论被测对象表面是水平还是倾斜，当曝光值不足时，激光数据的缺失首先出现在被测对象的两侧；

（3）与水平表面相比，倾斜平面需要更大的曝光量值，才能有效减少激光数据的缺失。

当路面比较潮湿时或路表存在坑洞或者车辙时，同时会存在积水现象。本书以车辙板为试验对象，在其表面洒适量水，使车辙板表面为饱和面干状态，且凹槽内存在积水，对车辙板进行三维激光扫描，成像结果如图3-18所示。由图可知，沥青板表面同样出现了异常凸起，尤其是存在积水的凹槽内，凸起更加尖锐，且幅值较大，同时伴随数据缺失。由此推断，路表积水会对三维激光检测系统的检测结果产生不利影响，可能导致激光数据的缺失及突变点的产生。

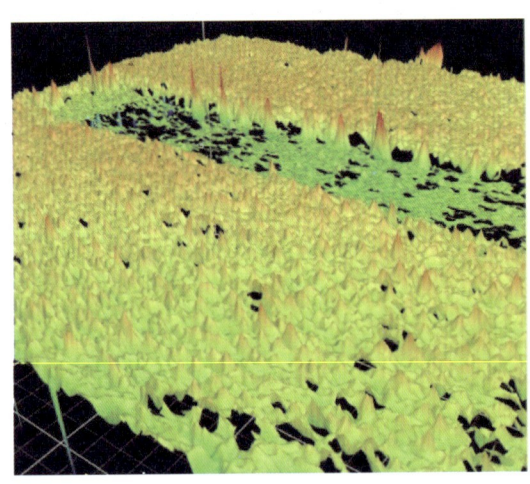

a) 潮湿车辙板   b) 激光成像近视图

图3-18 积水对三维激光检测数据的影响

经测定,室内三维激光架设位置的光照强度不足10000lux,而晴天室外的光照强度在100000～400000lux之间,室内通常难以模拟如此高的光照强度。本书采用如图3-19a)所示的室外三维激光检测设备,将三维激光传感器通过铁架固定在车辆后方。试验选取一段铣刨的路面作为试验对象,进行了现场检测,检测时间为上午十时左右,天气晴朗。图3-19b)所示为车辆自西向东行驶,激光器及下方检测区域避开阳光直射,光照强度大约为30000lux时,获取的检测数据点成像结果,由图可知,三维激光对路面铣刨的细致情况进行了良好的呈现。图3-19c)所示为车辆自东向西行驶,检测区域被太阳光直射,光照强度大约为250000lux时,三维激光检测系统对被测区域的成像结果,道路表面出现细小的毛刺,同时伴随着黑色噪点。

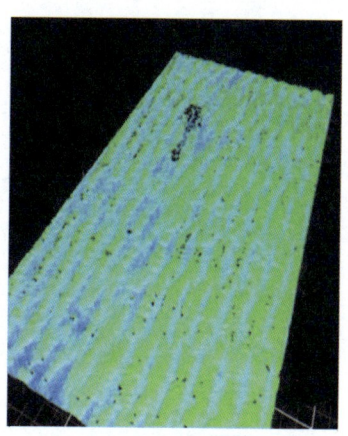

a)现场检测设备　　　　　　b)铣刨路面　　　　　　c)强光直射导致噪点

图3-19　光照强度对三维激光检测数据的影响

上述对沥青板和标定板上的激光检测数据缺失点的分布规律进行了分析,并定性地得到缺失点的数量随着曝光值增大的变化规律。为进一步对激光数据缺失情况进行量化,本书选取数据点缺失率作为指标对数据缺失严重程度进行评价。试验过程中,激光检测系统连续采集的被测断面的激光数据均存储在数据表中,在没有数据缺失的情况下,被测断面上应包含的数据点数量已知,实际测量中缺失点的数量仍可从保存的数据表中获知。本书将对被测断面的连续 n 次扫描中,被测断面的激光数据缺失总数与不存在数据缺失时应包含的数据总量的比值作为数据缺失率。缺失率 r 的具体计算方法为:

$$r = \frac{\sum_{i=1}^{n}(K - k_i)}{n \times K} \times 100\% \qquad (3-2)$$

式中:n——对被测断面连续扫描的次数;

K——对被测断面的一次扫描当中,不存在缺失点时激光数据点总量;

k_i——对被测断面的第 k 次扫描中,所获取的被测对象实际激光数据点数。

在本试验中,$n = 1000$,可以保证可靠的缺失率分析的原数据量。基于真实测量的原始激光数据,分别针对沥青板和标定板对激光测量数据缺失率进行计算。由于标定板梯形区域水平面和倾斜面对曝光值要求的差异较大,在曝光值为200μs、400μs和600μs时,倾斜面数据点完全缺失。因此,在曝光值较小时,本书仅计算标定板水平表面上的激光点缺失率,当曝光值为 1000μs、2000μs 和 3000μs 时,讨论标定板的整个表面上激光点缺失率,计算结果汇总见表 3-4。

沥青板和标定板激光检测数据缺失点状况　　　　　　　　表 3-4

试 验 对 象	曝光值(μs)	缺失点数(个)	总点数(个)	缺失率(%)
沥青板	200	504057	534000	94.39
	400	193161		36.17
	600	12139		2.27
标定板 (水平表面)	200	524123	910000	57.60
	400	294534		32.37
	600	107605		11.82
标定板 (全部表面)	1000	517664	1455000	35.58
	2000	314076		21.59
	3000	188810		12.98

通过对表 3-4 中的计算结果进行分析,可以得到以下结论:

①对于沥青板和标定板的水平表面,将检测曝光值从 200μs 提高到 600μs,可以有效降低激光数据点缺失率。对沥青板而言,随着曝光值的改变,缺失率变化更为明显,当曝光值为 200 时,激光缺失率达到 94%,而当曝光值提高到 600 时,缺失率不到 3%,下降幅度接近 90%;对标定板水平面而言,随着曝光值从 200μs 逐步提高到 600μs,缺失率下降幅度较小。

②当曝光值较低时,沥青板的缺失率明显大于标定板水平部分,而曝光值达到一定水平时,沥青板的缺失率却小于标定板水平部分。这主要是由于,沥青板的被测宽度小于标定板,当曝光值增大时,沥青板处于的激光横向扫描范围内,激光数据逐渐趋于完整,而标定板被测范围较宽,其两侧区域仍存在较大的数据缺失情况,提高了标定板的整体缺失率。在相同的测量范围内,沥青板的数据缺失情况更加验证,这可能与其表面的平整度有关。

③对于标定板全部表面的数据缺失率分析结果显示,当曝光值从 1000μs 增加到 3000μs 时,数据缺失率逐渐下降。与水平面数据点缺失率随曝光值改变而下降的幅度相比,倾斜表面数据缺失率的变化较为缓慢。

2)缺失点处理方法

缺失点的处理采用三维激光处理法中常用的四邻域填补法,通过缺失点边缘的值估算出该点的值,经多次循环后补充修正的矩阵如表 3-5 所示,邻域修正算法具体如下:

(1)标记结果矩阵中所有的缺失元素,并识别其 8 个邻域位置非空元素的个数。

(2)提取邻域非空元素最多的标记元素,赋值该元素为其非空邻域的均值,生成新的结果矩阵。

(3)带入新的结果矩阵,循环步骤(1)和步骤(2),直到所有的标记元素被修正。

八邻域填补缺失点后的三维激光点云矩阵　　　　　　表 3-5

坐标		横轴坐标(mm)								
		-96.465	-95.957	-95.449	-94.941	-94.433	-93.925	-93.417	-91.909	-91.401	-90.993
纵轴坐标(mm)	34.40	55.15	56.19	57.34	57.98	58.96	60.07	56.88	57.95	58.10	58.01
	35.90	55.47	56.33	57.33	57.51	57.64	57.86	54.94	56.42	56.86	57.24
	36.40	55.86	56.59	57.30	56.88	55.84	55.41	53.74	54.70	55.34	56.28
	36.90	56.32	56.90	57.28	56.23	54.26	53.27	52.60	52.99	53.87	55.13
	37.40	56.78	57.24	57.25	55.64	52.75	51.36	51.51	51.36	52.48	53.99
	37.90	57.19	57.51	57.21	55.15	51.56	50.65	50.66	51.32^2	51.32	52.88
	38.40	57.50	57.72	57.10	54.91	51.06	51.01^3	50.66^4	50.98^4	50.61	52.04
	38.90	57.77	57.81	56.93	54.70	51.14	51.85^4	50.74^6	50.93^6	51.28^4	51.39
	39.40	57.97	57.77	56.77	54.56	51.19	51.18^5	50.99^7	50.98^7	51.12^5	51.09
	39.90	58.12	57.63	56.62	54.38	51.35	51.37^4	51.05^6	50.81^6	50.92^4	50.93
	40.40	58.32	57.46	56.45	54.28	51.57	51.38^3	50.91^4	50.42^4	51.68^3	50.96
	40.90	58.60	57.42^1	56.34	54.15	51.87	51.53	50.60	50.13	50.28	51.08
	41.40	58.85	57.07	56.30	54.16	52.08	51.69	51.01	50.69	50.74	51.32
	41.90	59.01	56.93	56.24	54.13	52.25	51.86	51.43	51.29	51.27	51.65

注:修补元素右上角的数字代表赋值的循环数。

3.5.2 异常点处理

在三维激光测量过程存在许多异常值且其需要被剔除(图 3-20)。通过对观测进行分析可知,这些异常值可能是由横向裂缝、坑槽和修补、路面凸起标线以及其他物体(如道路上的树枝等)引起。

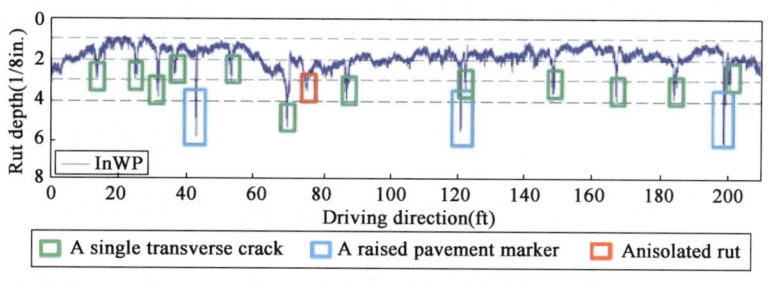

图 3-20　单条车辙纵向横断面和存在的异常值

图 3-21 对每种类型的异常值均给出说明。如图 3-21 所示,由凸起的路面标线引起的异常值是非常明显的,它们宽度范围通常为 100~125mm,高度范围为 2.5~4mm(1/8 英寸)。由铁轨和坑槽引起的异常值通常具有非常尖锐的边界。基于此,本书提出一种基于阈值的方法来剔除车辙深度测量值中的异常值。

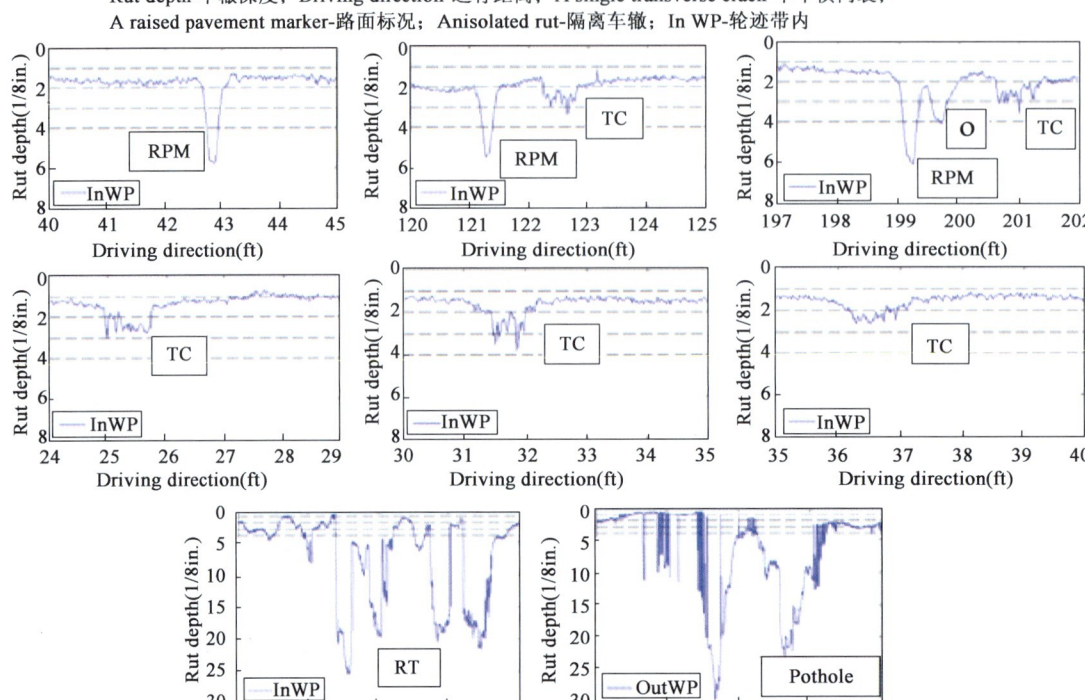

图3-21 每种类型的异常值实例

Rut depth-车辙深度;Driving direction-运行距离;RPM-凸起的路面标线;TC-横向裂缝;RT-铁轨;O-其他物体;Pothole-坑槽;In WP-轮迹带内;Out WP-轮迹带外

单车辙和异常值的特征见表3-6。

单车辙和异常值的特征　　　　　　　表3-6

异常值类型	长度(mm)	深度(1/8 in)	坡度(in/ft)
横向裂缝	25～500	0.8～3	0.3～6.0
路面凸起标线	100～125	2.5～4	1.8～2.7
铁轨	—	20	≥2.5
坑槽	60	1.6	2.0
其他物体	400	5	0.9

注:1ft = 0.3048m,1in = 0.0254m。

基于阈值的异常值剔除方法的关键是计算纵向变化斜率。一般地,将整个纵断面分割成几个部分,然后利用线性递归方法来计算每个分割段的变化斜率。然而该方法中,每个分割段的变化斜率严重依赖于分割段的大小,并且很难确定一个能够适应不同长度异常值的分割段大小。因此,需要找出一种灵活的递归方法来处理不同的异常值。多元自适应递归样条函数(MARS)具有这种灵活性(Friedman,1991)。该方法的法则是保证不同模型之间连续性的同时采用分段线性模型模拟一个断面。更重要的是,该方法能够在无非线性先验知识的条件下自动模拟断面。因此,在本书中,应用了 MARS 来获取纵向车辙断面的分段线性适应模型。基于分段线性适应模型,可以计算出纵向变化斜率。

为了进行详细说明,本书列举了一个 5ft 的车辙纵断面(图 3-22)来解释基于阈值的异常值剔除方法。该方法包括以下步骤:

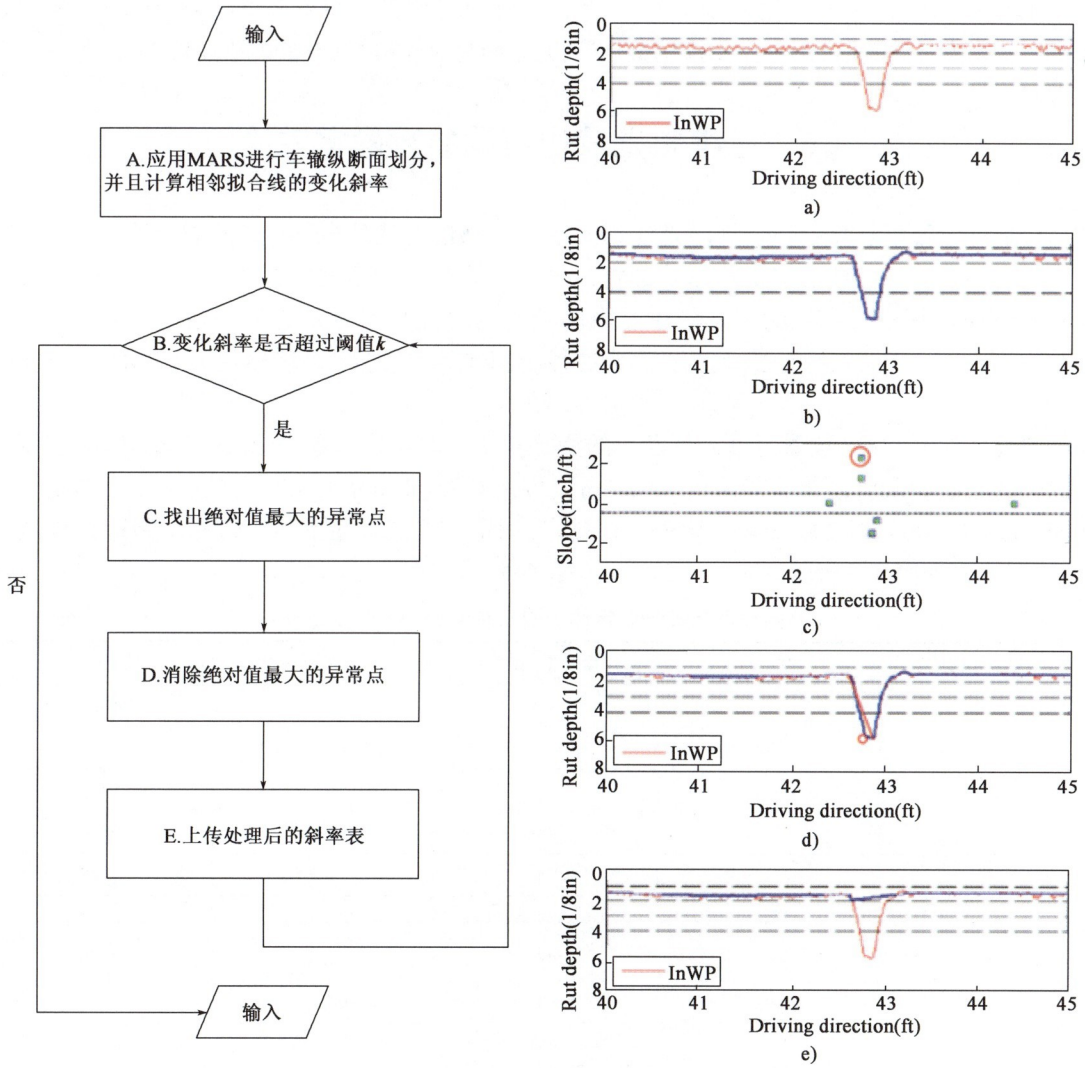

图 3-22 异常值剔除流程

Driving direction-运行距离;Rut depth-车辙深度;Slope 为斜率;In WP-轮迹带内

步骤 A:采用 MARS 处理车辙深度纵断面分割段。MARS 的处理结果如图 3-22b)中的蓝线所示。其中,总共需要 7 条直线才能够较好地表示车辙深度断面(具有最小的模型复杂度和最好的拟合度)。这 7 条直线的斜率的计算结果在图 3-22c)中给出。

步骤 B:找出所有绝对值大于设定阈值 k 的变化斜率。在试验过不同类型的异常值后,本书最终设定了一个相对保守的异常值阈值 $k = 1/4$ in/ft。如果至少有一个变化斜率的绝对值大于该阈值,则执行步骤 C;否则,处理下一个分割断面。在图 3-22c)中,7 个斜率中有 3 个都在虚线之外。

步骤 C:找出变化斜率绝对值最大的直线。

步骤 D:找出变化斜率绝对值最大的直线的两个端点,然后剔除其值与断面的中值相差较远的端点。在图 3-22d)中,用红圈标明的点即为被剔除的点。

步骤 E:更新斜率列表,跳回到步骤 B,直到所有的变化斜率均小于预设的阈值。图 3-22e)所示的蓝线为过滤断面。与噪声消除前的车辙纵断面相比,异常点被很好地剔除。

3.6 三维激光最佳布设参数确定方法

合理的参数组合将会使三维激光检测设备的检测精度达到最佳使用性能,即最佳识别率(某一个横断面上,三维激光成像系统的相机可接收到的有效激光数据点所占比例),这样就可以对路面损坏进行有效的三维构建。而对于三维激光检测系统,其架设高度和曝光性均对其识别率有一定的影响,因此,有必要对各个影响因素进行参数标定,以获取最佳性能组合。

将设备检测频率(仪器每秒钟可发出的激光点数)调至最大值(788.298Hz),检测速度调至 60km/h,然后调节钢架的架设高度(2.2m、2.0m、1.8m、1.6m、1.4m),并在每一个高度下均按照 200~1200μs,每 200μs 取一个值进行测定,测定方法同上述室内车辙深度指标的检测方法,检测结果如表 3-7 所示。

不同高度与曝光值条件下的三维激光检测数据情况　　表 3-7

组　　别	高度(mm)	曝光值(μs)	检测范围(mm)	识别率(%)
1 号	1000	200	544.5	66.4
	1000	400	544.5	90.1
	1000	600	544.5	95.5
	1000	800	544.5	99.4
2 号	1200	200	650.65	69.8
	1200	400	650.65	87.2
	1200	600	650.65	94.9
	1200	800	650.65	97.7
3 号	1400	200	756.8	62.5
	1400	400	756.8	83.4
	1400	600	756.8	93.2
	1400	800	756.8	98.8
4 号	1600	200	862.4	52.8
	1600	400	862.4	70.9
	1600	600	862.4	87.2
	1600	800	862.4	91.6
	1600	1000	862.4	93.9

续上表

组别	高度(mm)	曝光值(μs)	检测范围(mm)	识别率(%)
5号	1800	200	962.5	41.2
	1800	400	962.5	73.4
	1800	600	962.5	90.4
	1800	800	962.5	94.2
	1800	1000	962.5	95.1
	1800	1200	962.5	97.4

由表3-7可知,3D三维激光系统的架设高度不仅对检测系统识别率有明显影响,同时也对系统检测范围有明显影响。对于一定的曝光值下,随着系统架设高度的增加,其识别率将会下降。当高度低于1800mm时,800μs的曝光值即可满足95%以上的识别率,但当设备架设高度高于1800mm时,设备曝光值需要达到1200μs才能满足要求。同时,如图3-23b)所示,系统检测范围随架设高度近似呈线性增加。线性公式如下(D为检测范围,H为架设高度):

$$D = 0.5239H + 21.945, R^2 = 0.9999$$

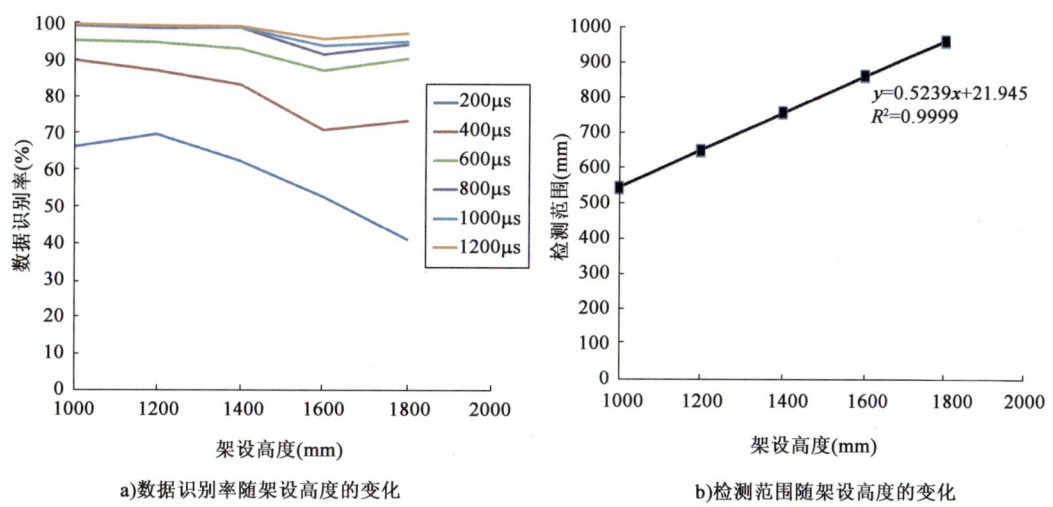

a)数据识别率随架设高度的变化　　　　b)检测范围随架设高度的变化

图3-23　三维激光系统检测范围与数据识别率随架设高度的变化情况

由图3-23a)可以看出,对于一定的曝光值,当架设高度超过1800mm时,检测系统的数据识别率开始下降明显并逐渐趋于稳定,因此,在保证数据识别率的条件下,最佳架设高度应为1800mm以内。而由图3-23a)可以看出,只有当曝光值超过1000μs时,检测系统的数据识别率才可以保证在99%以上(根据ASTM C802,当采集的数据点中缺失点占总采集点的比例小于1%时,可认为该组采集的数据有效)。同时,考虑到检测范围随架设高度的增加而增加,因此,本试验确定了该三维激光成像系统的最佳参数组合为:架设高度为1800mm,曝光值在1000μs以上。

3.7 本章小结

本章对三维激光检测系统原理、数据特性及影响因素进行了深入研究与分析,主要得出以下结论:

(1)对三维激光检测系统的两个主要组成部分(激光器和照相机)进行了介绍,并对二者配合工作的过程进行了示意。在此基础上,对激光三角测量法原理进行了分析。介绍了国内广泛应用的 LMI Gocator 系列三维激光传感器及其应用,在对各类型传感器性能参数对比的基础上,得出本书所采用的 LMI Gocator 系列激光传感器在分辨率、测量范围及抗震性能等方面具有显著优势。基于本书所架设的室内三维激光检测系统,选取试验对象,对三维激光检测系统的成像过程及特性进行了揭示,发现三维激光检测系统能够对被测物体表面轮廓进行良好重构,边缘重构效果与被测物体的表面形态有关。同时,激光传感器架设高度及扫描频率等条件发生变化时,被测物体的成像结果存在差异。

(2)三维激光数据特性的揭示是研究路面纹理特征的基础。本章选取了多种材料组成及结构差异的试验对象,通过一系列室内试验获取大量激光数据,分析了三维激光数据基本特性。基于在不同试验中激光数据特性所表现出的差异,对可能影响激光数据特性的因素进行进一步分析。最后,对激光数据中的异常值进行分类与描述。

(3)通过室内试验,选取不同的试验对象,获取其激光点云数据,对三维激光数据特性,包括针对不同对象采集数据的准确性和重复稳定性进行分析。分析发现,试验对象表面色彩、反射性及构造深度的不同,可能对三维激光数据的特性产生影响。针对被测对象表面色彩差异及构造深度的不同,对三维激光数据特性存在影响进行了深入试验探究。最后,通过室内外试验,对三维激光数据中的异常值特性及其可能的成因进行分析与分类,并以断面有效激光数据点为评价指标,确定三维激光成像系统的最佳参数组合为:架设高度为 1800mm,曝光值在 1000μs 以上。

第 3 篇　服役性能研究应用篇

第4章 典型病害的三维激光检测方案与可靠性研究

针对内蒙古地区沥青路面服役状况的前期调研情况,沥青路面在交通和地理区位及气候的双重影响下,随着服役时间的延长,主要的面层病害表现为以车辙、拥包为主的变形类病害和以裂缝、坑槽为主的破损类病害。本章以车辙、坑槽、裂缝、拥包四类病害为研究对象,分别设计了三维激光检测方案,并进行室内外的精度及可靠性研究,为内蒙古地区路面检测提供创新型解决方案,并为三维激光检测技术的大面积推广应用奠定基础。

4.1 车辙三维检测准确性研究及重构方法研究

沥青路面车辙病害的产生有以下几个方面的影响:①路面表面过量的变形影响路面的平整度;②雨天车辙内积水导致车辆出现飘滑,影响高速公路行车的安全性;③冬季车辙槽内聚冰,降低路面的抗滑能力,行车产生冰滑现象;④车辆在超车或变换车道时方向失控,影响车辆的操纵稳定性;⑤轮迹处沥青层厚度减薄,削弱了面层及其路面结构的整体强度,易于诱发其他病害。

《公路技术状况评定标准》(JTG H20—2007)将车辙分为轻(10~15mm)、重(15mm以上)两个严重等级,以车辙深度为评价指标,并要求车辙检测宜采用快速检测设备,检测设备必须定期标定,每年至少标定一次。并根据断面数据计算路面车辙深度,计算结果建议以10m为单位长期保存。车辙严重程度评价,是路面状况评价的基础,更是行车安全风险评估和养护时机与措施选择的重要依据。

4.1.1 室内车辙检测准确性研究

我国现行《公路路基路面现场测试规程》考虑左、右轮迹带外侧隆起、道路中线隆起等车辙断面特性,并基于车辙成因和辙槽的横向分布,划分车辙断面形状为以下7种,如图4-1所示。

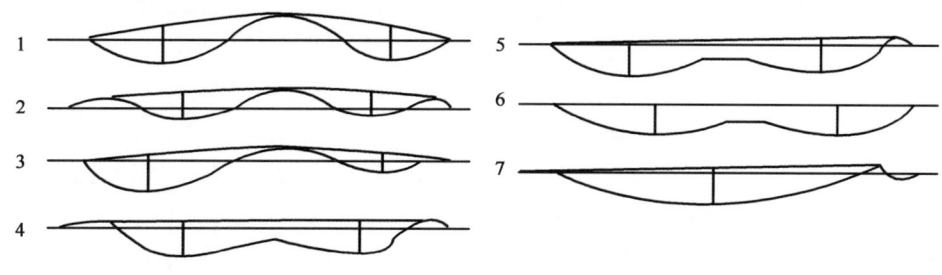

图4-1 车辙横断面7种形态示意图

利用研发的车辙形态模拟设备(已申请专利,专利号:ZL 2014 2 0187645.6)包括刚性底座、橡胶柔性板、若干伸缩杆、支架以及带动预标定的车辙检测设备移动的可移动滑轨,支架的底部固定于刚性底座上,可移动滑轨设于支架的顶部,预标定的车辙检测设备固定于可移动滑轨上,伸缩杆的一端固定于刚性底座上,伸缩杆的另一端与橡胶柔性板相连接,如图 4-2 所示。

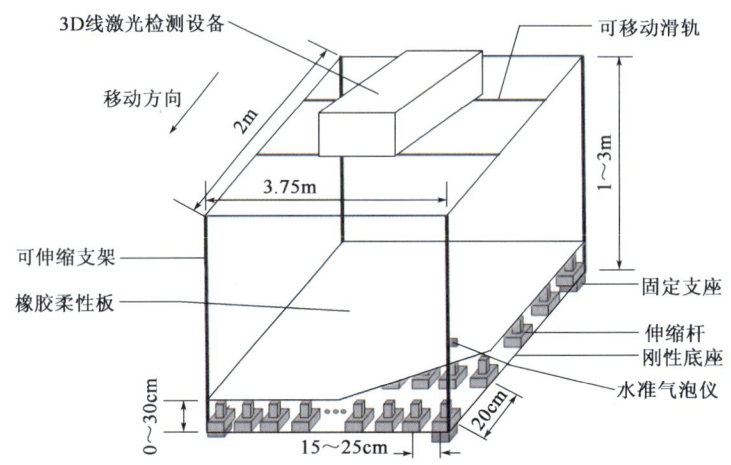

图 4-2 用于车辙检测设备精度标定的车辙形态模拟设备示意图

本书采用的形态模拟设备如图 4-3 所示。由底座、伸缩针及柔性纸组成,伸缩针的一端固定于底座上,另一端与柔性纸相连接。伸缩针的最大伸缩高度为 30mm,这符合我国规范中轻重车辙的深度范围。此外,考虑到室内三维激光检测系统横向检测范围的限制,用于车辙检测设备精度标定的车辙形态模拟设备的长为 23cm,宽为 18cm。伸缩针的表面覆盖柔性纸,柔性纸轻便且容易弯曲,不会对伸缩针造成垂向压力,也容易随着压缩针的变化较容易地模拟出不同的车辙形态。

图 4-3 本书形态模拟设备

车辙形态模拟设备的伸缩针高程决定了实际的车辙断面形态。本文每个横断面的伸缩针个数为 50 个,各点间距为 3mm。操作人员按照表 4-1 对每个断面的伸缩针进行手动高程设置,表 4-1 伸缩针的高程数据可根据车辙断面形状进行调节。

伸缩针高程设置　　　　　　　　　表 4-1

位置编号	1	2	…	13	…	24	25	26	…	37	…	49	50
高程(mm)	5.7	5.4	…	2.1	…	10.1	10.2	10	…	5.6	…	9.1	9.3

本书模拟了三种形态的车辙断面[图 4-4a)],图 4-4a)显示模拟设备图,图 4-4b)显示窗口显示的三维激光检测器对形态模拟设备的检测结果。横坐标为断面各点位置,范围为 −110 ~ 50mm。纵坐标为断面各点高程位置,范围为 0 ~ 20mm。整个断面包含 300 个点,每个点间距为 0.55mm。

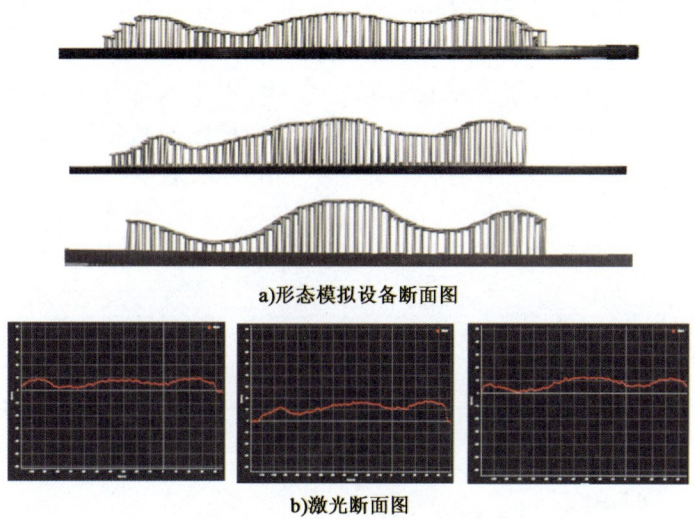

a) 形态模拟设备断面图

b) 激光断面图

图 4-4　模拟车辙断面及激光断面图

(1) 三维激光数据预处理

为了确保车辙几何指标的准确计算,检测的所有车辙断面需要在分析前进行预处理,去除异常点(缺失点和突变点)和断面不光滑对结果分析的影响。

在实际检测中,道路检测不可避免地会受到检测设备本身及路面上多种因素的影响,这些因素导致三维激光系统捕捉的路表面高程信息出现缺失点和突变点。缺失点多受激光检测系统的曝光值不足的影响,突变点受碎石颗粒、裂缝、坑槽、油污、积水、路面类型等的影响。这些异常点对结果的影响较大,因而在数据分析前需要对这些异常点进行处理,见图 4-5。

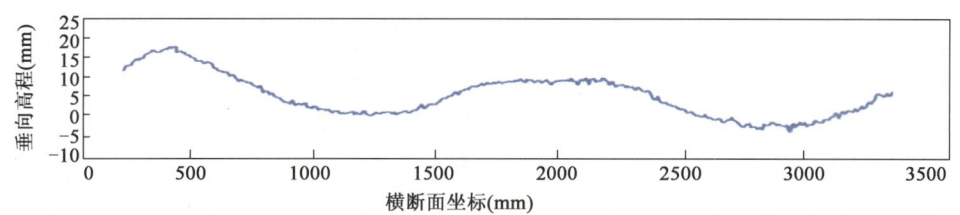

图 4-5　去除异常点后的断面

首先检测到这些缺失点和突变点的位置。在未经处理的三维激光检测数据中,缺失点没有显示;突变点即是峰值明显大于或者小于周围数据高程值的点。对缺失点和突变点位置的数据数值重新设置为 NaN。其次使用线性插值法对矩阵中值为 NaN 的点进行插值,见式(4-1):

$$z_{(x)} = z_{(x_0)} + \frac{z_{(x_1)} - z_{(x_0)}}{x_1 - x_0}(z - z_0) \tag{4-1}$$

式中：x——缺失点(突变点)位置；

$z_{(x)}$——缺失点(突变点)预估值；

x_0——第一个缺失点(突变点)的前者；

x_1——最后一个缺失点(突变点)的后者；

$z_{(x_1)}$、$z_{(x_0)}$——分别是 x_0、x_1 对应的高程值。

由于沥青路表面上沥青混合料颗粒的影响,应用三维激光检测系统检测到的车辙横断面往往呈现波纹状形态,因此有必要对三维激光检测到的车辙横断面形态进行平滑处理。

为了消除道路纹理对检测断面指标提取的影响,本书选取了最为常用的移动平均法(Moving Average Filter,MAF)来对三维激光检测的车辙横断面数据进行平滑处理,见图4-6。移动平均法的过滤窗口尺寸越大,平滑后的表面更光滑。本书使用尺寸为50mm的过滤窗口对断面进行平滑。

$$z'_{[i]} = \frac{1}{m}\sum_{j=-(m-1)/2}^{(m-1)/2} z_{[i+j]} \tag{4-2}$$

式中:$z_{[\ ]}$——输入数据;

$z'_{[\ ]}$——过滤后的输出数据;

m——过滤窗口的大小。

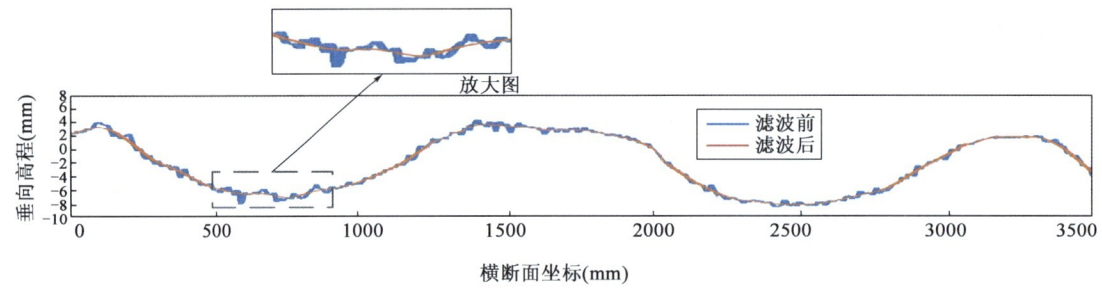

图4-6 滤波平滑后的断面

(2)车辙断面高程准确性分析

为了验证车辙断面高程检测的准确性,分析三维激光检测及自动算法的可靠性,并与车辙形态模拟设备所生成的数据进行对比。

根据上述室内验证试验结果,结合人工检测数据,通过误差分析证明车辙断面高程检测的准确性。采用绝对误差 ΔD 和相对误差 δD 来评价车辙深度的精确度,以验证软件对车辙深度计算结果的可靠性。绝对误差 ΔD 和相对误差 δD 的计算分别按照公式(4-3)和公式(4-4)进行。其中,D_0 为实测车辙深度,D_n 为软件检测的车辙深度。绝对误差 ΔD 为软件所提取的车辙深度与实测车辙深度之间的接近程度,不分正负,代表了软件所提取车辙深度的准确性;δD 为绝对误差与真实车辙深度的比值,代表了软件所提取车辙深度的可靠性。

$$\Delta D = |D_n - D_0| \tag{4-3}$$

$$\delta D = \frac{|D_n - D_0|}{D_0} \tag{4-4}$$

根据人工测量获取的数据,并依据分别测量所选3个横断面各点高程值进行并作为实测车辙深度。同时,根据6个车辙横断面1000个测量值的车辙深度提取结果计算各个断面的平均车辙深度作为软件对车辙深度的提取结果。表4-2~表4-4给出了实验所选3个车辙横断面车辙深度及误差的计算结果。将满足要求的数据与真实值(人工测量)进行对比,从而可以验证设备检测的精度误差:若精度相对误差超过5%,则不满足公路工程检测要求,需要重新对仪器进行调整。

车辙高程检测提取结果与真实值误差（车辙断面1）　　　　　表4-2

位置编号	1	2	…	13	…	24	25	26	…	37	…	49	50
真实高程(mm)	4.5	4.2	2.8	8.3	9.1	8.7	6.2	5.5	5.7	4.5	4.2	2.8	8.3
检测高程(mm)	4.6	4.4	2.7	8.5	8.9	9.1	6.1	5.3	5.8	4.6	4.4	2.7	8.5
绝对误差(mm)	0.1	0.2	0.1	0.2	0.2	0.4	0.1	0.2	0.1	0.1	0.2	0.1	0.2
相对误差(%)	2.22	4.76	3.57	2.41	2.20	4.60	1.61	3.64	1.75	2.22	4.76	3.57	2.41

车辙高程检测提取结果与真实值误差（车辙断面2）　　　　　表4-3

位置编号	1	2	…	13	…	24	25	26	…	37	…	49	50
真实高程(mm)	4.5	4.7	9.8	15.3	15.7	16.8	15.2	17.6	16.4	4.5	4.7	9.8	15.3
检测高程(mm)	4.6	4.8	9.5	15.5	15.9	16.4	15.1	17.9	16.3	4.6	4.8	9.5	15.5
绝对误差(mm)	0.1	0.1	0.3	0.2	0.2	0.4	0.1	0.3	0.1	0.1	0.1	0.3	0.2
相对误差(%)	2.22	2.13	3.06	1.31	1.27	2.38	0.66	1.70	0.61	2.22	2.13	3.06	1.31

车辙高程检测提取结果与真实值误差（车辙断面3）　　　　　表4-4

位置编号	1	2	…	13	…	24	25	26	…	37	…	49	50
真实高程(mm)	13.3	12.7	3.8	18.6	19.2	18.8	11.3	14.3	12.8	13.3	12.7	3.8	18.6
检测高程(mm)	12.9	13.1	3.7	18.5	18.9	18.5	11.5	14.2	12.9	12.9	13.1	3.7	18.5
绝对误差(mm)	0.4	0.4	0.1	0.1	0.3	0.3	0.2	0.1	0.1	0.4	0.4	0.1	0.1
相对误差(%)	3.01	3.15	2.63	0.54	1.56	1.60	1.77	0.70	0.78	3.01	3.15	2.63	0.54

4.1.2 车辙检测与三维重构方法

（1）高精度车辙三维模型重构

①道路大地坐标系统插值及中心线坐标建立

Trident Analyst 软件被应用于提取检测路面上任何点所对应的激光雷达点的点云三维坐标数据。通过单击图像（每隔5m间隔捕获）手动定位左侧和右侧标线的内部边缘，并在路面激光雷达点云上选择相应的点。沿路面标线的点产生两条路面边缘线，至此标线上的激光雷达点所测得的三维数据都被导出，见图4-7。

为了将大地坐标数据与三维激光检测测得的断面高程数据结合，需要将间距较大（5m）的大地坐标数据插值，并满足三维激光检测的纵向测量步长（5mm）的要求。将上述标线的数字信息导入地理信息系统软件（ArcGIS软件）中，并使用ArcGIS的Densify Tool工具，见图4-8。

利用插值后的道路标线大地坐标，可计算得到路面中心线的大地位置，见式(4-1)。

$$(x,y,z)_{\text{center}} = \frac{(x,y,z)_{\text{left}} + (x,y,z)_{\text{right}}}{2} \quad (4\text{-}5)$$

②道路横断面高程信息标定

三维激光检测系统在检测道路横断面高程信息时，车体并非垂直检测，而是受路面状况，如横坡和车辙的影响。采用角度旋转法对标定后的三维激光检测横断面数据进行旋转，旋转横坡角度，以获得横断面的真实高程信息。

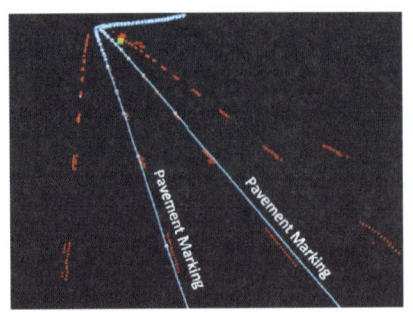

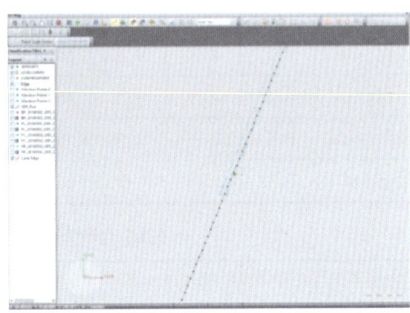

图4-7　路面标线三维坐标提取

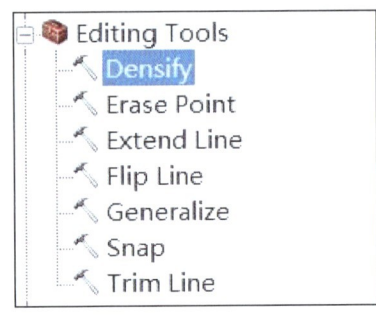
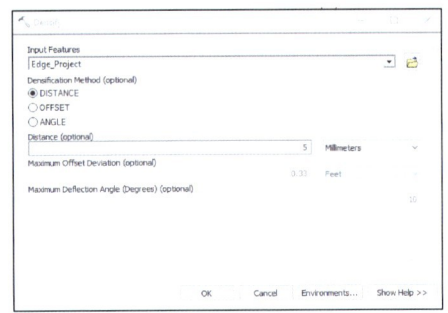

a) AcrToolbox 中的工具 Editing Tools –Densify　　　　b) 5mm为间距添加节点(Vertex)

图4-8　AcrToolbox 工具

横向高程标定流程如图4-9所示。步骤1,首先校准三维激光检测路面高程数据,消除车辆振动等外界因素的影响,使得前后两次检测的横断面能重合;步骤2,根据道路标线三维坐标计算横坡;步骤3,将校准后的三维激光检测数据绕着右侧标线旋转横坡大小的角度。

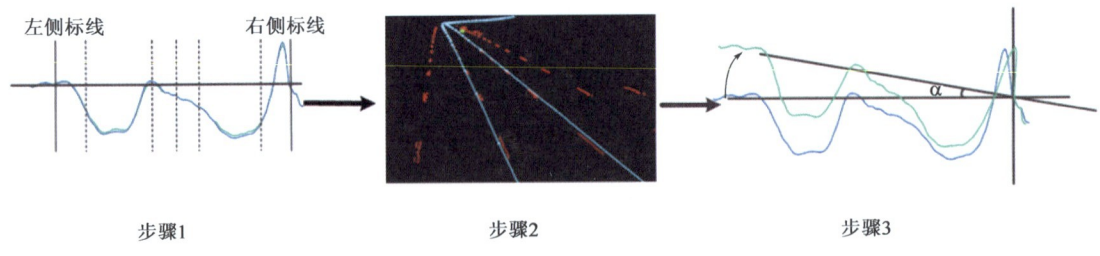

步骤1　　　　　　　　　　步骤2　　　　　　　　　　步骤3

图4-9　横向高程标定流程图

步骤1：使用半自动化的数据配准方法对采集的原始数据进行校准。该方法包括一系列的数据处理程序，用以消除车辆振动、横向偏移、轮胎压力、路面条件等对检测高程的影响。

如图4-10所示，去除两个传感器角度、高度造成的左右采集断面不连续的问题。对采集的断面进行去噪和平滑处理。通过图像识别方法找到路面标线位置，并通过剪切变化使得左右标线高程0。由于横向偏移的影响，连续两次检测的横坐标不相同，通过横向移动使左右标线处对齐。

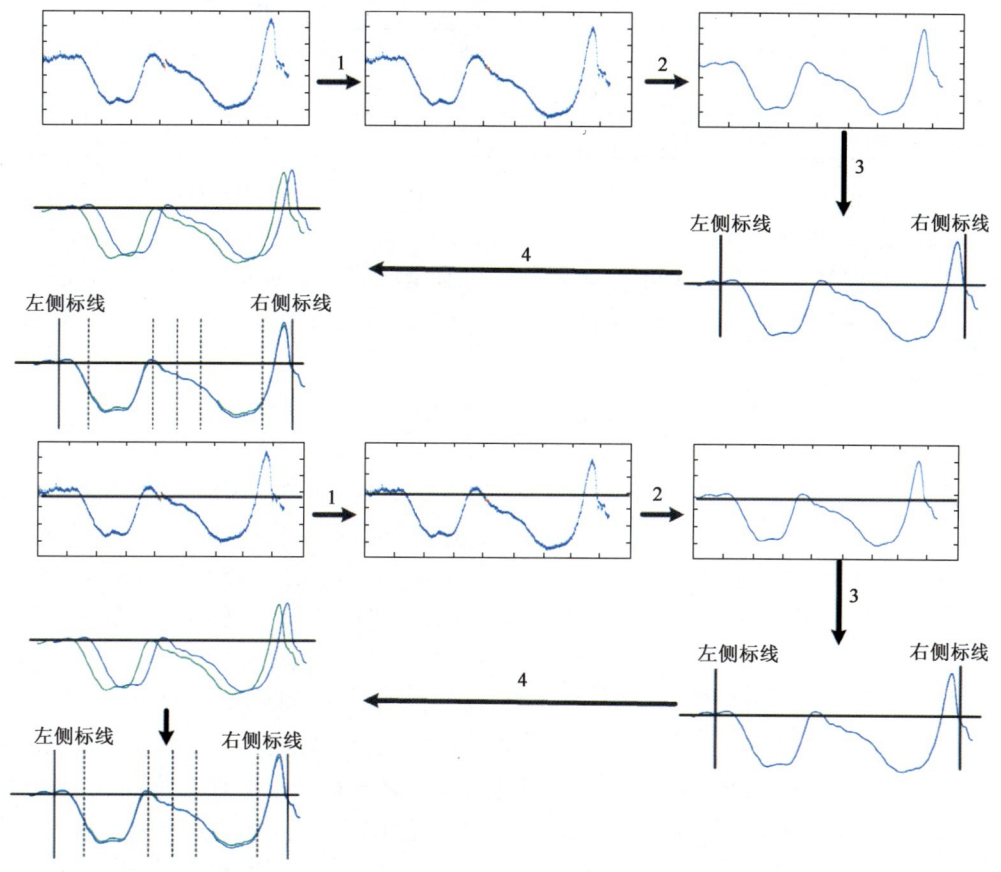

图4-10 三维激光检测数据校准流程

两只传感器之间的几何校正：消除传感器之间角度误差和高度误差对结果的影响，并将左右传感器所采集的数据拼接起来。

$$\begin{bmatrix} x' \\ z' \end{bmatrix} = \begin{bmatrix} x \\ xm + z \end{bmatrix} = \begin{bmatrix} 1 & 0 \\ m & 1 \end{bmatrix} \begin{bmatrix} x \\ z \end{bmatrix} \tag{4-6}$$

式中：(x, z)——原始断面的坐标；
　　　(x', z')——旋转后的断面坐标；
　　　m——校正角度。

使用尺寸为50mm的过滤窗口并采用移动平均法对三维激光检测的车辙横断面数据进行平滑处理并拼接左右断面。使用图像法自动识别标线处位置，并通过剪切变化使得左右标线处的高程为 0；最后，通过平移来消除横向偏移对车辆检测的影响。

步骤 2：采取边缘点法对横坡进行计算。具体的方法如式（4-7）及表 4-5 所示。

$$\tan\alpha = \frac{Z_l - Z_r}{\sqrt{(X_l - X_r)^2 + (Y_l - Y_r)^2}} \quad (4-7)$$

横 坡 计 算 示 例　　　　　　　　　表 4-5

编号	左标线坐标			右标线坐标			α
	X_l	Y_l	Z_l	X_r	Y_r	Z_r	
1	671004.86	428348.55	320.07	671008.55	428347.89	320.07	2.01%
2	671004.86	428348.56	320.07	671008.57	428347.94	320.07	2.18%
3	671004.86	428348.56	320.07	671095.85	428602.67	318.90	2.34%

步骤 3：在上述步骤 1、2 的基础上，将标定后的车辙断面绕着右侧标线边缘点旋转横坡角度 α，角度旋转法原理如图 4-11 所示。以 $(x_1, 0)$ 为圆心将位于 x 轴的原始车辙横断面（实线）上所有激光点逆时针旋转横坡 α 角度，即可得到带有横坡的车辙断面（虚线）。假设旋转校正后断面上各点的坐标为 (x_k', y_k')，而原始车辙横断面上任意点的坐标为 (x_k, y_k)，则 x_k' 和 y_k' 的值可按照分别按照以下公式进行计算：

$$x_k' = x_1 + (x_k - x_1)\cos\alpha + y_k\sin\alpha \quad (4-8)$$

$$y_k' = (x_k - x_1)\sin\alpha - y_k\cos\alpha \quad (4-9)$$

③基于规则格网的车辙三维数字模型重构

选用数字高程模型中最常见的规则格网对道路进行重构，见图 4-12。规则格网模型简单、易于理解，具有计算机处理方便快捷、数据量存储量大、点高程实时性好、数据排列规则的特性。在规则格网中，高精度点云的间距和密度固定，在路面变形起伏简单区域会造成数据冗余，而复杂区却不能很好地表现出路表特征。车辙在横断面方向宽度不超过 4m，其横向变形属于地形复杂区域的重构，需要采用较小的采样间隔；而在纵向方向，分两种情况，在过渡区采用较小的采样间隔，而在车辙深度变化不大的稳定区域采用较大的采样间隔。

图 4-11　角度旋转法原理示意图

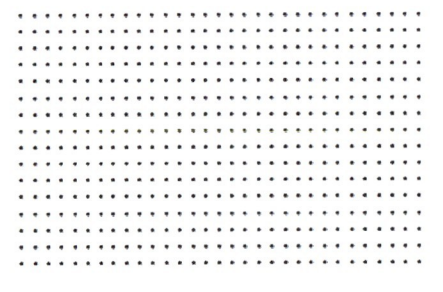
a）构建模型的点云

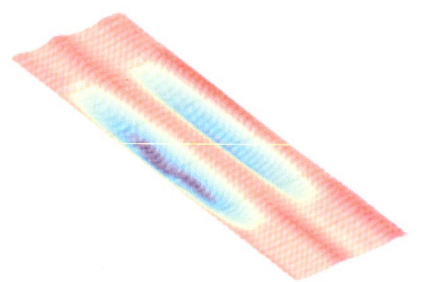
b）构建模型的正方形交点布局网

图 4-12　重构模型三维图像展示

(2)车辙指标提取

①坐标系建立

以道路中心线的垂线为横坐标,以道路中心至道路边线方向为坐标正向,用 x 表示;以道路纵向为纵坐标,以行车方向为坐标正向,用 y 表示;垂直于水平面方向为高程方向,以向上为坐标正向,用 z 表示,表示激光点云的数值大小;建立的 $x-y-z$ 坐标系可用于多维度观察、分析和计算车辙多维度指标,有助于提取能够准确描述其多维度形貌的指标。

②AASHTO 车辙指标计算方式的实现

AASHTO 规定车辙指标应按照 5 个关键区域来自动化计算,如图 4-13 所示,包含道路中线点(1)、左右路边缘点(3、5)以及道路左右轮迹带处点(2、4)。点 1 是道路中线高程点——它的高程是道路中间 75mm(3in)范围内的平均高程。它的位置是车道的中心。点 2 是内侧轮迹带高程——它的高程是内侧轮迹带 10% 最低点的高程平均值。其位置是所选点的中点。点 3 是内侧边缘高程——它的高程是内车道边缘 100mm(4in)内的高程数据点的平均值。其位置在内车道边缘线 50mm(2in)内。点 4 是外侧轮迹带高程——它的高程是外侧轮迹带 10% 最低点的高程平均值。其位置是所选点的中点。点 5 是路肩高程——它的高程是外车道边缘线 100mm(4in)内的高程数据点的平均值。其位置在外车道边缘线 50mm(2in)内。五点的位置见图 4-14。

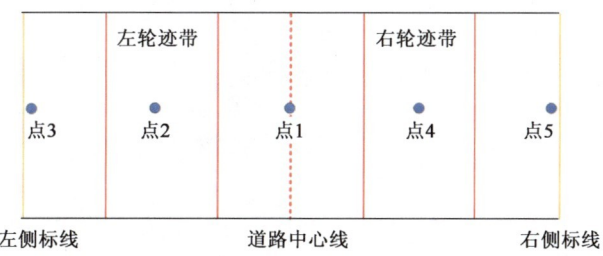

图 4-13 PP69-14 中车道、轮迹带、中心线及关键点的示意图

步骤 1:将 3、5 连接,作为道路水平面,将车辙旋转至水平(图 4-15),3、5 的高程设置为 0。计算凸起或者凹陷深度:点 1 的绝对高程就是凸起或者凹陷深度。

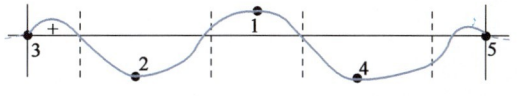

图 4-14 PP69-14 中五点的位置

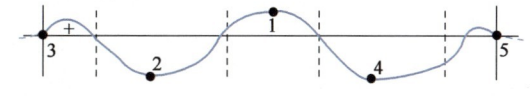

图 4-15 旋转后的车辙断面

步骤 2:计算左边车辙深度:以点 3 为参考点,旋转车辙至点 1 的高程为 0。这时,点 2 的绝对高程就是左边车辙深度,见图 4-16。

步骤 3:计算右边车辙深度:以点 1 为参考点,旋转车辙至点 5 的高程为 0。这时,点 4 的绝对高程就是右边车辙深度,见图 4-17。

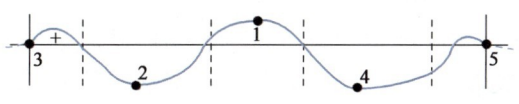

图 4-16 计算左侧车辙深度

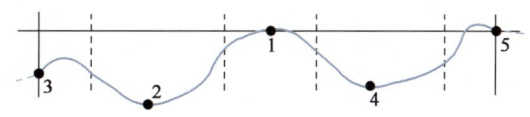

图 4-17 计算右侧车辙深度

4.2 车辙演化行为分析

(1)车辙垂向变化分析

利用三维激光检测设备分别于 2016 年 6 月、2017 年 4 月、2017 年 8 月对依托工程的车辙现场病害路段进行持续监测,获取了连续三年的车辙病害重构模型(图 4-18)及其多维度指标,以时间序列为基础,分别研究各单元多维度指标变化量、变化速率、变化方向和变化范围规律。

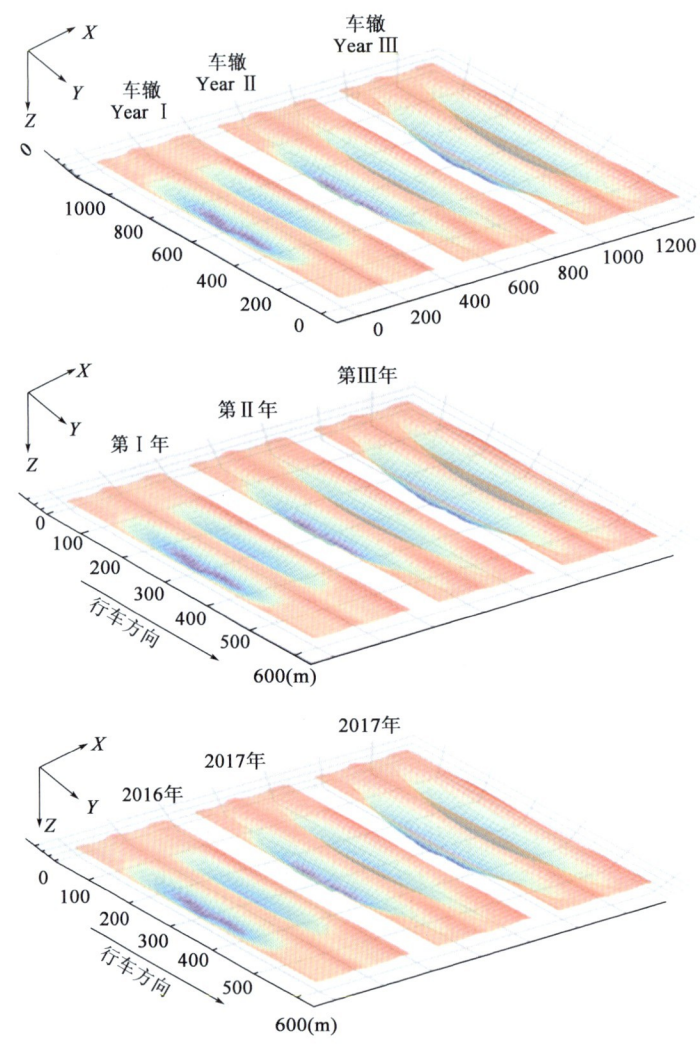

图 4-18 铺装面层车辙三维演化行为

通过对各单元指标变化规律整合,全面刻画病害形貌演化规律;从空间角度,横向对比不同严重程度、类型、位置的病害多维度指标,基于数理统计方法,研究各多维度指标的分布区间、分布密度等特性,划分病害演化阶段。

①车辙深度随时间变化分析

车辙垂向的变化表现为车辙深度随时间的改变,车辙深度的变化反映了车辙严重程度的衰变。图 4-19 反映了左右车辙深度随时间在行车方向上的变化,车辙深度随着时间逐渐增大。对于最大车辙深度来讲,可以看到 2014 年车辙深度集中在 5~10mm 之间,2015 年多在 10~15mm 之间,2017 年多在 15~20mm 之间,车辙深度增大为原来的近乎 4 倍。依据《公路沥青路面养护技术规范》(JTJ 037.2—2001)车辙深度小于 15mm 时候,以日常养护为主,并对局部破损进行小修;在车辙深度大于 15mm 时,应采取中修罩面,根据规范 2017 年该车辙路段应采取中修罩面处理。

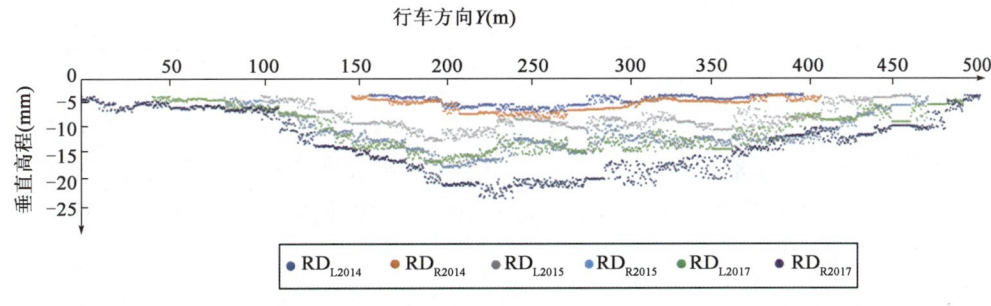

图 4-19　车辙深度随时间变化

从连续三次检测的左右车辙概率密度分布曲线(图 4-20)可以看到,车辙深度密度曲线较符合双峰正态分布的规律,左右轮迹带的车辙深度有着大致相同的变化趋势,但变化程度各不相同。左车辙出现概率最高的深度分别为 3.4mm、8.2mm 和 12.8mm,右车辙出现概率最高的深度分别为 4.5mm、11.1mm 和 20mm。

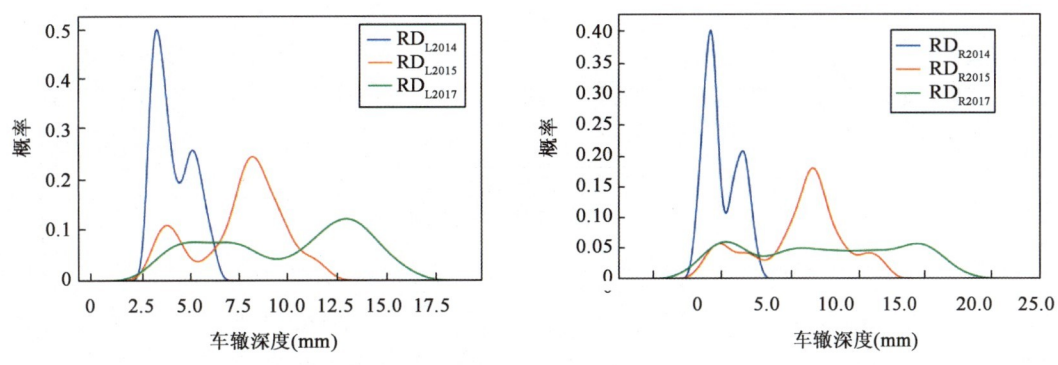

图 4-20　车辙深度概率密度分布曲线

为了量化车辙深度的增长速率,按照当次检测的车辙深度相对于上次检测的车辙深度的增长量除以间隔月份进行计算,将连续三次检测的车辙深度最大月增长率和平均月增长率分别进行计算,列入表 4-6 中。从表中可以看到车辙深度在 2014—2015 年间衰变速率较快,结合该路段的建设日期,该变化可能处于压密阶段;在 2015—2017 年间衰变速率较慢,可能处于稳定阶段。此外,车辙深度的月增长率最大值出现在右车辙 2014—2015 年间,月增长率最小值出现在左车辙 2015—2017 年间,可以看到右车辙的增长速度率大于左车辙。

车辙深度及月增长率　　　　　　　　　　　　表4-6

时间（年）		最大值（mm）	最大月增长率（mm/月）	平均值（mm）	平均月增长率（mm/月）
左车辙	2014	6.4	—	4.2	—
	2015	11.9	0.37	7.6	0.23
	2017	16	0.19	9.8	0.10
右车辙	2014	7.7	—	5	—
	2015	17	0.62	10.7	0.38
	2017	22.9	0.27	12.6	0.09

②车辙左右深度差随时间变化分析

车辙左右深度差反映了同一断面左右车辙深度的不对称性。从三次检测的车辙断面特征可以发现，车辙病害的右车辙比左车辙深，这是由于路拱横坡使得车道外侧轮迹带承重较大所致。深度差越大导致不对称性越大，出现偏载和侧倾的可能性越大，对行车安全不利，其危险性高于普通对称车辙。

从图4-21可以看到，左右车辙深度差随时间的增加逐渐增大。左右车辙深度差在2014年较集中，在0~2mm之间；2015年左右车辙深度差增大，相比于2014年的车辙深度差数据较离散，但相比于2017年仍较集中，在2~6mm之间；2017年左右车辙深度差比较离散，深度差在1~10mm之间，且在230m到380m之间深度差较大。由于路拱横坡引起右车辙深度大于左车辙深度，相当于路拱横坡在继续增大，从而导致左右车辙深度差进一步增大。

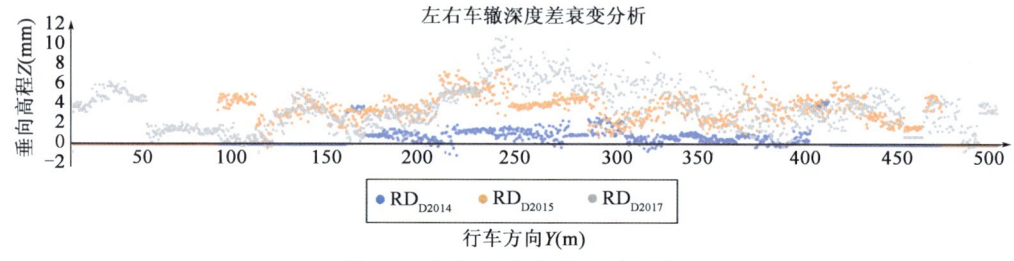

图4-21　车辙左右深度差随时间变化

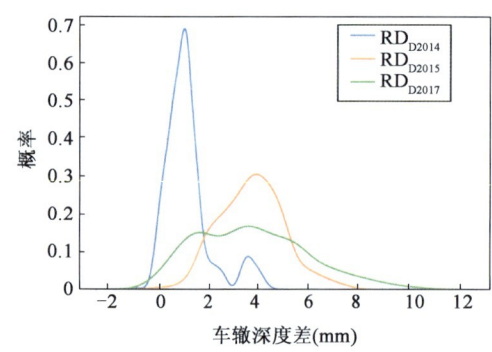

图4-22　左右车辙深度差概率密度分布曲线

从左右车辙深度差概率密度分布曲线（图4-22）可以看到，2014年70%左右车辙深度差为1mm，表明在车辙形成的开始阶段，车辙左右深度差没有明显的差异。2015年，车辙左右深度差概率较高的为4mm；2017年左右车辙深度差概率较高的为4mm，但较大的车辙深度差仍占一定的比例。

上述分析的是平直路段的车辙，横坡为2%对车辙左右深度差的影响较小。更为危险的情况出现在车辙路段同时伴随超高，在100km/h的行车速度下超高的设计坡度为6%。汽车行驶在超高路段时,向心力一部分来源于超高路面车辆侧倾时的重力分力。当曲线向左转弯时,外侧车道也就是右边的轮迹带需要提供较大的支撑力,从而导致弯道区域的右车辙较为明显的大于左车辙。当左右车辙不对称时,右车辙深度大会造成超高由原来的6%降低为5.5%甚至更低,这样会造成向心力提供不足从而引发横向滑移的危险。

(2)车辙纵向变化分析

车辙纵向的变化表现为车辙长度随时间的改变,车辙积水长度影响着车辆在车辙积水路段的行驶时间,随着行驶时间的增加,横摆力偶矩作用在车辆上的时间会越长,车辆发生侧滑危险的可能性就越大。

连续三次检测的车辙长度随时间变化如图4-23所示。2014—2015年,对于左车辙来说,从车辙起点向行车方向的反方向增长了60m,从车辙终点向正方向增长了60m;对于右车辙来说,从车辙起点向行车方向的反方向增长了70m,从车辙终点向正方向增长了60m。2015—2017年,对于左车辙来说,从车辙起点向行车方向的反方向增长了60m,从车辙终点向正方向增长了30m;对于右车辙来说,从车辙起点向行车方向的反方向增长了80m,以车辙终点向正方向增长了30m。总的来说,车辙在反方向平均增长了67.5m,车辙在正方向平均增长了45m,反方向增加量大于正方向增加量。

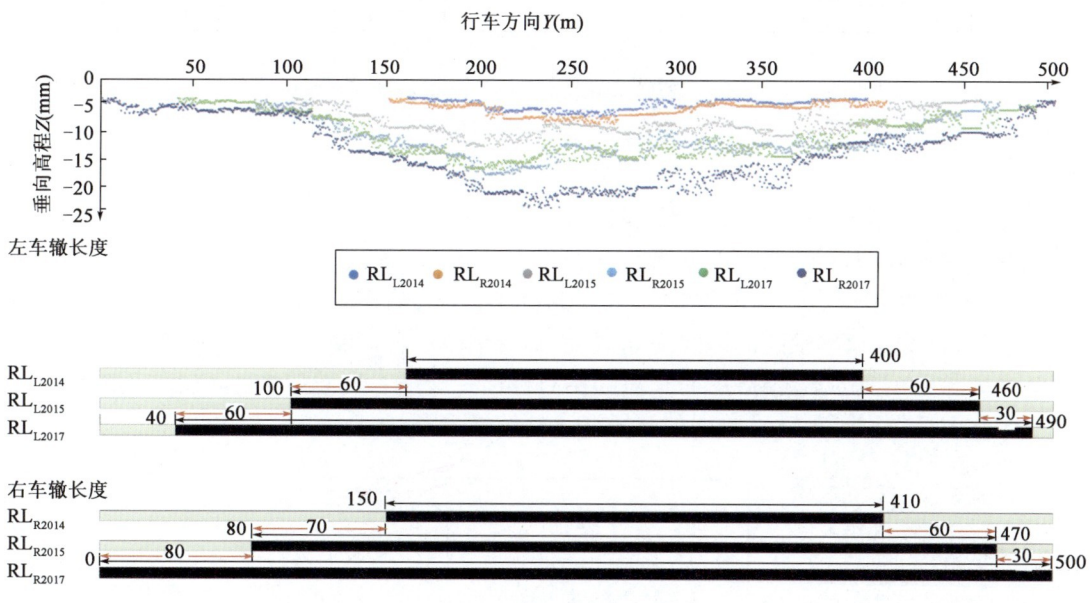

图4-23 车辙长度随时间变化

表4-7为连续三次检测的车辙长度起终点桩号、长度及月增长率等信息。其中车辙长度按照左右车辙最大长度进行计算。车辙长度月增长率与车辙深度月增长率的计算方法相同,按照当次检测的车辙长度相对于上次检测的车辙长度的增长量除以间隔月份进行计算,可以得到2014—2015年车辙长度的月增长率为8.7m/月,2015—2017年车辙长度的月衰变率为5m/月。2014—2015年间的月增长率大于2015—2017年间的月增长率,与车辙深度的月增长率具有相同的趋势。

车辙长度及月增长率　　　　　　　　　表4-7

时间(年)	起点桩号	终点桩号	车辙长度(m)	月增长率(m/月)
2014	K1423+600	K1423+860	260	—
2015	K1423+530	K1423+920	390	8.7
2017	K1423+450	K1423+950	500	5

(3)车辙横向变化分析

车辙横向的变化表现为车辙宽度随时间的改变,车辙宽度在一定程度上制约了轮胎的行走轨迹,左右车辙宽度衰变随时间变化如图4-24所示。由图4-24可以看出,各年份中右车辙宽度大于左车辙宽度。对于最大车辙宽度来讲,可以看到2014年车辙宽度集中在0.4m左右,2015年的车辙宽度多在0.8m左右,2017年车辙左右宽度有较大变化,其中左车辙宽度集中在1m左右,右车辙宽度多在1.2m左右。2017年车辙宽度增大为2014年的近乎3倍。

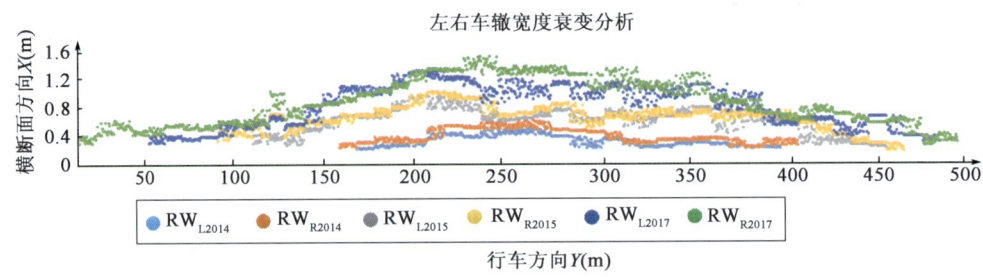

图4-24　左右车辙宽度随时间变化

绘制左右车辙宽度差概率密度分布曲线,如图4-25所示。可以看到,2014年几乎所有的车辙宽度差为0~0.1m,表明在车辙开始形成阶段,车辙左右宽度差没有明显的差异。2015年,车辙左右宽度差概率较高的宽度差区间为0~0.1m,概率比2014年降低了一半。2017年,左右车辙宽度差概率较高的区间为0.1~0.2m,车辙左右宽度差变化呈现增大的趋势。这是因为横坡导致车辙的不对称性,而车辙的不对称性将会进一步增强这种车辆的不对称受力,车辆不对称力反作用于车辙导致这种差异变化持续增大。

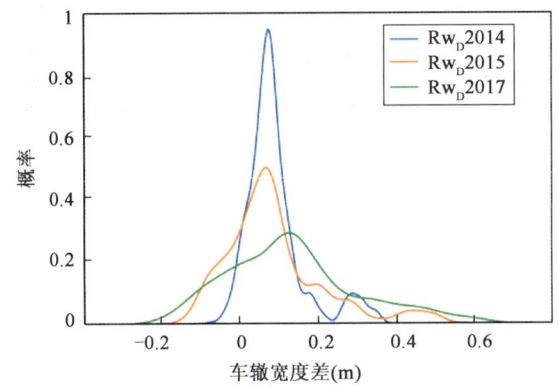

图4-25　左右车辙宽度差概率密度分布曲线

4.3 裂缝病害的三维检测方案及分类研究

裂缝作为沥青路面最主要的病害类型之一,是路面早期损坏的主要形式,几乎伴随着沥青路面的整个生命期。根据《公路技术状况评定标准》(JTG H20—2015)对我国部分省市高速公路路面损坏类型的现状进行调查,裂缝占路面损坏的比例经常超过60%,裂缝产生初期不会对路面结构和使用性能造成影响,但若没有得到及时有效的养护,雨雪水及其他杂质通过裂缝进入路面结构内部,经载重车冲击及动水压力的反复作用,容易造成基层强度及稳定性的迅速下降,形成龟裂、唧浆、坑槽、沉陷等严重的结构性病害,大大降低路面寿命,使维修费用成倍增加。因此,及时有效地进行裂缝处治,对保证路面结构和延长使用寿命是非常重要的。

大部分规范都将裂缝分为横缝、纵缝、块裂和龟裂[虽然有龟裂(Alligator Cracking)、疲劳裂缝(Fatigue Cracking)、荷载裂缝(Load Cracking)的划分,但它们都是对产生在轮迹带的形成小块的裂缝的定义,因此可以看作一类]四种类型,如图4-26所示。这是因为这四种裂缝是路面病害中最常见的裂缝类型,具有明显不同的外观特征,在人工检测中最容易进行判断和区分。由不同的纵缝发生位置表明不同的形成原因,发生在轮迹带的纵缝一般由荷载引起,而发生在非轮迹带的纵缝一般由温度引起,因此很多规范将发生在轮迹带的纵缝归入荷载裂缝中,某些规范将纵缝进一步分为轮迹带纵缝和非轮迹带纵缝两种。

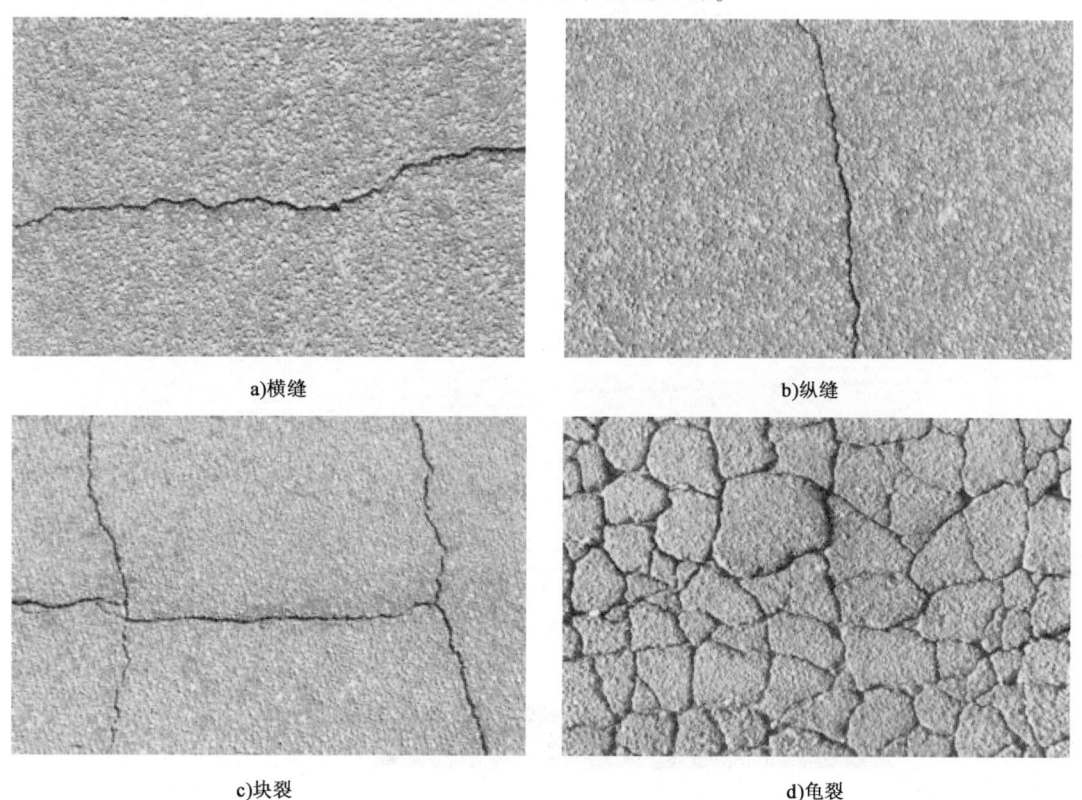

图4-26 四种主要裂缝类型

我国裂缝分类细则,见表4-8。

我国裂缝分类细则　　　　　　　　表4-8

分类		分级			单位
类别	描述	分级	定性描述	定量指标	
龟裂		轻	初期裂缝,裂区无变形、无散落	缝宽<3mm;主要块度0.2~0.5m	m^2
		中	龟裂状态明显,裂区有轻度散落或轻度变形	主要缝宽2~5mm;部分块度<0.2m	
		重	龟裂特征显著,裂区变形明显、散落严重	主要缝宽>5mm;大部分块度<0.2m	
块裂		轻	裂区无散落	缝宽<3mm;大部分块度>1.0m	m^2
		重	裂区有散落	主要缝宽>3mm;主要块度0.5~1.0m	
纵缝	与行车方向基本平行的裂缝	轻	缝壁无散落或有轻微散落,无支缝或有少量支缝	缝宽<3mm	mm
		重	缝壁有散落、有支缝	主要缝宽>3mm	
横缝	与行车方向基本垂直的裂缝	轻	缝壁无散落或有轻微散落	缝宽<3mm	mm
		重	裂缝贯穿整个路面,缝壁有散落并伴有少量支缝	主要缝宽>3mm	

4.3.1　裂缝病害检测方案流程

1)裂缝点识别

利用三维激光检测系统提供的数据处理工具对数据点云进行计算机自动分析和识别处理,如图4-27所示。

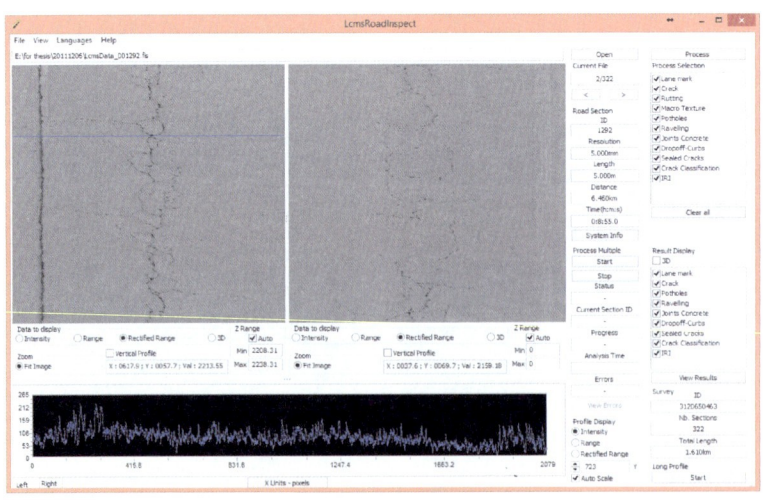

图4-27　数据处理软件界面

处理工具可实现对路面裂缝(长度、宽度、深度等)、标线(因采集宽度大于通常的车道宽度)、构造深度(多线)、纵断面(多线)等的甄别与计算。

为进一步降低数据采集不准确对分析结果的影响[图4-28a)],本书基于三维激光检测裂缝识别软件并人工矫正得到较准确的路面裂缝结果,如图4-28b)所示,每条裂缝由多个裂缝点连接而成,表4-9展示了相应图片中的车道线、裂缝位置、长度、宽度等信息。

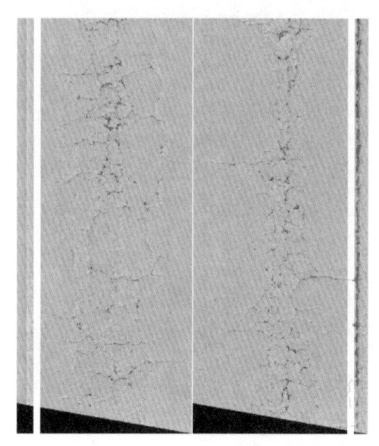

a)LCMS处理结果　　　　　　b)精确裂缝识别结果

图4-28　详细裂缝信息

裂缝检测数据信息　　　　　　　　　　　　　　　　表4-9

裂缝信息(mm)			
车道线	左		204.000
	右		3920.000
	长度		4363.1
	加权宽度		22.55
裂缝1	裂缝点1	X	2992.0
		Y	24.0
		宽度	29.8
	裂缝点2	X	2988.0
		Y	132.0
		宽度	25.3
裂缝2			
……			
裂缝n			

2）裂缝分类和分级

根据裂缝的发展阶段定义两种路段类型（图4-29）：非龟裂路段和龟裂路段。非龟裂路段内包含多种裂缝类型，龟裂处于发展初期，适合用裂缝填封进行处治；龟裂路段内裂缝密度很高，已造成结构破坏，需要中修。

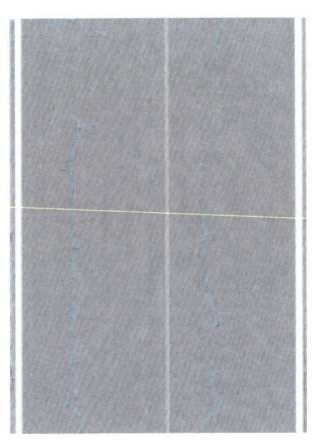

a）非龟裂路段　　　　　　　　b）龟裂路段

图4-29　两种裂缝养护路段类型

龟裂是在行车荷载的反复作用下，沥青面层或稳定基层发生疲劳破坏后产生的一系列相互交叉贯通的裂缝。作为一种结构型病害，龟裂密度大，已形成小块，容易引起沥青层脱落，继续发展会形成坑槽，不适合用裂缝填封进行处治。因此，需要将龟裂从裂缝中识别出来，判断路段中不能进行裂缝填封的裂缝比例。

横向裂缝主要是活动裂缝，纵缝为非活动裂缝。活动裂缝相比非活动裂缝在水平或垂直方向的移动较大，通常大于3mm，且两者对裂缝填封的施工工艺和材料需求不同，因此需要对裂缝的方向进行区分。

综上所述，将路段内的裂缝分为龟裂、轮迹带裂缝、非轮迹带纵缝、非轮迹带横缝四种类型，如图4-30所示，并对四种类型的裂缝进行识别，确定不同裂缝在路段内发生的位置，用于分析裂缝的成因并计算裂缝填封的养护效益，并通过比较同一路段不同时间裂缝的位置和数量，对不同裂缝的发生发展规律进行研究。

不同类型裂缝定义如下：

（1）龟裂

由车辆荷载的反复作用或很弱的基层变形引起的，大部分发生在轮迹带，也会发生在非轮迹带，特点是裂缝很密，已形成小块，容易引起沥青层脱落，不能用裂缝填封进行养护。

（2）轮迹带裂缝

发生在轮迹带内，未形成小块的横向和纵向裂缝，由荷载原因产生。

（3）非轮迹带纵缝

发生在非轮迹带的方向与行车方向相同或相近的裂缝，由温度应力产生。

（4）非轮迹带横缝

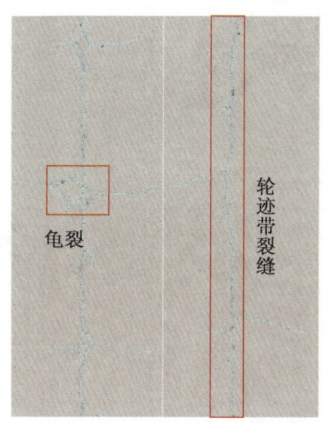
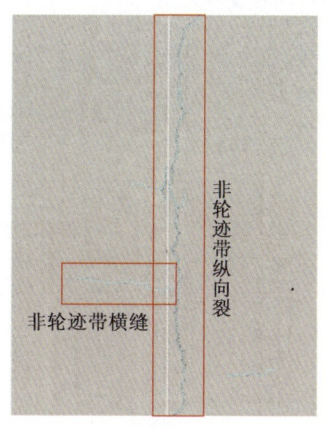

图 4-30 四种裂缝类型

与行车方向垂直,由温度应力引起的裂缝,通常始发于非轮迹带并随着时间变化逐渐发展贯穿整个路面。不单独考虑反射裂缝,将其归为非轮迹带横缝中。非轮迹带横缝应与轮迹带裂缝中的横缝应加以区分。若轮迹带中的横缝仅存在于轮迹带中,则其属于轮迹带裂缝;若它是由非轮迹带的横缝延伸到轮迹带中的,则其属于非轮迹带横缝,如图 4-31 所示,可以通过裂缝在轮迹带和非轮迹带的比例确定。

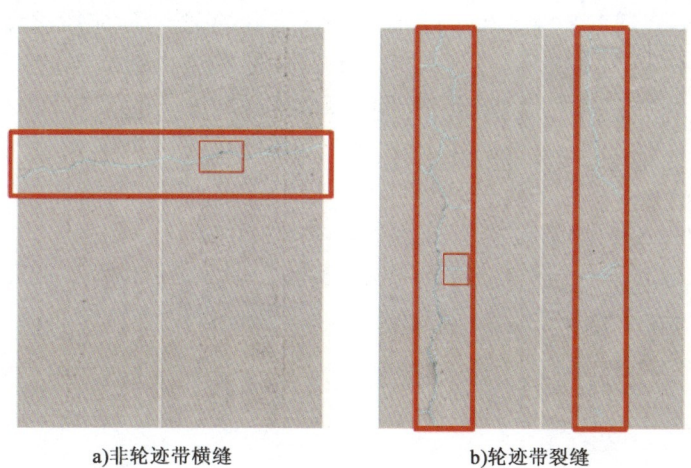

a) 非轮迹带横缝 b) 轮迹带裂缝

图 4-31 非轮迹带横缝与轮迹带裂缝的区别

根据裂缝宽度定义裂缝严重程度分级标准进行裂缝分级,见表 4-10。

裂 缝 分 级 标 准   表 4-10

裂缝分级	轻裂缝	中裂缝	重裂缝
分级标准	0～3mm	3～25mm	>25mm

综上所述,裂缝分类和分级目标如图 4-32 所示。

3) 裂缝养护路段类型划分

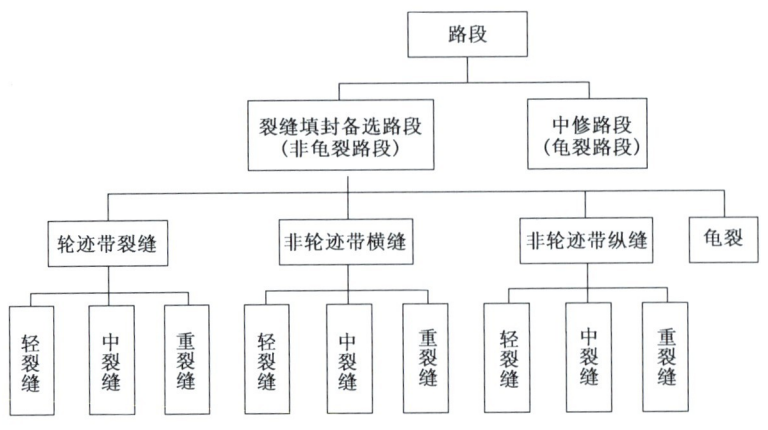

图 4-32 裂缝分类和分级目标

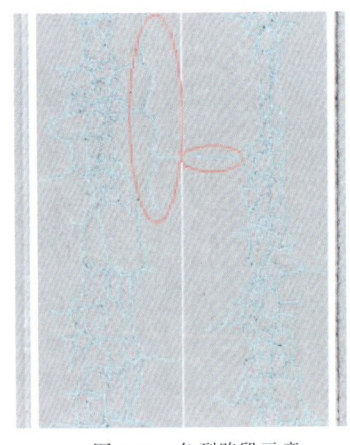

图 4-33 龟裂路段示意

龟裂路段与非龟裂路段的最大区别是龟裂路段布满密集的裂缝,而非龟裂路段包含多种裂缝形态,密集的裂缝也仅处于局部位置。考虑到当整个路段内裂缝密度很高时,路面已发生严重破坏,此时虽然存在个别位置由于裂缝的不均匀分布导致裂缝数量明显少于其他位置,如图 4-33 所示,但将这些裂缝单独划分为其他类型裂缝是不合理的。因此,整个路段轮迹带内裂缝长度的和代表路面裂缝的密度,对路段类型进行划分。

为了对训练和测试样本进行精度判断,首先根据实际人工检测判断龟裂的标准对样本进行龟裂路段的标定。然后利用路段轮迹带内裂缝长度的和,选用决策树对路段类型进行划分(图 4-34)。

从样本库中随机选取 100 个样本,分为 2 组,每组 50 个,分别用于决策树的训练和测试。为了对训练和测试样本进行精确判断,首先根据实际人工检测判断龟裂的标准,对样本进行龟裂路段的标定。

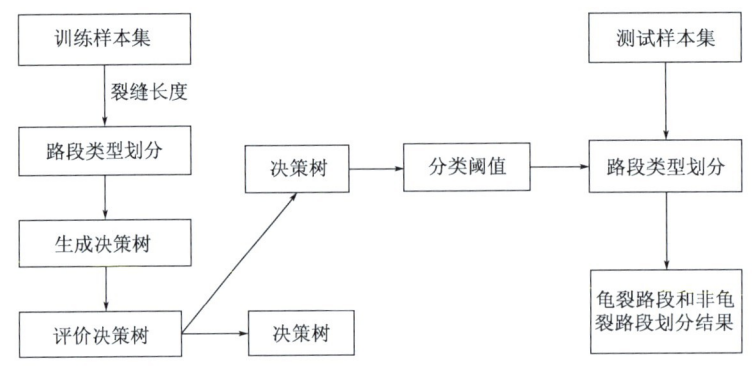

图 4-34 决策树学习与分类过程

4) 路段网格划分

根据分类的目标和各裂缝类型的定义,选取三个裂缝特征对裂缝类型进行划分,分别是裂缝密度、裂缝位置和裂缝方向。根据裂缝的密度将龟裂与其他三种裂缝进行区分,然后根据裂缝存在位置的不同得到轮迹带裂缝,最后根据裂缝方向对非轮迹带的两种裂缝进行区分,最终通过宽度对裂缝严重程度进行分级,裂缝分类及分级流程如图4-35所示。

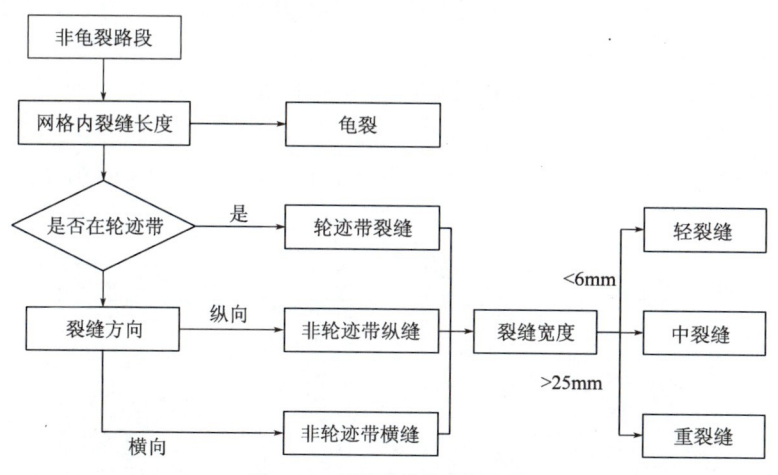

图4-35 裂缝分类及分级流程

为获得路面局部的裂缝密度、裂缝方向及裂缝在路段内发生的位置,提出网格划分的方法,根据不同需求对路面进行不同尺度的网格划分,网格划分方法如下所述。

(1)轮迹带的判断

轮迹带的位置是区分轮迹带裂缝和非轮迹带裂缝的关键依据,因此对路面进行网格划分前,首先需要对轮迹带进行定义。图4-36为美国佛罗里达交通厅对轮迹带的定义。

本书采用美国佛罗里达交通厅对轮迹带的定义,首先将车道分区,如图4-37a)所示。整个车道通过两条轮迹带和车道线分为5个区域,两个轮迹带间距为0.915m,轮迹带与车道线间距0.4575m,两条轮迹带相距0.915m。

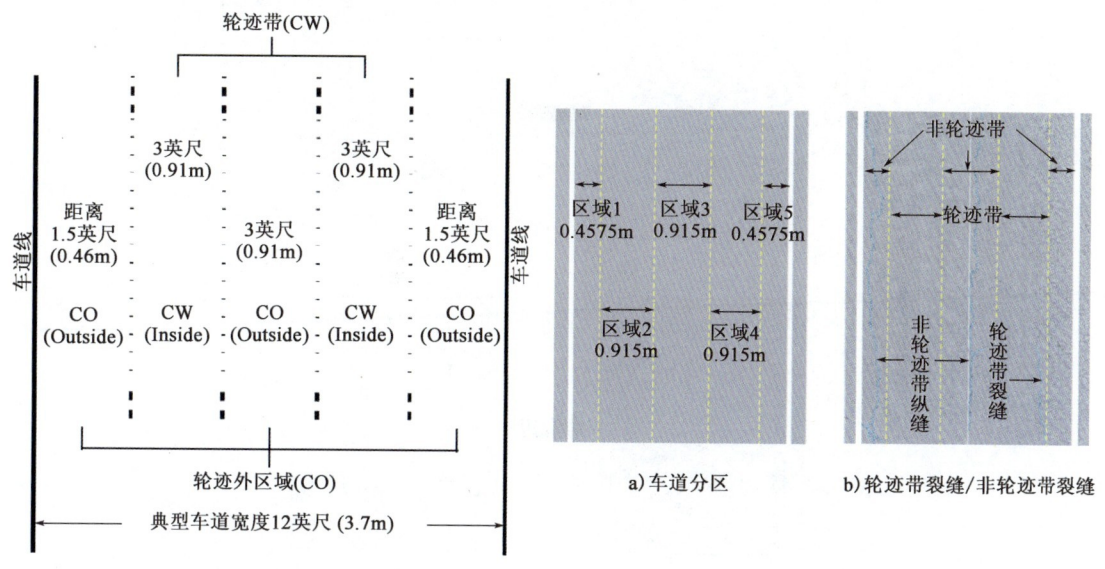

图4-36 美国佛罗里达交通厅对轮迹带的定义　　图4-37 车道分区与轮迹带裂缝判断

当裂缝同时存在于轮迹带和非轮迹带时,比较所在区域占得的比例,将裂缝划分在所占比例较大的区域,用于区分轮迹带裂缝的横缝和非轮迹带横缝,如图4-38所示。

(2)路段网格划分及裂缝长度计算

网格划分一方面是为了计算路面局部的裂缝密度,从而对龟裂进行划分,因此划分尺度应能识别出龟裂定义的块度,网格应接近方形;另一方面为满足裂缝分类和分级的目标,需要将轮迹带和非轮迹带进行区分。因此网格的划分应在轮迹带和非轮迹带划分的基础上进行,将两者划分开。具体的划分尺度可以根据裂缝分类的需要进行取值,如图4-39所示为网格划分示例,将5m长、车道宽3.66m的路段划分为10×8个网格,其中,纵向第2、3、6、7列为轮迹带,第1、4、5、8列为非轮迹带。

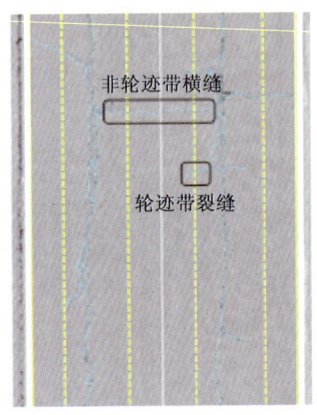 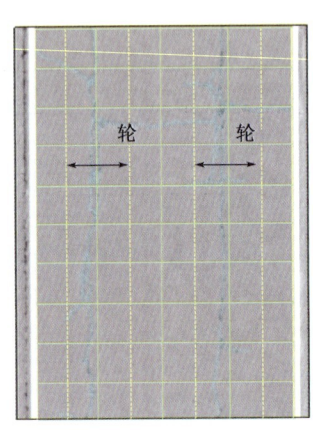

图4-38 非轮迹带横缝和轮迹带裂缝区分　　图4-39 网格划分示例

通过多尺度的网格划分,将路段中的裂缝逐渐分为不同类型和严重程度,最终得到路段内不同裂缝的位置和比例(图4-40)。

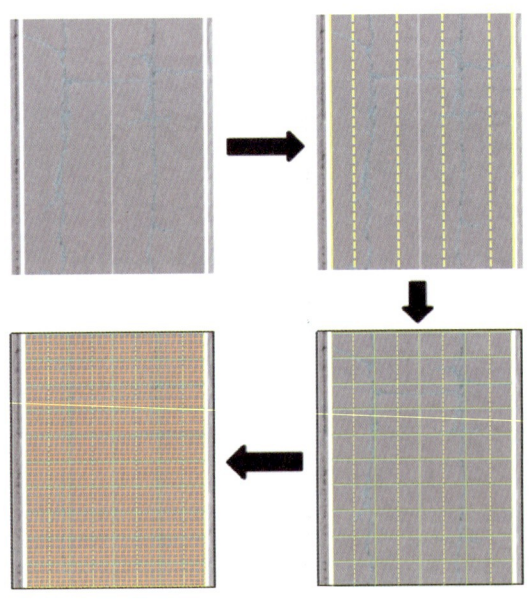

图4-40 不同尺度路段网格划分

如图4-41所示,将路段划分为网格后,计算每个网格内裂缝的长度,代表路面局部位置的裂缝密度。裂缝的长度通过裂缝上所有相邻裂缝点的直线距离的和得到,当一条裂缝处于不同网格内时,连接被网格边界分开的相邻两个裂缝点,求连线与网格边界线的交点,通过交点将连线分为两段,两段的长度分别计入所属网格内,最终得到每个网格内裂缝的总长度,如图4-42所示。

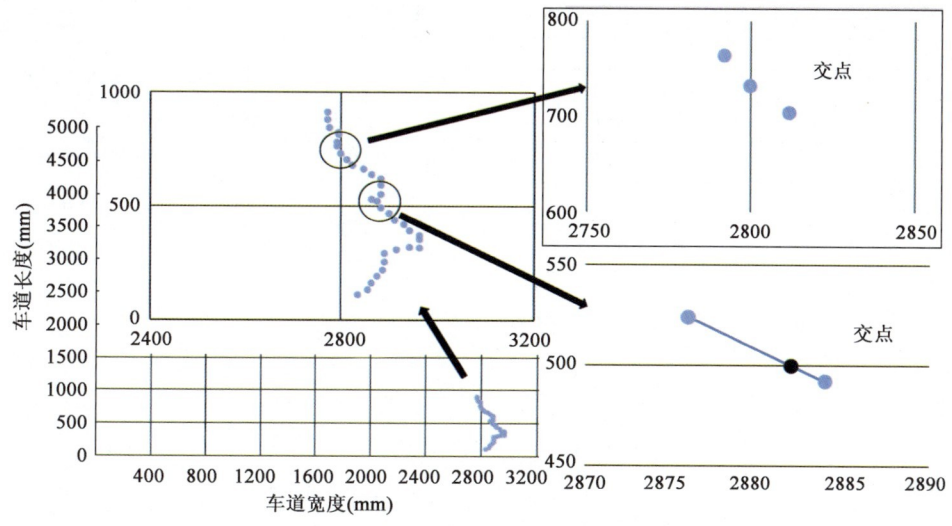

图 4-41 裂缝被网格分割的计算方法示意

5) 龟裂的识别

由于龟裂是由荷载引起的,主要发生在轮迹带范围内,非轮迹带内的龟裂主要是由轮迹带内的龟裂延伸过去引起的,且当非轮迹带存在龟裂,则轮迹带内的龟裂已非常严重,应该将整个路段定义为龟裂路段,因此本书对龟裂的识别和比例计算都只考虑轮迹带范围内的裂缝。龟裂识别和比例计算方法如下:①对包含多种裂缝类型的非龟裂路段进行网格划分,得到网格内裂缝的长度;②根据龟裂的形成机理及其在路段中的分布特征,提出4个特征分布指标;③利用线性向量机进行龟裂块的识别;④计算路段中龟裂面积的比例。龟裂自动划分和比例计算流程如图4-43所示。

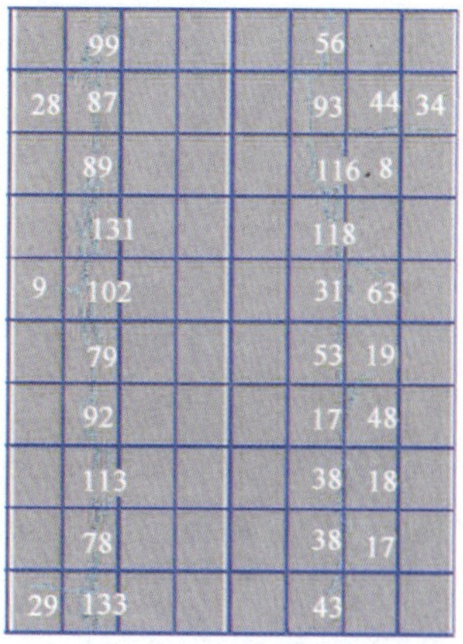

龟裂的发展是一个由局部到整体的过程,在发展初期,龟裂产生在路段局部位置,随着不同位置的龟裂连在一起直到布满整个路段形成龟裂路段。因此,除了要将龟裂路段划分出来,还需要在非龟裂路段的多种裂缝类型中找到局部的龟裂(龟裂块)。龟裂与其他三种裂缝最明显的区别是龟裂是由多条裂缝相交形成,裂缝密集,块度小,如图4-44所示。因此,本书通过一定范围内裂缝的密度进行龟裂的识别。

图 4-42 每个网格内裂缝总长度

对非龟裂路段,首先进行网格划分,计算网格内裂缝的长度,反映裂缝的密度,进而根据龟裂的形成机理和分布特征,提出分布特征指标用于龟裂块的识别,通过线性支持向量机(SVM)找到非龟裂路段中的龟裂块,确定龟裂发生的位置。

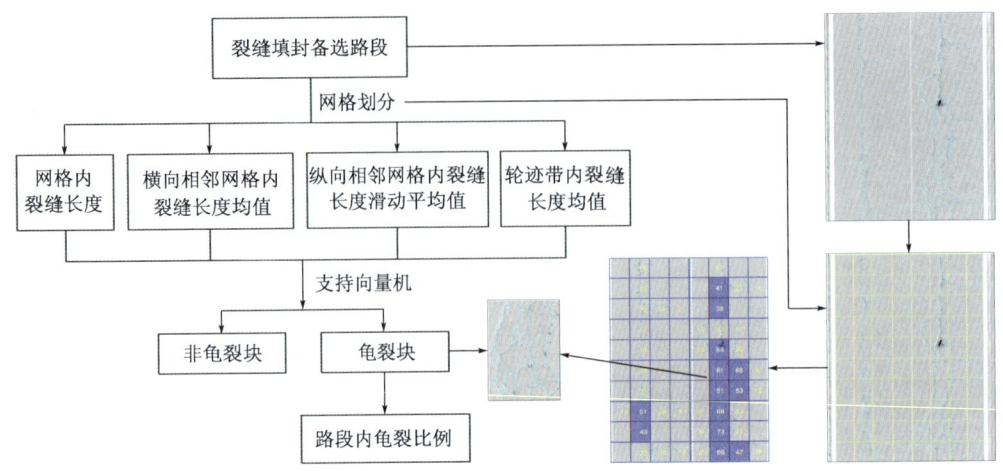

图 4-43 龟裂自动划分及比例计算流程

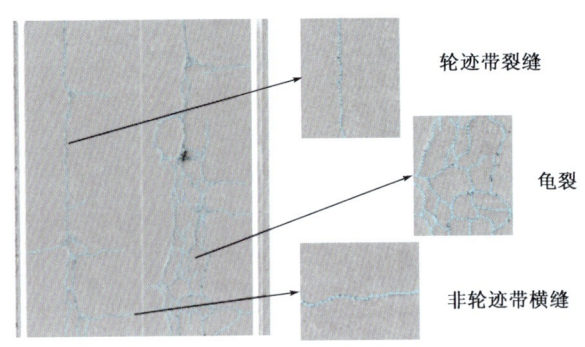

图 4-44 龟裂与其他裂缝密度的区别

划分网格并得到网格内裂缝长度后,根据龟裂的形成机理和在路面的分布特征,提出龟裂块的判别指标如下:

龟裂最主要的特点是密度高,因此用每个网格内裂缝的长度代表裂缝的密度。存在一些裂缝,本身网格内裂缝的长度不大,但这些裂缝是由相邻龟裂块内的裂缝扩展来的,如图 4-45a)所示,因此这些裂缝也应该划分为龟裂,不能将其单独划分为其他裂缝。为解决这个问题,提出第二个指标:横向相邻两个网格内裂缝长度的均值。存在一些裂缝,本身网格内裂缝长度不大,但它们是由前后网格内的龟裂扩展而来的,如图 4-45b)所示,也应该划分为龟裂,不能将其单独划分为其他裂缝。为解决这个问题,提出第三个指标:纵向相邻网格内裂缝长度的移动平均值。还有一些裂缝,本身网格内裂缝长度不大,横向相邻网格内裂缝长度也不大,且整个纵向网格裂缝长度和也不大,但这些裂缝是由临近网格内的龟裂扩展而来的,如图 4-45c)所示,因此这些裂缝也应划分为龟裂,不能将其单独划分为其他裂缝。为解决这个问题,提出网格第四个指标:轮迹带内裂缝长度均值。

不是局部裂缝的长度达到一定数量就能称为龟裂,如图 4-46 所示,当多条裂缝相交时,网格内裂缝的长度也会较大,但这些裂缝并不会形成小块,因此不能判断为龟裂。根据龟裂的形成机理,龟裂是由基层的损坏引起的,因此,龟裂不会单独在一个网格内产生,必会在一定范围内存在。因此,本书定义:只有四邻域内有网格也被判定为龟裂块时,才判断其为龟裂。

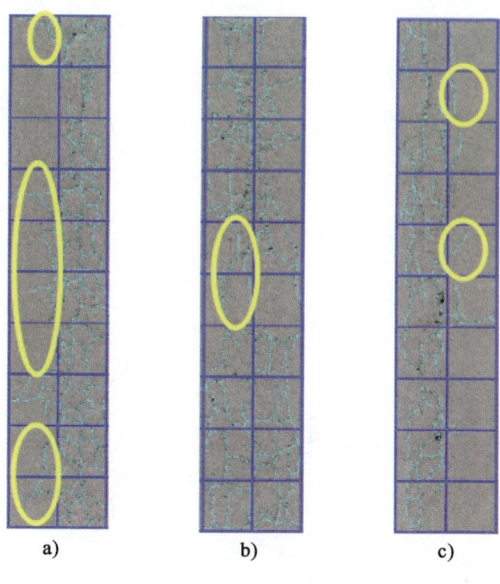

图 4-45 特殊裂缝块示意

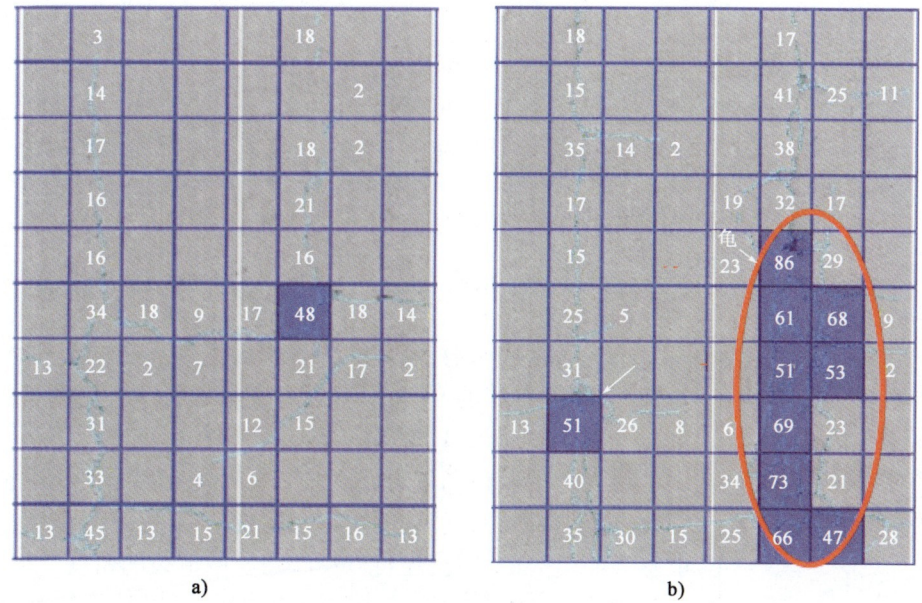

图 4-46 排除个别龟裂块

综上所述,为准确识别路段中的龟裂,考虑龟裂在路段中的形成机理和分布特征,提出网格内裂缝长度和、横向相邻网格内裂缝长度均值、纵向相邻网格内裂缝长度的移动平均值和轮迹带内裂缝长度均值四个特征指标用于非龟裂路段中龟裂块的识别。用线性支持向量机

(Linear SVM)进行龟裂块识别:

为了对训练和测试样本进行精度判断,首先根据实际人工检测判断龟裂的标准对样本进行龟裂块的标定;然后利用提出的4个特征指标,选择支持向量机对龟裂块进行识别。

对于线性可分样本,在原空间寻找最优分类超平面;对于线性不可分问题,首先通过非线性变换把样本从原输入空间转为高维特征空间(Hilbert 空间)的线性可分问题。计算方法如下:

$$W\Phi(X) + b = 0 \tag{4-10}$$

此时,原输入空间的二分类问题可表示为:

$$y_i[W\Phi(X) + b] \geq 1 \quad (i = 1,2,\cdots,N) \tag{4-11}$$

最优超平面参数(W,b)的确定,可转化为下述约束优化问题:

$$\begin{cases} \min \Phi(X) = 1/2 \parallel W \parallel^2 \\ \text{s.t. } y_i[W\Phi(X) + b] \geq 1 \end{cases} \tag{4-12}$$

引入拉格朗日乘子,优化问题转化为:

$$\begin{cases} \max H(a) = \sum_{i=1}^{N} a_i - \frac{1}{2}\sum_{i=1}^{N}\sum_{j=1}^{N} y_i y_j a_i a_j \langle \Phi(X_i), \Phi(X_j) \rangle \\ \text{s.t. } \sum_{i=1}^{N} y_i a_i = 0, a_i \geq 0 \quad (i = 1,2,\cdots,N) \end{cases} \tag{4-13}$$

根据 Kuhn-Tucker 定理,对应的训练样本称为支持向量,最优判别函数表达式为:

$$f(X) = \sum_{i=1}^{N} y_i a_i^* \langle \Phi(X_i), \Phi(X_j) \rangle + b^* \tag{4-14}$$

选择线性核函数,利用训练样本对线性支持向量机(SVM)进行训练,用训练好的 SVM 模型对测试样本进行龟裂块识别。网格划分如图 4-47 所示。

尽管龟裂面积和龟裂比例在一定程度上都能反映龟裂的发展变化,但龟裂面积只能说明一定长度内龟裂的变化,龟裂比例除了能够表明龟裂的变化,还可以反映路段中龟裂的密度。因此,识别出龟裂路段和非龟裂路段中的龟裂块后,可以计算整个路段内龟裂的比例,计算示例如表 4-11 所示。龟裂密度高时表明路段已发生结构破坏,不能使用裂缝填封进行处置,应尽快进行矫正性养护,否则会发生更严重的病害,如坑槽等;而龟裂密度低时,可以研究龟裂的发生位置和随时间的衰变状况。另外,不同路段龟裂比

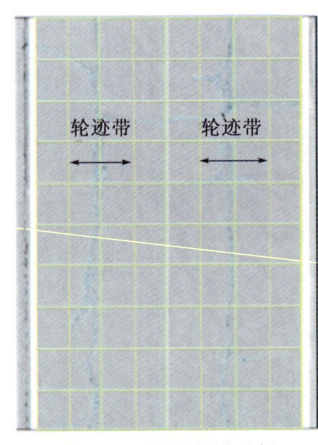

图 4-47 网格划分示例

例的比较可以用于养护路段的划分和选择。

龟裂比例计算示例 表 4-11

龟裂路段	非龟裂路段	无裂缝路段	整个路段
			龟裂比例 = (龟裂路段面积 + 非龟裂路段龟裂块面积)/(龟裂路段面积 + 非龟裂路段面积 + 无裂缝路段面积)
$5 \times 0.4575 \times 4 = 9.15(m^2)$	$0.5 \times 0.4575 \times 13 = 2.97(m^2)$	0	$(9.15 + 2.97)/(9.15 \times 3) = 44.15\%$

6) 裂缝方向的判断方法

裂缝方向判断的步骤如下：

网格划分后，判断路段内每条裂缝所在的网格及网格内的裂缝长度，如图 4-48a) 所示；计算每条裂缝所属的每行和每列网格内裂缝的总长度，如图 4-48b) 所示；找到裂缝总长度峰值所在的行或列，如图 4-48b)、c) 中标红数字；当峰值出现在行时，判断裂缝为横缝，当峰值出现在列时，判断裂缝为纵缝，如图 4-48c) 所示。

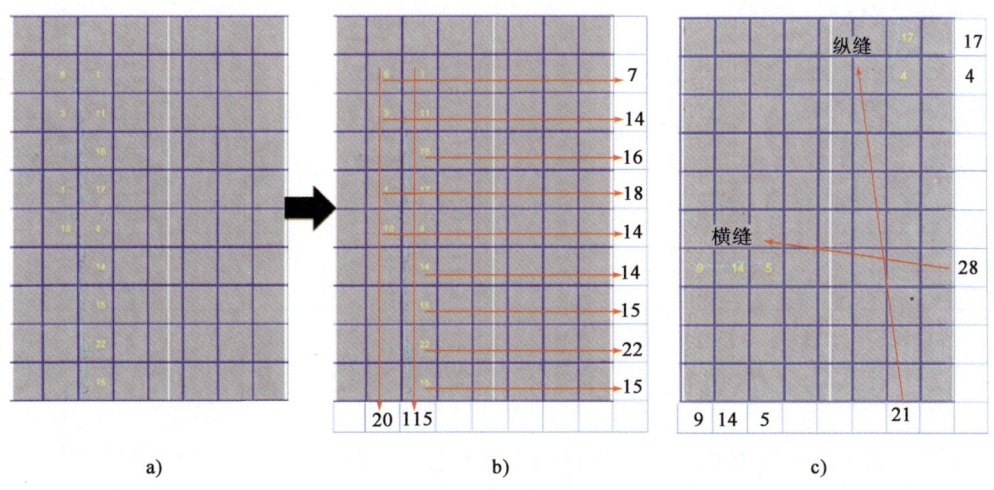

图 4-48 裂缝方向划分过程

由裂缝方向的判断方法可知，若网格划分尺度太大，小于网格尺度的裂缝可能只占一个网格，那么将无法进行方向判断，因此为了更准确地对裂缝方向进行识别，提高判断的准确率，需要对网格进行更细的划分。

目前没有对裂缝最小长度的定义，根据《公路技术状况评定标准》(JTG H20—2007)，在计算裂缝的损坏面积时，取影响宽度 0.2m，因此假定裂缝长度应大于影响宽度，为了判断的准确率，将路段划分为块度近似 0.2m 的网格，由于三维激光检测设备获得的路段为 5m 长，因此

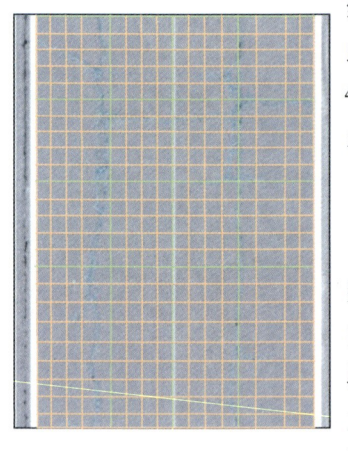

图 4-49 裂缝方向判断的网格划分尺度

纵向分为 24 段,每段 0.2083m,横向由于设计路宽为 3.66m,因此横向取整划分为 18 段,每段 0.2033m,整个 5m 长车道分为 432 个网格。这种划分尺度一方面符合对裂缝最小长度的假设,另一方面最大限度地提高判断的准确率,如图 4-49 所示。

4.3.2 裂缝病害检测结果可靠性研究

根据我国《公路技术状况评定标准》(JTG H20—2007)中龟裂块度小于 0.5m 的定义,将路段划分为块度近似 0.5m 的网格,由于三维激光检测设备获得的路段为 5m 长,因此纵向分为 10 段,每段 0.5m,横向由于设计路宽为 3.66m,因此横向取整划分为 8 段,每段 0.4575m,整个 5m 长车道分为 80 个 0.5m × 0.4575m 的网格。这种划分尺度一方面符合龟裂块度的定义,另一方面将轮迹带和非轮迹带划分开,如图 4-49 所示,其中纵向第 2、3、6、7 列为轮迹带。取两个轮迹带内的 40 个网格进行分析。

从样本库中随机选取 100 个样本,分为 2 组,每组 50 个,分别用于决策树的训练和测试。为了对训练和测试样本进行精确判断,首先根据人工检测判断龟裂的标准,对样本进行龟裂路段的标定。利用 50 个训练样本对决策树进行训练,得到阈值为 2552cm 时龟裂路段的判断率为 94%,认为是可靠的。因此,设定单个样本路段内裂缝长度达到 2552cm 以上时为龟裂路段,通过对 50 个测试样本进行分类,得到对龟裂路段判断的正确率达 98%,具体计算结果如表 4-12 所示,可以看出裂缝识别与分类方案具有较高的可靠性与准确性。

测试样本龟裂路段分类结果　　　　　表 4-12

预测	实际			
	龟裂	非龟裂	合计	召回率
龟裂	21	1	22	95.45%
非龟裂	0	28	28	100%
合计	21	29	50	
准确率	100%	96.55%		98%

4.4 拥包病害的三维检测方案及可靠性研究

沥青路面拥包是由于路面材料及设计与施工缺陷,使得沥青路面难以抵抗车辆制动力作用,而产生材料移动所形成的局部路表纵向隆起。拥包的产生会降低路面使用寿命、影响行车舒适性,严重的拥包甚至危及高速行驶车辆的安全。我国《公路技术状况评定标准》(JTG H20—2007)将拥包分为轻、重两个等级,其中高度在 10~25mm 的为轻,大于 25mm 的为重,再按照损坏面积扣分折减。拥包严重程度评价,不仅是路面状况评价的基础,更是行车安全风险评估和养护时机与措施选择的重要依据。

4.4.1 拥包病害检测方案流程

利用三维激光检测系统获取的拥包表面三维点云高程数据,以二维矩阵的形式储存输出并储存,矩阵元素为高程值,基于 MATLAB 软件结合 Lowess 方法对数据进行去噪预处理,利用 RANSAC 拟合拥包下底面平面并切割点云提取轮廓数据,采用积分图像构建 HARR 矩阵建立拥包三维模型,拥包检测流程如图 4-50 所示。

（1）拥包三维重构

三维激光深度点云数据如前文所述。其中,n 为检测断面个数,L_i 为第 i 个检测断面的激光线投影,$H_{i,j}$ 为第 i 个检测断面上的第 j 个点,HN_i 为第 i 个检测断面上点的个数:

$$PC = \{H_{i,j}, L_i | L_i, 0 \leq i \leq n, 0 \leq j \leq HN_i\} \quad (4\text{-}15)$$

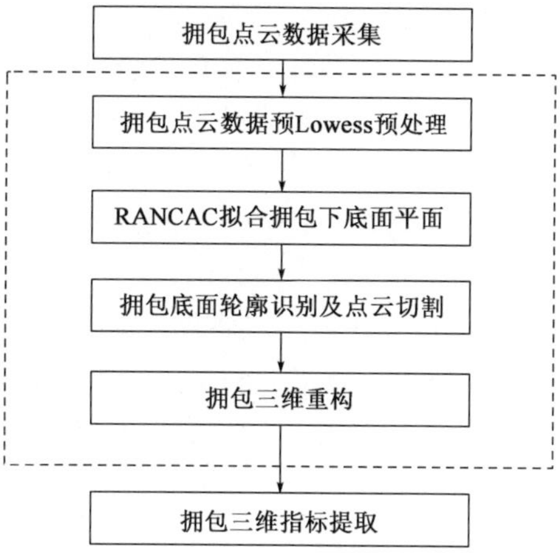

受路表纹理、杂物和光照等因素影响,获取的拥包表面激光高程数据集中可能还包括异常点、缺失点等噪声,本书逐点选取长度为 $2k$ 的局部窗口,L_i 检测断面上的第 j 个激光点,以 $2k+1$ 个局部数据点间欧氏距离比值的立方函数为初始权重计算邻域加权均值代替,去噪后的点云集合及去噪方法:

$$PC_{flt} = \{H_{i,j}PC | H_{i,j} = H_{i,j}'\} \quad (4\text{-}16)$$

图 4-50 拥包检测流程图

假设拥包为某一平面上的凸形三维体,为了准确提取拥包部分高程数据,先拟合识别拥包下底面平面并提取轮廓数据,再进行点云切割。基于 RANSAC 对拥包底面所在平面进行识别,此时,拥包点云被认为是异常数据被剔除,拥包下底面平面点云被认为是有效数据,通过数据采样初步拟合平面模型,根据点到平面的距离阈值识别下底面点,滤除非下底面点,主要步骤如下:

在拥包周围即阴影部分（PC_s）选择数据样本,则数据样本表示为:

$$PC_{sample} = \{H_{i,j}PC_s\} \quad (4\text{-}17)$$

根据选取的数据样本,初次拟合拥包下底面平面 $S_0: Z = AX + BY + C$,参数 A、B、C 可通过选取的已知样本数据点确定,定义 d_{ij0} 为点云集 PC_{flt} 内任一点 $H_{i,j}$ 到平面 S_0 的距离,D_{ij} 为需筛选点到拟合平面的距离阈值,若 $d_{ij0} < D_{ij}$,则认为该点为可用于进一步拟合拥包下底面平面的有效数据点,定义 PC_{Y1} 为第一次筛选出的有效数据点集,筛选方法:

$$PC_{Y1} = \{H_{i,j}PC_{flt} | d_{ij0} < D_{ij}\} \quad (4\text{-}18)$$

以有效数据点集 PC_{Y1} 为数据样本,多次迭代拟合直到找到的有效数据点集比上一次减少时,认为当前的拟合平面 S_1 为最佳拟合平面,再根据三维激光扫描仪的深度精度进行适当调整,得到最终的拥包下底面平面 S。

将每个检测断面上拥包凸起部分点云与平面 S 的交点即为拥包边缘轮廓点,将其高程记为 H_{bi},再根据病害区域点云连续集中分布的原则,将周围由于路面构造深度影响而浮起的点云剔除,最终得到只包含拥包的点云数据 PC_{yb},可表示为:

$$PC_{yb} = \{H_{i,j}PC_{flt} | H_{i,j} > H_{bi}\} \quad (4\text{-}19)$$

由于三维激光点云数据记录的深度图像具有二维信息,不同的高程值对应不同的像素点。利用 MATLAB 软件,将只包含拥包的点云数据 PC_{yb} 映射为像素点,根据像素点计算积分图像并构建 HARR 矩阵,提取并匹配特征点,构建拥包的三维表面轮廓。

（2）拥包三维指标提取

为全面评价拥包严重等级,基于拥包点云数据及拥包三维模型,本书提取拥包下底面积、最大高度、隆起体积和行车坡度三维指标,具体计算方法如下:

①下底面积

对拥包下底面边缘轮廓点云 $\sum H_{bi}$ 插值连接得到拥包下底面轮廓图形,图形的面积即为拥包最大底面积,如图 4-51 所示,建立平面直角坐标系,将拥包下底面置于 XOY 平面上,沿 X 轴上的等距节点 X_1、X_2、$\cdots$、X_n 将拥包下底面轮廓图形分割成若干宽度为 X 的条状图形,为简化计算,将条状图形近似为梯形,再基于梯形微元逼近计算拥包下底面积。其计算方法如下:

$$S = \sum_{i=1}^{n} \Delta S_i = \frac{1}{2} \sum_{i=1}^{n} \Delta X (Y_i + Y_{i-1}) \tag{4-20}$$

式中:ΔX——梯形的高度;

Y_{i-1}、Y_i——梯形的上底与下底;

ΔS_i——每个梯形的面积。

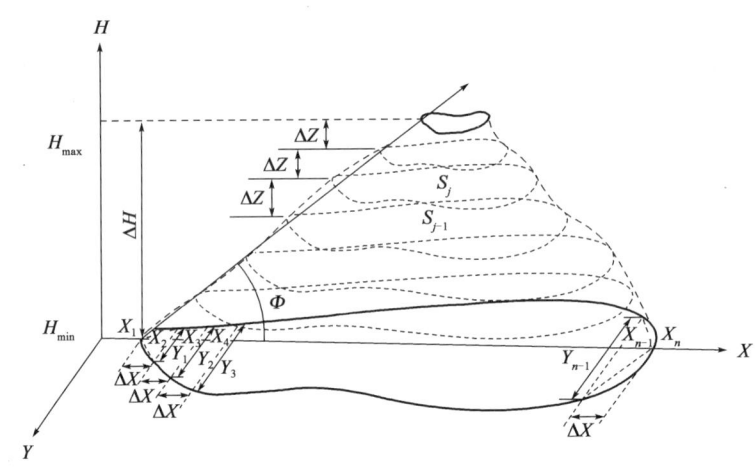

图 4-51 拥包三维计算示意

②最大高度

获取拥包最高点,结合识别的拥包底面,用最高点与拥包底面高程差作为拥包的最大高度,可通过下式计算:

$$\Delta H = H_{max} - H_{min} \tag{4-21}$$

式中:H_{max}——拥包最高点的高程;

H_{min}——拥包下表面的高程;

ΔH——拥包最大高度。

③隆起体积

拥包隆起体积计算针对拥包三维重构体,提出一种基于剖分梯台的微元逼近算法,如

图 4-51 所示,将拥包沿最大高度方向切割为 m 个高度相等的梯台微元,将梯台微元沿 Z 方向积分计算拥包隆起体积:

$$V = \sum_{j=1}^{m} \Delta V_i = \frac{1}{2}\sum_{j=1}^{m} \Delta Z(S_j + S_{j-1}) \tag{4-22}$$

式中:ΔZ——棱台微元的高度;

S_j、S_{j-1}——棱台微元上、下表面积;

ΔV_i——棱台微元体积。

④最大行车坡度

行车方向上拥包隆起的角度对行车舒适性和安全性影响较大,根据激光点云横向精度,用平行于行车方向的垂面将拥包三维重构体切割成若干宽度相等的微元,每个微元包含一个拥包激光纵断面,即可用拥包激光纵断面的高程变化代表微元的纵向起伏,基于激光纵断面微元计算拥包最大行车坡度如下:

$$\Phi = \max\left\{\frac{H_{\max 1}}{l_1}, \cdots, \frac{H_{\max i}}{l_i}, \cdots \frac{H_{\max q}}{l_q}\right\} \tag{4-23}$$

式中:q——拥包纵断面微元的个数。

4.4.2 拥包病害检测结果可靠性研究

(1)拥包检测结果可靠性研究

室内拥包模型的成型参照《公路工程沥青与沥青混合料试验规程》(JTG E20—2011)中的轮碾法制作:在 300mm × 300mm × 100mm 的双层车辙板试模底成型水泥混凝土板凹槽,见图 4-52a);将最佳油石比为 4.3% 的 AC-13 级配沥青混合料充分拌和均匀,松铺在水泥混凝土成型凹槽顶面;将松铺后的双层车辙板试模放入轮碾成型机,往返压实 12 次成型;冷却后脱模后的沥青混合料板即为室内拥包模型,见图 4-52b)。

a)水泥板凹槽

b)拥包模型

图 4-52 室内拥包模型制作

为排除由于拥包形状大小,表面集料颗粒棱角性,拥包轮廓边界不规则对拥包三维指标计算准确性的影响,分别制作轻、重两个严重等级的三个拥包模型试件,记为拥包 1 号、拥包 2

号、拥包3号(图4-53);分别采用0.01mm精度游标卡尺测量最大高度、直尺测量最高点至拥包纵断面前端边缘点的水平距离,并结合最大高度计算拥包行车坡度、标准计算纸拓印水泥凹槽上表面测量下底面积、铺沙法测量水泥凹槽体积代表隆起体积,如图4-54所示,各指标重复测量三次求均值作为真值,以对比验证三维激光技术提取拥包三维指标算法的精度。

图4-53　三个不同的拥包模型

图4-54　室内拥包模型三维指标人工测量

根据算法流程,对拥包点云数据预处理,拟合拥包下底面平面,在此基础上,切割点云并对拥包进行三维重构,提取拥包最大高度、下底面积、隆起体积和最大行车坡度三维指标,分别见图4-55和图4-56。

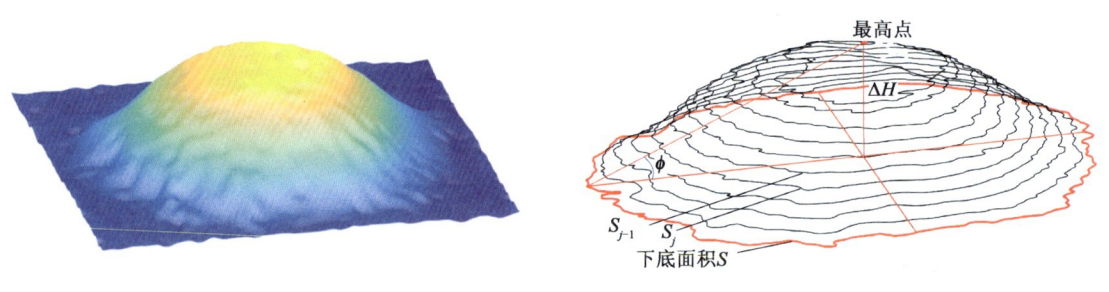

图4-55　拥包三维重构　　　　　　　　图4-56　拥包三维指标计算

将激光线纵向间距设定为0.5mm,在相同架设高度、曝光值条件下,对三个形状大小、边界轮廓、混合料级配各异的室内拥包模型进行检测,重构拥包三维模型,根据本书提出的算法,计算拥包三维指标测量值,并根据规范由最大高度测量值确定拥包严重等级。

由表4-13可知,三个拥包模型的绝对误差均呈现出体积绝对误差＞面积绝对误差＞高度绝对误差的规律;就相对误差而言,最大高度的相对误差不超过3.28%,下底面积的相对误差不超过2.17%,隆起体积的相对误差不超过3.76%;隆起体积、下底面积的相对误差随着数值的增加而增大,最大高度相对误差随着数值的增加而减小;行车坡度的绝对误差稳定在0.5°左右,相对误差均不超过2%。这是由于隆起体积和下底面积计算采用近似梯形和梯台微元逼近算法,小单元结果累加计算产生的误差累积使隆起体积和下底面积的绝对误差远远大于最大高度绝对误差,且三维指标隆起体积的绝对误差比二维指标下底面积大。

拥包三维指标检测结果　　　　　　表4-13

对象	严重程度	指标	人工测量值	测量值	绝对误差	相对误差
拥包1号	重	最大高度(cm)	4.36	4.23	0.14	3.10%
		下底面积(cm^2)	521.87	510.55	11.32	2.17%
		隆起体积(cm^3)	997.56	960.04	37.52	3.76%
		最大行车坡度(°)	32.12	31.59	0.53	1.65%
拥包2号	轻	最大高度(cm)	2.38	2.30	0.08	3.28%
		下底面积(cm^2)	440.60	433.25	7.35	1.67%
		隆起体积(cm^3)	419.97	407.57	12.40	2.95%
		最大行车坡度(°)	29.96	29.37	0.59	1.97%
拥包3号	重	最大高度(cm)	4.36	4.19	0.17	2.74%
		下底面积(cm^2)	310.52	306.37	4.15	1.34%
		隆起体积(cm^3)	643.71	622.25	21.46	3.33%
		最大行车坡度(°)	65.39	64.83	0.56	0.86%

拥包最大高度不超过4.36cm,且绝对误差数量级为0.01cm,受集料粒径和表面宏观纹理影响较大,因此,拥包高度数值越小,相对误差反而越大。由表4-13可知,运用本书提出的拥包三维指标计算方法,计算测量值相较于人工测量值均呈现低谷,而行车坡度为高度和距离的比值,在高度和距离均存在低谷的情况下,计算测量值会更接近真值,因此行车坡度的误差均比较稳定,拥包的三维指标计算结果最大相对误差不超过3.76%,表明本书提出的拥包三维指标计算方法具有较高准确性。

(2)激光线纵向间距影响分析

激光线纵向间距是影响病害检测精度和检测效率的重要可调节参数之一,纵向间距越小所获取的单位面积内点云数据量越大,病害描述越细致;而激光线纵向间距过小,不仅会增加数据存储空间,还会影响后续数据处理效率。因此,确定合理的激光线纵向间距是提高检测效率、保证检测精度的基础。

为确定合理的纵向间距,研究不同激光线纵向间距对拥包三维模型重构与三维指标计算精度的影响,本书在0.5mm纵向间距的基础上,将激光纵向间距设置为2mm、5mm和10mm,并分别在三个不同纵向间距下扫描三个室内拥包模型,获取三维激光点云并构建拥包三维模型,如图4-57所示。

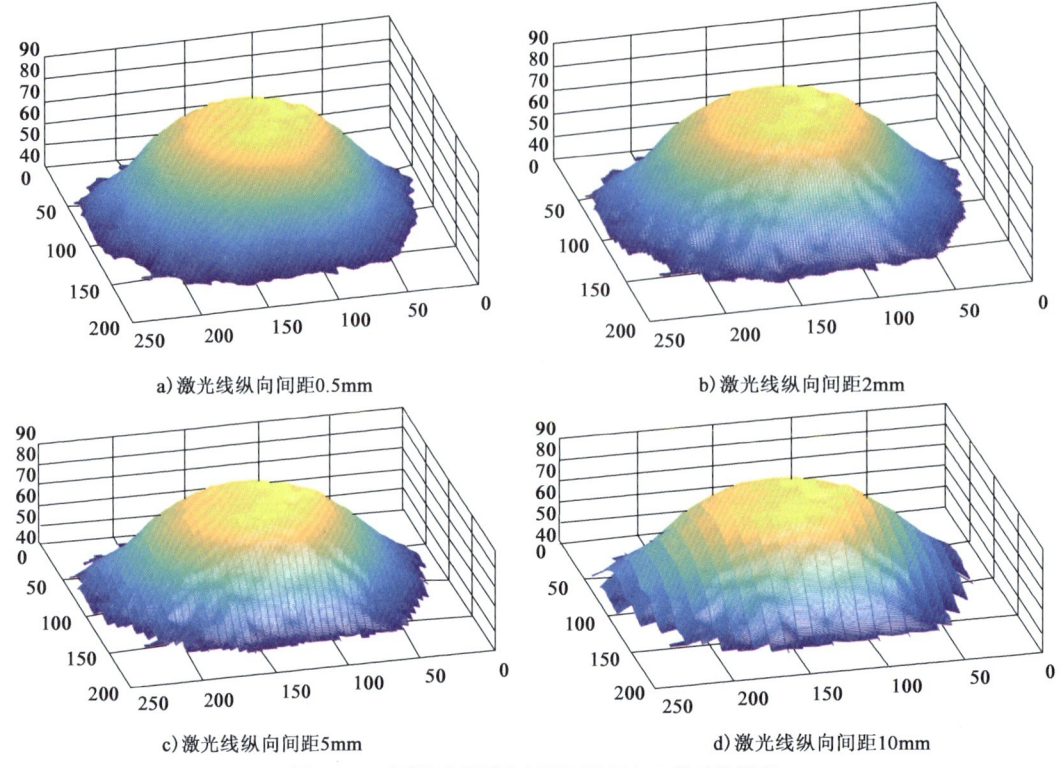

a) 激光线纵向间距0.5mm b) 激光线纵向间距2mm
c) 激光线纵向间距5mm d) 激光线纵向间距10mm

图4-57　不同激光线纵向间距下的拥包三维重构模型

从图4-57可以看出,当激光线间距为0.5mm时,拥包三维模型非常细密,具有近乎真实的拥包形态;随着激光线纵向间距不断增大,拥包三维模型逐渐失真且底面轮廓开始变得粗糙;当激光线间距为10mm时,拥包三维模型底面轮廓因边缘点缺失严重识别非常粗糙。激光线间距的逐渐增大导致拥包三维重构模型出现失真并出现缺失,从而导致三维指标检测误差的增大。不同激光线纵向间距对拥包三维指标检测误差影响,见表4-14。

不同激光线纵向间距对拥包三维指标相对误差计算结果　　　　表4-14

对象	严重程度	指标	0.5mm	2mm	5mm	10mm
拥包1号	重	最大高度(cm)	3.10%	3.23%	3.49%	4.47%
		下底面积(cm^2)	2.17%	2.19%	4.29%	7.42%
		隆起体积(cm^3)	3.76%	3.82%	7.11%	11.41%
		最大行车坡度(°)	1.65%	2.40%	5.21%	10.97%
拥包2号	轻	最大高度(cm)	3.28%	3.36%	3.40%	4.79%
		下底面积(cm^2)	1.67%	2.16%	4.65%	6.97%
		隆起体积(cm^3)	2.95%	3.26%	5.05%	10.06%
		最大行车坡度(°)	1.97%	2.04%	5.81%	12.49%
拥包3号	重	最大高度(cm)	2.74%	2.78%	2.89%	4.71%
		下底面积(cm^2)	1.34%	2.10%	4.44%	6.26%
		隆起体积(cm^3)	3.33%	3.55%	6.10%	12.99%
		最大行车坡度(°)	0.86%	1.23%	7.27%	14.47%

从表 4-14 中可以看出,随着激光线纵向间距的不断增大,拥包的最大深度、下底面积、隆起体积和行车坡度指标的检测相对误差均呈现逐渐增大的趋势。对于拥包 1 号、拥包 2 号和拥包 3 号,当激光线间距为 0.5mm 时,最大高度相对误差最大为 3.28%,下底面积误差最大为 2.17%,体积误差最大为 3.76%,行车坡度误差最大为 1.92%;当激光线间距增大为 2mm 时,三个拥包的最大高度、下底面积、隆起体积和行车坡度相对误差最大分别为 3.36%、2.19%、3.82% 和 2.40%;当间距增大为 5mm 时,四个指标相对误差最大分别为 3.49%、4.65% 和 7.11% 和 7.27%;当激光线间距继续增大至 10mm 时,三个拥包的体积及坡度相对误差均超过 10%,已无法满足检测精度要求。

进一步分析表明,随着激光线间距不断增大,拥包最大高度指标的误差增速较小,这说明拥包底面平面识别较稳定;而下底面积、隆起体积和行车坡坡度指标的相对误差增速较大,这是由于坑槽三维重构模型出现失真,导致据此计算的指标误差较大。因此,为保证拥包三维指标检测准确度和检测速率,建议拥包检测时的激光线纵向间距不超过 5mm。

(3) 拥包现场检测

为了验证利用三维激光检测拥包多维度指标的准确性,选取现场真实拥包进行验证,结果如表 4-15 所示。

现场拥包多维度指标检测结果　　　　表 4-15

检测指标	最大高度(cm)	下底面积(cm²)	隆起体积(cm³)	最大行车坡度(°)
真实值	2.78	23714.50	26890.60	2.48
测量值1	2.71	23708.16	26870.83	2.43
测量值2	2.73	23709.68	26878.94	2.45
测量值3	2.76	23710.26	26880.47	2.47
测量值4	2.69	23705.44	26873.59	2.40
标准差	0.03	2.31	3.91	0.03
平均值	2.72	23707.89	26875.96	2.44
绝对误差	0.06	6.11	14.64	0.04
相对误差(%)	2.06	0.03	0.05	1.71

由表 4-15 所示,拥包最大高度测量平均值为 2.72cm,标准差为 0.03,绝对误差为 0.06,相对误差为 2.06%;拥包下底面积测量平均值为 23707.89cm²,标准差为 2.31,绝对误差为 6.11,相对误差为 0.03%;拥包隆起体积测量平均值为 26875.96cm³,标准差为 3.91,绝对误差为 14.64,相对误差为 0.05%;拥包最大行车坡度测量平均值为 2.44°,标准差为 0.03,绝对误差为 0.04,相对误差为 1.71%。拥包最大高度、最大行车坡度的标准差均小于 0.5,下底面积、隆起体积指标的标准差小于 4;所有测量值相对误差均小于 3%。因此,三维激光可准确获取拥包的多维度特征指标。

根据检测结果,如图 4-58 所示,该拥包的隆起最大高度为 2.72cm,拥抱最大面积达到 2307.89cm²,隆起体积为 26875.96cm³,表明沥青混合料被推挤发生移位,面层已经产生局部沉陷,甚至基层也可能发生了结构破坏,路面稳定性下降,给行车安全和养护工作带来很大的压力。等高线、拥包面积、长度、宽度多维度指标提取如图 4-59~图 4-60 所示。最大行车坡度角为 2.44°,轻者影响行车舒适性,重者会造成较大的车辆横向偏移或造成爆胎,特别是在陡坡下坡路段,在雨天很有可能造成翻车,威胁行车安全。

图 4-58 现场拥包三维形貌重构

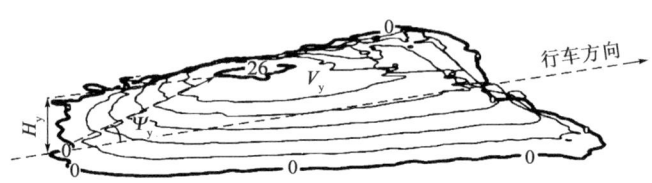

图 4-59 等高线提取

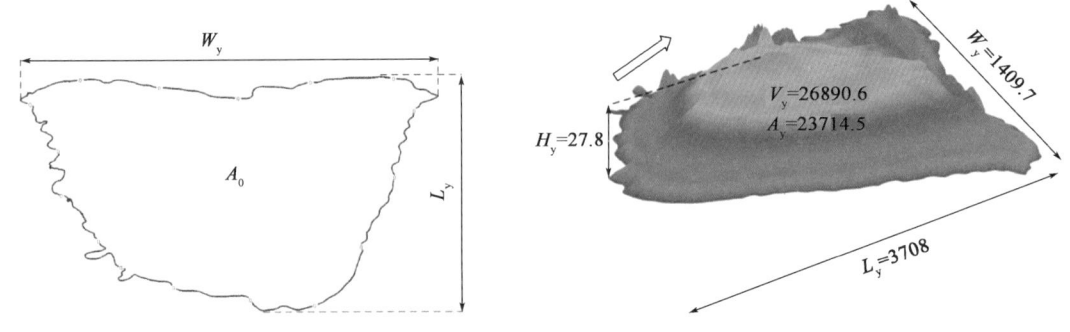

图 4-60 拥包面积、长度、宽度多维度指标提取

4.5 本章小结

本章针对车辙、坑槽、裂缝、拥包四类病害,以三维激光检测技术为基础,建立了相应的检测方案与指标计算方法,用于车辙、坑槽、拥包的严重等级判别和裂缝种类的识别,并通过室内试验,进行了检测结果可靠性的验证。结果证明,三维激光检测技术的检测精度能够有效识别多种路面病害和计算指标。所提出的检测方案,能够快速、准确地进行严重程度的计算和病害分类。

(1)车辙病害三维检测方案及可靠性研究:首先研究基于规则格网的车辙三维数字模型重构,选用数字高程模型中最常见的规则格网对道路进行重构。规则格网模型简单、易于理解,具有计算机处理方便快捷、数据量存储量大、点高程实时性好、数据排列规则的特性;其次,借助 AASHTO 车辙指标计算方法,实现车辙指标的提取。研究结果表明:车辙横断面隆起部分的出现对 13 点激光检测结果的影响很大,最大可达到约 5mm,这使得已达到养护阈值的车辙将可能会被忽略;对于无隆起的车辙形态的深度检测数据,检测结果较为精确。

(2)依托实体工程的车辙现场病害三维检测数据,得到了连续三年的车辙病害重构模型及其多维度指标,以时间序列为基础,通过分析各单元多维度指标变化量、变化速率、变化方向和变化范围,揭示了路面车辙病害的三维演化规律。

(3)坑槽病害的三维检测方案及可靠性研究:首先三维激光检测系统扫描坑槽后,获取表面激光点云数据,采用 MATLAB 软件对点云数据 Tin 插值和均值滤波进行处理,再基于 Sobel 边缘检测算法识别病害区域,分割点云并提取病害区域数据,生成网格化的坑槽三维重构模型;利用高程二值化识别坑槽上、下闭合轮廓线,计算坑槽的深度、面积、体积指标。研究结果表明:车辙横断面隆起部分的出现对 13 点激光检测结果的影响很大,最大可达到约 5mm,这使得已达到养护阈值的车辙将可能会被忽略;对于无隆起的车辙形态的深度检测数据,检测结果较为精确。

(4)裂缝病害的三维检测方案及分类研究:首先,基于三维激光检测裂缝识别软件并人工矫正得到较准确的路面裂缝结果,每条裂缝由多个裂缝点连接而成;其次,将路段内的裂缝分为龟裂、轮迹带裂缝、非轮迹带纵缝、非轮迹带横缝四种类型,并对四种类型的裂缝进行识别,并通过比较同一路段、不同时间裂缝的位置和数量,对不同裂缝的发生发展规律进行研究;再次,根据分类的目标和各裂缝类型的定义,研究选取三个裂缝特征对裂缝类型进行划分,分别是裂缝密度、裂缝位置和裂缝方向;最终给出路段网格划分、龟裂的识别及裂缝方向的判断等方法。

(5)拥包病害的三维检测方案及可靠性研究:首先利用三维激光检测系统获取的拥包表面三维点云高程数据,以二维矩阵的形式储存输出并储存,矩阵元素为高程值,基于 MATLAB 软件结合 Lowess 方法对数据进行去噪预处理,利用 RANSAC 拟合拥包下底面平面并切割点云提取轮廓数据,采用积分图像构建 HARR 矩阵建立拥包三维模型。研究结果表明:激光线纵向间距是影响病害检测精度和检测效率的重要可调节参数之一,纵向间距越小,所获取的单位面积内点云数据量越大,病害描述越细致。

第 5 章 沥青路面服役性能衰变模型及三维验证

前文对基于 Gocator 一体式三维激光智能传感器技术的三维检测系统特性、数据分析与处理、道路典型病害检测方案进行了深入研究,并形成了成套适用沥青路面的三维检测技术方案。归根结底,三维检测技术最终要应用到实际道路检测中,进而获取更为精细化的路面服役性能数据。因此更新检测技术,可促进养护管理升级。

在对内蒙古东、中、西三个片区内的典型沥青路面的服役状况进行调研的基础上,本章针对传统的沥青路面检测方法得到的路面状况指数及基于三维检测技术得到的路面状况指数,选取合适的路面状况指数衰变模型,对模型进行参数标定,以研究内蒙古地区沥青道路的路面使用性能衰减规律,为道路养护施工提供指导。

5.1 服役性能关键指标的选取与分析

路面使用性能是路面特性的外在反映,选择科学合理的外在指标表征路面的使用性能,对进一步的分析研究至关重要。在《公路技术状况评定标准》(JTG H20—2007)中,路面使用性能指数(PQI)包含五个方面,分别是:路面损坏状况指数(PCI)、路面行驶质量指数(RQI)、路面车辙深度指数(RDI)、路面抗滑性能指数(SRI)和路面结构强度指数(PSSI)。现有道路性能评价体系如图 5-1 所示。

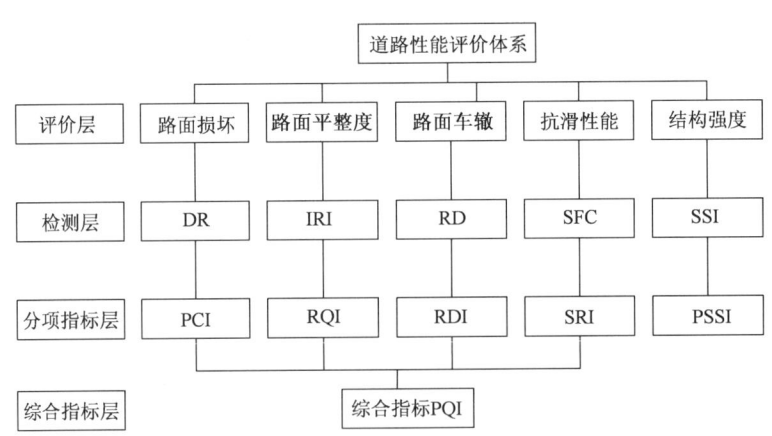

图 5-1 《公路技术状况评定标准》(JTG H20—2007)中的道路性能评价体系

根据目前我国的实践水平,选取综合指标——路面状况指数 PCI(Pavement Condition Index)作为表征路面损坏状况的指标。PCI 包含路面裂缝、变形、磨损等各类损坏,具有含义明确,表征力强,易于与以往研究成果相衔接等优点。

5.1.1 路面破损状况影响因素分析

常见的路面损害包括裂缝类病害(纵向裂缝、横向裂缝、龟裂、块裂等)、变形类病害(车辙、沉陷、波浪拥包)、表面损坏类病害(磨损、坑槽)和其他类病害(泛油、补丁)。影响路面破损状况的因素复杂多变,且差异性较大,经过大量的文献调查研究,主要的影响因素可以概括成两大类:内部类因素与外部类因素。其中,内部类因素主要包括路面结构组合、路面结构层厚、基层类型、路面结构强度、土基模量状况、路面材料特性,等等;外部因素主要包括交通条件、环境状况(温度、湿度等)、施工与管养水平,等等。路面破损状况影响因素总结如图 5-2 所示。

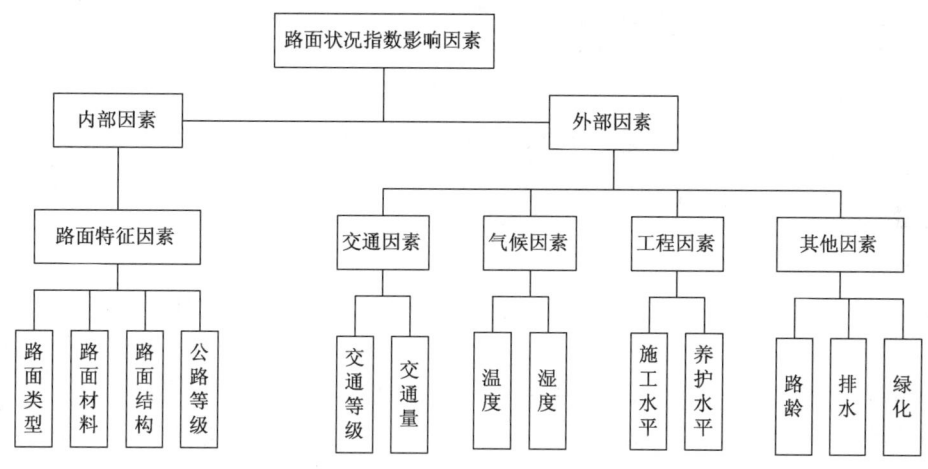

图 5-2 路面破损状况影响因素

(1)路面结构和材料的影响

路面结构包括面层、基层、底基层(垫层)、土基等,其结构组合设计、路面材料选择是影响干线道路破损状况的内在决定因素。

首先,分析面层的影响。车轮、大气环境都直接与面层相接触,其必然承受行车荷载(冲击力、竖向力和横向力)的作用,所以面层的质量和设计参数直接影响路面的使用性能,面层的厚度显著影响路面结构性能及其衰变模式。国内外试验研究表明,面层厚度对道路使用性能的影响尤为突出:当面层厚度较薄时,道路使用性能衰变速率较快;随着面层厚度增加,衰变曲线由凹形变成凸形,损坏速率由快变慢,结构承载能力显著增强,路面性能呈现低强度衰减的趋势。

其次,基层如果具有合适的强度和刚度,可以使得路面使用性能保持在较高水平。同时研究表明,模量过大的基层将会导致面层顶部剪应力增大,造成车辙或表面开裂损坏。

最后,道路路面结构的物质基础是道路材料,材料质量的优劣以及级配是否合理,选用是否恰当都将影响干线道路性能的衰变速率。如采用改性沥青,路面使用寿命可以显著提高50%左右。

(2)交通荷载的影响

修建道路的主要目的是为了满足繁重交通的需求,为车辆和行人提供更好、更便捷的服务,而交通荷载是导致路面使用性能衰变的外在决定要素。在交通荷载的重复作用下,路面的使用性能大幅衰减,路面破损越发严重。重载车辆越多,路面破损情况就越严重。

(3)环境因素的影响

环境因素主要指温度和湿度两个因素,由于沥青路面所在区域温度、降水量等气候变因素差异,导致相应的路面使用性能衰变规律也不尽相同。一般来说,环境因素的作用途径分为两种:一是直接影响路面材料性能,引起性能衰减;二是通过叠加在荷载上间接影响沥青路面材料的使用性能。

公路周围环境温度和湿度的变化,会导致路面体系内的温度和湿度变化,进而引起沥青路面材料的力学性质和结构强度的衰减。作为典型的温度敏感性材料,沥青混合料随着温度改变,其强度和劲度模量将会发生明显变化。所以,在夏季的高温条件下,沥青路面在车辆荷载反复作用下更容易发生车辙损坏;在冬季的寒冷条件下,路面内的温度应力非常容易导致脆硬的道路路面开裂。在如此长期巨大温度梯度反复作用下,路面材料极容易出现温度疲劳,从而加剧路面疲劳破坏。

湿度对于道路使用性能的影响本质上是水损害的类型。水对路面的影响主要有以下几种方式:水的作用使沥青混合料内部黏聚力损失或沥青与集料黏附性损失;在冰冻地区,渗入路面的水结冰、膨胀将造成材料损伤、混合料松散,甚至路面的破坏;如果路面上有重车作用时,空隙中的水压力将直接作用在沥青与集料的界面上,会造成沥青集料的分离,导致内部松散、路面坑槽。路面施工设计时将路基土含水率控制在最佳含水率的范围内,使得结构具备较好的刚度与强度,但是路面结构并非完全封闭的系统,地表水会顺着路面早期裂缝、坑槽等渗入结构内部,造成水损害,加快路面使用性能的衰减。

总结来说,环境因素(温度、湿度)等反复作用下,导致路面材料特性衰减,降低路面结构强度,环境对于路面性能的影响可以说是更为隐秘、间接,变异大。

(4)管养水平的影响

及时进行日常路面养护能够较好地延长路面使用寿命,养护水平的差异也是路面性能衰变的关键因素。干线道路在使用过程中,合理安排日常养护和专项养护可以极大程度地延缓道路使用性能衰变。如果随路龄增加而出现因不及时养护导致的路面破损、坑槽,水分就会很快渗入结构中,加速整体使用性能和材料特性的衰减。

5.1.2 路面破损状况指数计算分析

路面损坏状况很复杂,包括多种损坏类型。根据目前我国的实践水平,选择综合指标——路面状况指数 PCI(Pavement Condition Index)作为表征路面损坏状况的指标。PCI 包含路面裂缝、变形、磨损等各类损坏,具有含义明确,表征力强,易于与以往研究成果相衔接等优点。根据《公路技术状况评定标准》(JTG H20—2007),PCI 的计算方法如下:

$$PCI = 100 - \alpha_0 DR^{\alpha_i} \tag{5-1}$$

$$DR = 100 \times \frac{\sum_{i=1}^{i_0} w_i A_i}{A} \tag{5-2}$$

式中:DR——路面破损率,为各种损坏的折合损坏面积和与路面调查面积的百分比(%);

A_i——第 i 类路面损坏的面积(m^2);

A——调查的路面面积(m^2),调查长度与有效宽度之积;

w_i——第 i 类路面损坏的权重;

α_0——模型参数,沥青路面取 16.00,水泥路面取 10.66,砂石路面取 10.10;

α_i——模型参数,沥青路面取 0.412,水泥路面取 0.461,砂石路面取 0.487;

i——考虑损坏程度(轻、中、重)的第 i 项路面损坏类型;

i_0——考虑损坏程度(轻、中、重)的损坏类型总数,沥青路面取 21,水泥路面取 20,砂石路面取 6。

沥青路面损坏类型和权重如表 5-1 所示。

沥青路面损坏类型和权重　　　　　　　表 5-1

类型(i)	损坏类别	损坏类型	损坏程度	权重(w_i)	计量单位
1	裂缝类	龟裂	轻	0.6	面积 m^2
2			中	0.8	
3			重	1.0	
4		块状裂缝	轻	0.6	面积 m^2
5			重	0.8	
6		纵向裂缝	轻	0.6	长度 m（影响宽度:0.2m）
7			重	1.0	
8		横向裂缝	轻	0.6	长度 m（影响宽度:0.2m）
9			重	1.0	
10	表面损坏类	坑槽	轻	0.8	面积 m^2
11			重	1.0	
12		松散	轻	0.6	面积 m^2
13			重	1.0	
14	变形类	沉陷	轻	0.6	面积 m^2
15			重	1.0	
16		车辙	轻	0.6	长度 m（影响宽度:0.4m）
17			重	1.0	
18		波浪拥包	轻	0.6	面积 m^2
19			重	1.0	
20	其他类	泛油		0.2	面积 m^2
21		修补		0.1	面积 m^2

5.2 性能指标测试方法与实体工程调研

5.2.1 三维测试方法

三维测试设备采用基于 Gocator 一体式三维激光智能传感器的检测体系。

5.2.2 二维测试方法

检测设备采用目前国内先进的多功能路况快速检测系统和路面横向力系数 CiCS 多功能检测车,如图 5-3 所示。CiCS 最大特点是能以车流速度一次性、快速采集《公路技术状况评定标准》(JTG H20—2007)要求的主要路况指标(路面破损、路面平整度、路面车辙),还可检测前方景观信息,并可选择安装 GPS、构造深度检测装置等。

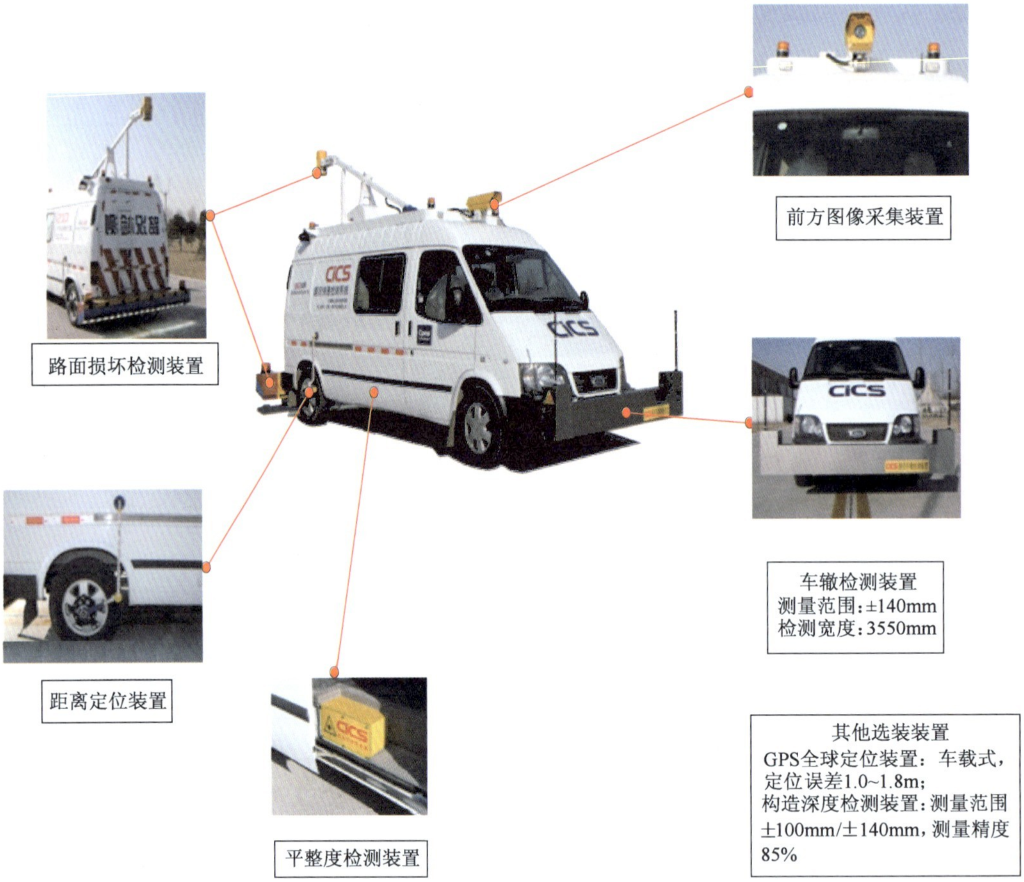

图 5-3　CiCS 多功能检测车

5.2.3 典型道路性能调研方案

为了准确描述以内蒙古地区为代表的寒区重载交通沥青路面性能衰变规律,需要对不同区位的典型道路开展调研。根据项目专家意见和依托工程的建设情况,制订了项目的调研计划,收集调研道路信息,调研区域涵盖西部(阿拉善盟等)、中部(乌兰察布、呼和浩特等)、东部(呼伦贝尔、赤峰等),收集典型道路的 PCI、SRI 数据。调研区域、项目调研道路所采用的沥青路面面层结构如表 5-2 所示。道路检测方案如表 5-3 所示。

调研道路所采用的沥青路面面层结构形式 表 5-2

区位	位置	道路名称	通车时间	沥青面层结构形式
西部	阿拉善盟	银巴高速公路	2011年10月	4cm AC-16 + 5cm AC-20 + 7cm AC-25
		省道312	2010年10月	4cm AC-16 + 6cm AC-20
中部	乌兰察布市	G6 京藏高速公路	2004年9月	4cm AC-16C + 5cm AC-25C + 6cm AC-25C
		G55 二广高速公路	2006年10月	4cm AC-16C + 5cm AC-25C + 7cm AC-25C
		G110 集宁段	2012年9月	4cm AC-16C + 6cm AC-25C
		G208 集宁段	2000年9月	4cm AC-16C
东部	赤峰市	赤大高速公路	2007年12月	4cm AC-13 + 5cm AC-20 + 6cm AC-25
		省际通道	2005年9月	3cm AC-13 + 4cm AC-16
	呼伦贝尔市	博牙高速公路	2012年9月	4cm AC-16 + 5cm AC-20 + 7cm AC-25
		G301	2002年9月	4cm AC-16 + 6cm AC-20

道路检测方案 表 5-3

区位	位置	道路名称	检测桩号(分上行、下行两个方向分别检测)
西部	阿拉善盟	巴银高速公路	K58+948 ~ K58+957
		省道312	K129+000 ~ K139+000
中部	乌兰察布市	G6 京藏高速公路	K323+000 ~ K333+000
		G55 二广高速公路	K326+000 ~ K336+000
		G110 集宁段	K320+000 ~ K330+000
		G208 集宁段	K301+000 ~ K311+000
东部	赤峰市	赤大高速公路	K663+000 ~ K673+000
		省际通道	K633+000 ~ K643+000
	呼伦贝尔市	博牙高速公路	K1086 ~ K1096、K1065 ~ K1075
		G301	K1201 ~ K1206、K1268 ~ K1273

5.3 服役性能衰变规律分析

内蒙古地区跨度大,气候环境复杂多变,不同区域的典型道路由于服役状况、自然环境、管养水平等路面性能影响因素的差异,势必呈现不同的性能衰变规律。本节基于项目研究周期内开展的路面调研数据,进行东、中、西区域典型道路的性能衰变规律分析,为性能衰变方程的选取与标定作必要的准备。

5.3.1 不同区位道路性能分析

基于2016年实地道路调研的数据,东、中、西部地区各选取了典型重载沥青道路进行性能检测,整理标准单元路段(1000m)的性能数据,分区域绘制典型道路性能情况图,如图5-4 ~ 图5-6所示。

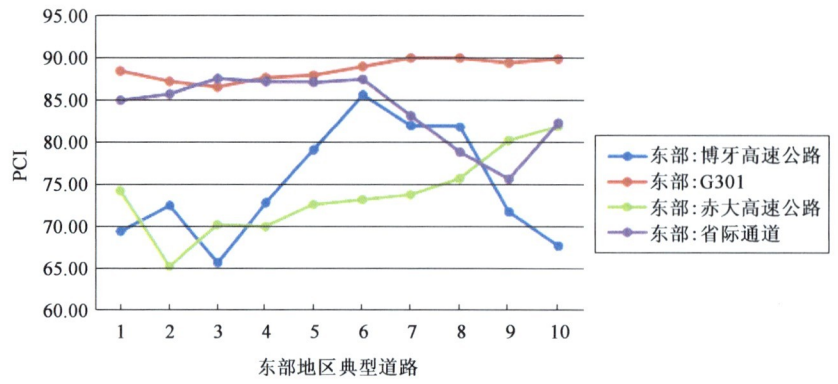

图 5-4 东部地区典型道路 PCI

由图 5-4 可以初步得出以下结论：

①G301 道路的路面状况指数比其他 3 条道路有着明显的优势，G301 道路的 PCI 集中在 85～90 之间，路面状况指数分布均匀；

②其他 3 条道路的路面状况指数变异性较大，反映其路面状况分布不均匀，且 PCI 集中在 65～80 之间，路面使用性能评价在中、低水平。

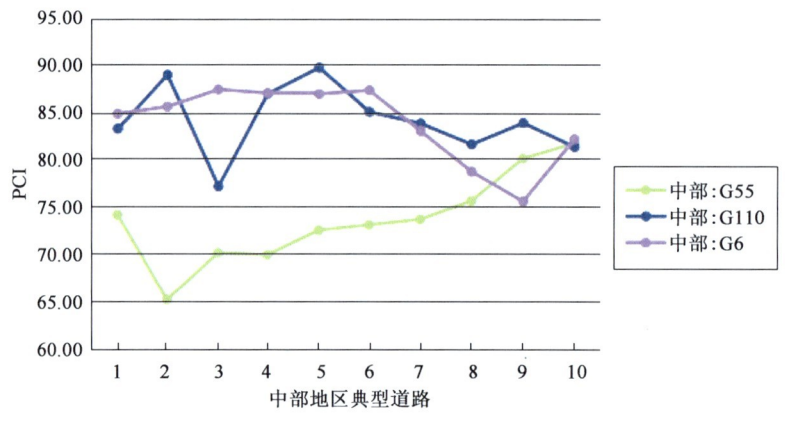

图 5-5 中部地区典型道路 PCI

由图 5-5 可以初步得出以下结论：

①中部地区 G6 道路和 G110 道路的路面状况指数集中在 80～90 之间，路面整体使用性能评价水平为良，路面状况分布较为均匀；

②中部地区 G55 道路的路面状况指数集中在 65～85 之间，差异性较大，分布不均匀，相比其他两条调研道路，其路面使用性能有明显的劣势。

由图 5-6 可以初步得出以下结论：

①西部地区银巴高速公路的路面状况指数集中在 90～95 之间，路面整体使用性能评价水平为优，路面状况分布均匀，这与其通车时间段（2011 年建成通车）有着密不可分的关系；

②西部地区敖乌线的路面状况指数在 60～85 之间波动，差异性较大，分布不均匀，在调研时就发现该条道路存在裂缝、松散、车辙、麻面等明显病害，需要进行针对性养护。

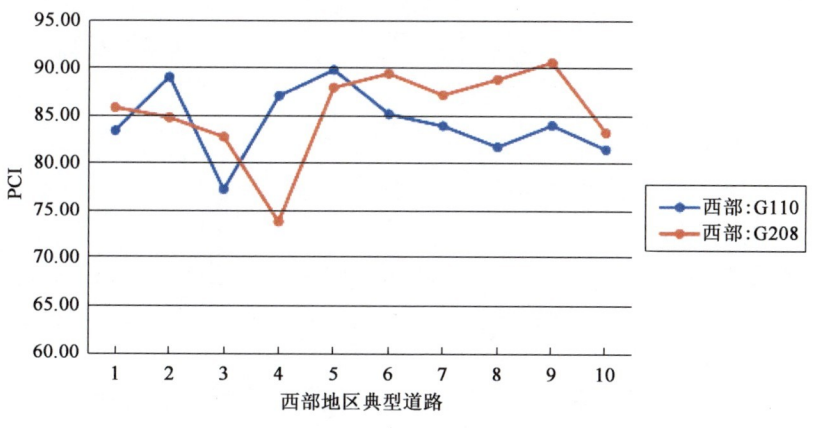

图 5-6 西部地区典型道路 PCI

汇总 2016 年东、中、西部地区的调研数据,得到典型道路 PCI 箱线图,如图 5-7 所示。由箱线图的数据集中程度和偏离情况可知,中部地区调研的道路 PCI 指数分布均匀,且整体路段评价水平为良;东部与西部地区的调研道路性能差异性较大,PCI 指数分布不均匀。因此,在制定养护管理方案时可以参考本书的成果,中部地区的道路可以采用相似的维修养护技术,东、西部地区需要结合具体道路,实施针对性的维修养护方案。

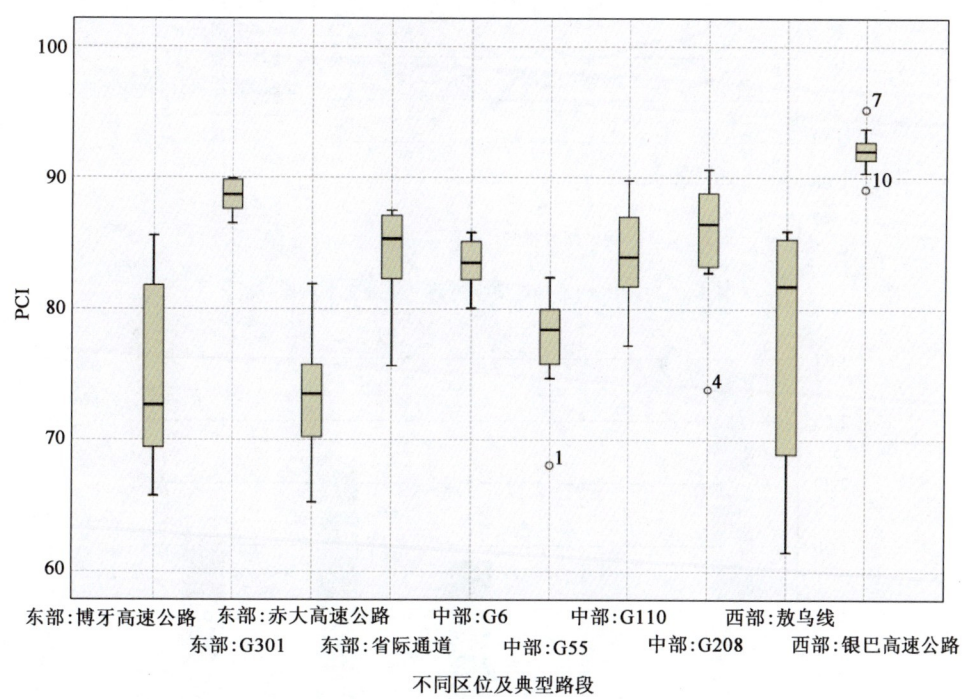

图 5-7 东、中、西部地区典型道路 PCI 箱线图

5.3.2 不同区位典型道路性能衰变规律分析

为了分析不同区位典型道路性能衰变规律,引入衰变率指标,定义衰变率 $\rho(t)$ 为:

$$\rho(t) = \frac{\text{PPI}_0 - \text{PPI}(t)}{t} \quad (5\text{-}3)$$

式中：t——路龄(年)；

$\rho(t)$——第 t 年的衰变率(无量纲)；

PPI_0——道路初始使用性能，取 100；

$\text{PPI}(t)$——道路第 t 年使用性能。

衰变率指标是性能衰变曲线上第 t 年与路面初始状态的切线斜率，它反映了道路发展到现阶段的平均性能衰减情况，对不同路龄进行衰减率指标的计算可以定量描述路面的衰减速率，从而较好地揭示道路性能衰变规律。

本书依托 2016 年的调研资料，对不同区位典型道路的性能衰变规律进行研究与分析，如图 5-8、图 5-9 所示。

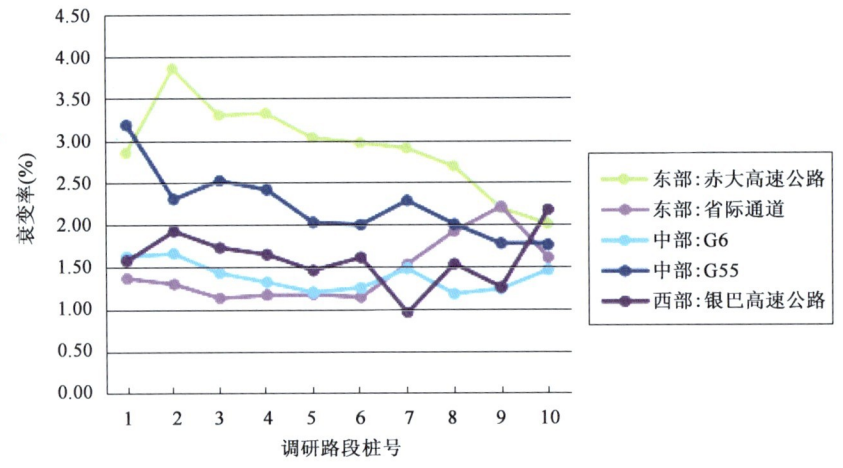

图 5-8 东、中、西部地区典型道路 PCI 衰变率对比分析

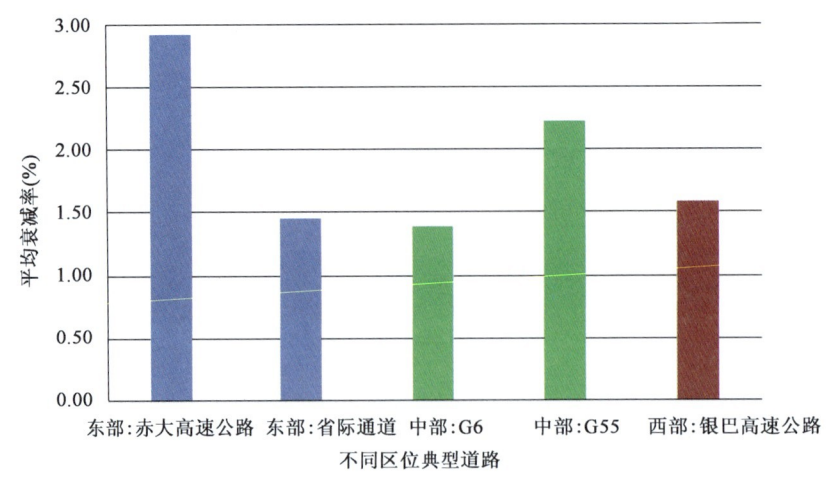

图 5-9 东、中、西部地区典型道路 PCI 平均衰减率对比分析

东部地区的赤大高速公路和中部地区的 G55 道路的 PCI 平均衰减率,间接表明其性能衰减速率较快,应作为重点维修管理人员关注的对象。

5.4 服役性能衰变模型构建

5.4.1 模型概述

国内外学者在路面使用性能衰变规律方面开展了大量的研究工作,通过一定的建模方法建立了不同类型的路面使用性能预测模型。根据预测模型输出结果的数学表达式,国内外常用的预测模型可分为两类:确定型模型和非确定型模型,对应的建模方法分别为:确定型方法和非确定型方法。另外随着计算机技术的快速发展,一些新的建模方法,如人工神经网络、灰色系统理论、组合预测等方法,在路面使用性能预测方面也得到了较为广泛的应用。

(1)确定型模型

在现有的路面管理系统中,使用性能预测模型较多采用确定型模型。确定型模型给出的预测结果是某一性能指标变化趋势的平均值或特定保证率条件下的数值。其建模方法主要有三种:力学法、力学-经验法和经验(回归)分析法。

①力学分析法。这类方法是利用弹性理论模型或黏弹性理论模型,通过结构力学分析,得到路面在荷载作用下的应力、应变或位移方程,模型参数由室内试验确定。该方法具有充足的理论依据,但是计算量大,过程复杂,且只能用来建立路面的基本反应模型,故实际应用较少。

②力学-经验法。此方法将力学分析法和经验回归法相结合,一方面,利用力学分析得出力学响应参数;另一方面,实测路面的某一使用性能参数,并建立二者之间的回归关系。与力学法一样,力学-经验法具有较为成熟的理论基础,但是其不仅要对特定的路面结构进行应力、应变或者位移计算,还要分析交通、环境、路面结构等参数的变化。因此这类模型结构复杂,计算工作量大,但模型可获得较高的精度,外推性好。

③经验(回归)分析法。此方法的因变量一般是某项实测的路面使用性能指标,自变量采用荷载、环境因素及路面的结构组成参数,通过回归分析建立它们之间的联系。此方法得到的是使用性能与其影响因素之间某种程度的统计拟合,没有力学-经验法复杂的结构分析和计算过程。模型简单,易于更新,但其可靠性取决于有关数据的准确与充分,也依赖于建模人员对所选用模型使用性能变量与其影响变量之间关系的理解与认识程度。

在实际使用中,最常用的、最成熟的方法是经验(回归)分析方法建立的路面使用性能预测模型,此时,历史数据的积累和预测形式的选择十分重要。

(2)非确定型模型

非确定型模型给出的预测结果是某一性能指标变化趋势的状态分布或者概率分布,又被称为概率型模型。它能反映交通荷载、环境因素、路面结构组成等因素的变异性带来的使用性能变化的不确定性。概率模型主要包括马尔科夫模型、半马尔科夫模型和贝叶斯模型等。

(3)其他模型

随着人工智能技术的发展,更多的新技术、理论已经被应用到路面性能预测模型中,如人工神经网络模型、灰色系统理论和组合预测法。

人工神经网络模型是一种应用类似于大脑神经突触连接的结构进行信息处理的数学模型,具有集体运算的能力和自适应的学习能力。灰色系统理论是我国学者邓聚龙教授于1982年建立的,基本思路是:将已知数据序列按照某种规则构成动态或者非动态的白色模块,再按照某种交换、算法来求解未来的灰色模型。组合预测法也称为综合预测法,即将不同的预测方法进行适当组合,从而形成新的预测方法。

5.4.2 同济模型

从养护者的角度出发,最易于接受的预测模型是预测结果直观的确定型模型,而确定型模型最常用、最成熟的建模方法是回归分析法。要使所建立的模型能够真实地反映路面性能的衰减过程和导致这种衰减的主要原因,选择一个合理、简洁的关系式,至关重要。

同济大学孙立军教授等人建立的模型(简称同济模型)形式,结合国内外路面使用性能的研究成果,将路面性能衰变过程划分为四种典型形式,如图5-10所示。

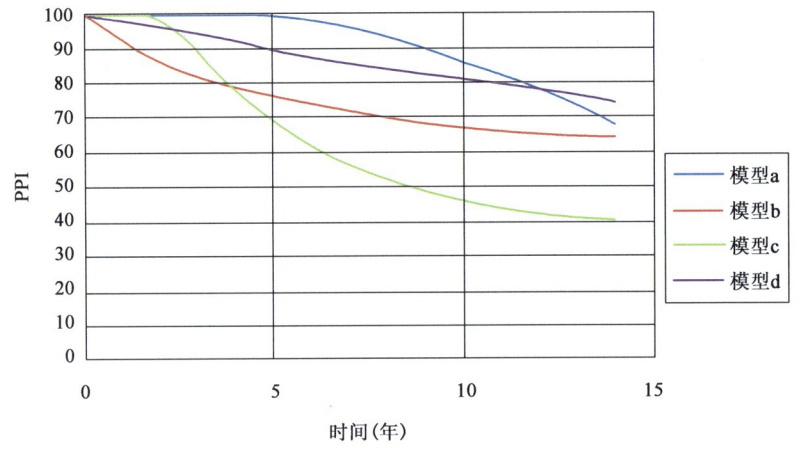

图5-10 路面使用性能的典型衰变模式

模式a:凸形曲线(先慢后快)。国外路面的衰变模式大都呈现这种形状。此种破坏形式,一定程度上反映了路面结构能力同其功能性能之间良好的相关性。路面使用初期,路面结构能力较强,能有效抵御荷载和环境因素造成的破坏,损坏速度缓慢。随着时间的推移和荷载次数的增加,路面难免产生疲劳、裂缝和变形等损坏,这些损坏降低了路面的结构能力;在荷载和环境因素的综合作用下,路面损坏速率越来越快。

模式b:凹形曲线(先快后慢)。路面初期的使用性能下降很快,而后期变慢。这种形式在我国极为普遍。由于设计和施工的诸多因素,路面投入使用后,很快出现破坏,而损坏的出现会大大降低路面服务能力。养护部门不得不投入较多的资金进行路面维护,以缓解其恶化速率,使道路在较长的时间内仅以较低的水平提供服务。

模式c:反S形。路面使用初期,由于路面结构抗力较强,路面的损坏较少,服务水平衰变较慢;随着荷载作用年限的增加,损坏速度有所增加,而到了使用性能后期,路面损坏又趋缓慢。这种形式可以看作是前两种形式的组合,一定程度上也反映了整体强度对路面使用性能的影响。

模式 d：描述的是路面投入运营后使用性能随着使用年限的增加近似呈直线递减，路面早期损坏快，后期又缺乏必要的养护维修措施。

为正确反映路面使用性能衰变的全过程，拟合衰变的四种模式，孙立军、刘喜平提出了路面使用性能衰变方程，形式如下：

$$\text{PPI} = \text{PPI}_0 \left\{ 1 - \exp\left[-\left(\frac{\alpha}{y}\right)^\beta \right] \right\} \tag{5-4}$$

式中：PPI——路面性能指数，包括路面损坏状况指数 PCI 与路面抗滑性能指数 SRI 等；

$\quad$ PPI$_0$——路面初始性能指数，包括路面损坏状况指数 PCI 与路面抗滑性能指数 SRI 等；

$\quad$ α、β——模型参数，受交通轴载、结构强度、面层厚度、基层类型、环境状况、材料类型等因素影响；

$\quad$ y——路龄（年）。

该方程能够反映路面性能衰变的全过程；具有很好的稳定性和单调性；方程形式简单，便于回归，适用性强；参数具有物理意义，便于深入研究路面性能。本书采用同济模型对调研路段数据进行模型标定，得到内蒙古地区典型道路的路面性能衰变模型方程。

5.5 基于二维检测方案的衰变模型参数标定

5.5.1 衰变模型标定方法与步骤

一方面，按照现行公路技术检测规范，路面性能评价以 1000m 为基本单元路段进行检测与评价，便于对单元路段进行针对性的养护，因此需要对每一个标准单元路段进行路面性能衰变模型的标定。由于道路性能历史数据、检测数据不统一，根据项目研究周期内所得结果，将道路性能数据源初步分为两年检测道路数据源、三年及三年以上道路数据源。对于两年检测数据源路段，代入两年数据可反解标准衰变模型的两个模型参数；对于三年检测数据源路段，利用 MATLAB 的非线性拟合函数，采用非线性拟合方法进行模型标定。为了提高衰变模型的拟合精度和速度，采用两年检测数据源的反解方程法确定模型初值。

另一方面，在对道路整体性能评价时，不能简单取调研路段内标准单元路段的均值（取均值可能会忽略较差路段的影响，例如路段内如果有极差和极优的标准单元路段时简单取均值会导致整体评价良好，与实际相偏离），需要对不同路段赋予权重，计算评价路段的综合性能指标。本书基于熵值法客观赋权原理建立路段整体性能的综合指标模型，再进行综合指标模型的标定。

路面性能衰变模型标定思路如图 5-11 所示。

(1) 标准单元路段 (1000m) 衰变模型标定方法

本书选取同济模型进行实际调研道路的标定，同济模型如式(5-4)所示。

使用初期道路状态优良，假定此时的 PPI$_0$ 值为 100，上述性能方程中含两个模型参数 α、β，至少需要两年的检测数据进行模型标定。两年调研数据代入衰变模型方程，可得式(5-5)：

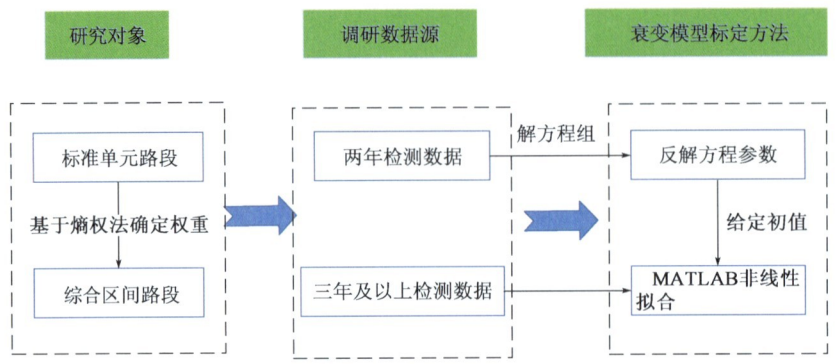

图 5-11 路面性能衰变模型标定思路

$$\begin{cases} \text{PPI}_1 = 100\left\{1 - \exp\left[-\left(\dfrac{\alpha}{y_1}\right)^\beta\right]\right\} \\ \text{PPI}_2 = 100\left\{1 - \exp\left[-\left(\dfrac{\alpha}{y_2}\right)\right]^\beta\right\} \end{cases} \quad (5\text{-}5)$$

化简上述方程,可得式(5-6):

$$\begin{cases} \ln\left(\ln\dfrac{1}{A_1}\right) = \beta[\ln(\alpha) - \ln(y_1)] \\ \ln\left(\ln\dfrac{1}{A_1}\right) = \beta[\ln(\alpha) - \ln(y_2)] \end{cases} \quad (5\text{-}6)$$

式中:

$$A_1 = 1 - \frac{\text{PPI}_1}{100}, A_2 = 1 - \frac{\text{PPI}_2}{100}$$

解上述方程组,可得式(5-7):

$$\begin{cases} \alpha = \exp\left(\dfrac{\ln\left(\ln\dfrac{1}{A_1}\right)\cdot\ln y_2 - \ln\left(\ln\dfrac{1}{A_2}\right)\cdot\ln y_1}{\ln\left(\ln\dfrac{1}{A_1}\right) - \ln\left(\ln\dfrac{1}{A_2}\right)}\right) \\ \beta = \dfrac{\ln\left(\ln\dfrac{1}{A_1}\right) - \ln\left(\ln\dfrac{1}{A_2}\right)}{\ln y_2 - \ln y_1} \end{cases} \quad (5\text{-}7)$$

利用式(5-7),只需要两年的检测数据,可对调研路段的路面性能指数模型进行标定。

对于拥有三年及三年以上连续道路性能数据的道路,采用非线性最优拟合的方法进行标准衰变方程的拟合,非线性最优拟合的数学模型表示如下:

$$\min f = \sum_i^n (\text{PPI}_i - y_i)^2 \quad (5\text{-}8)$$

式中:PPI_i——拟合方程结果;

y_i——实际路面检测结果。

首先利用两年检测数据,初步反解衰变模型的初始参数,作为 MATLAB 非线性最优拟合函数 nlinfit 函数的初值,在 MATLAB 平台进行非线性最优拟合,避免陷入局部最优解,建立便捷、精度高、可持续跟踪改进的标准衰变方程标定体系。

(2)路段整体性能衰变模型标定方法

在信息论中,熵是对不确定性的一种度量。信息量越大,不确定性就越小,熵也就越小;信息量越小,不确定性就越大,熵也越大。根据熵的特性,可以通过计算熵值来判断一个方案的随机性及无序程度,也可以用熵值来判断某个指标的离散程度,指标的离散程度越大,该指标对综合评价的影响越大。

在综合性能评价中,熵值法是一种客观赋权法,其根据各项指标观测值所提供的信息的大小来确定指标权重。设有 m 个待评方案,n 项评价指标,形成原始指标数据矩阵 $\boldsymbol{X} = (x_{ij})_{m \times n}$,对于某项指标 x_j,指标值 X_{ij} 的差距越大,则该指标在综合评价中所起的作用越大;如果某项指标的指标值全部相等,则该指标在综合评价中不起作用。

对于路段的整体性能评价,每个标准单元路段的性能相当于"分项评价指标",不同年份的检测数据相当于不同的"评测方案",如果性能数据衰减明显的话,则分项指标(标准单元路段)提供的信息熵越小,提供的信息量越大,应该赋予的权重更大。基于熵值法进行标准路段赋值,可以给性能衰减幅度较大的路段赋予更多的权重,避免主观赋权的随意性,使得综合评价指标更加科学、有效。熵值法的主要实现步骤总结如下:

①整理数据格式

将收集到的标准单元路段性能检测数据汇总成数据矩阵的形式,行代表不同年份,列代表不同桩号的单元标准路段,即:

$$X = \begin{pmatrix} X_{11} & \cdots & X_{1m} \\ \vdots & \vdots & \vdots \\ X_{n1} & \cdots & X_{nm} \end{pmatrix}_{n \times m} \quad (5\text{-}9)$$

式中:X_{ij}——第 i 年第 j 个路段的性能指标数值。

②计算第 j 个路段下第 i 年占该指标的比重

$$P_{ij} = \frac{X_{ij}}{\sum_{i=1}^{n} X_{ij}} \quad (j = 1, 2, \cdots, m) \quad (5\text{-}10)$$

③计算第 j 个路段的熵值

$$e_j = -k \times \sum_{i=1}^{n} P_{ij} \ln(P_{ij}) \quad (5\text{-}11)$$

式中:k——模型参数,一般取 $k = \frac{1}{\ln m}$,m 是总的年份数。

④计算第 j 个路段的差异系数和权重

$$g_j = 1 - e_j \quad (5\text{-}12)$$

$$W_j = \frac{g_j}{\sum_{j=1}^{m} g_j} \quad (j = 1, 2, \cdots, m) \quad (5\text{-}13)$$

⑤计算第 i 年的综合指标,性能衰变模型标定

第 i 年的综合评价指标按下式计算:

$$S_i = \sum_{j=1}^{m} W_j \times P_{ij} \quad (i = 1, 2, \cdots, n) \quad (5\text{-}14)$$

对不同年份计算得到的综合指标进行路段性能衰变模型的标定。

5.5.2 PCI模型的标定

（1）东部地区典型道路PCI衰变模型的标定

东部地区的典型道路以赤大高速公路为例，代入2015年、2016年的PCI检测值，反算每个单元路段所对应的模型参数值α、β，得到单元路段的PCI衰变曲线参数值，如表5-4所示，绘制标准单元路段的PCI衰变拟合曲线如图5-12所示。

赤大高速公路单元路段PCI衰变模型标定结果　　　　　　　　　　表5-4

起始桩号	α	β	衰变方程
K663+000	21.06	1.01	$PCI = 100 \times \left\{ 1 - \exp\left[-\left(\frac{21.06}{y}\right)^{1.01} \right] \right\}$
K664+000	19.96	1.06	$PCI = 100 \times \left\{ 1 - \exp\left[-\left(\frac{19.96}{y}\right)^{1.06} \right] \right\}$
K665+000	21.39	0.98	$PCI = 100 \times \left\{ 1 - \exp\left[-\left(\frac{21.39}{y}\right)^{0.98} \right] \right\}$
K666+000	19.79	1.07	$PCI = 100 \times \left\{ 1 - \exp\left[-\left(\frac{19.79}{y}\right)^{1.07} \right] \right\}$
K667+000	19.43	1.11	$PCI = 100 \times \left\{ 1 - \exp\left[-\left(\frac{19.43}{y}\right)^{1.11} \right] \right\}$
K668+000	20.56	1.02	$PCI = 100 \times \left\{ 1 - \exp\left[-\left(\frac{20.56}{y}\right)^{1.02} \right] \right\}$
K669+000	20.19	1.06	$PCI = 100 \times \left\{ 1 - \exp\left[-\left(\frac{20.19}{y}\right)^{1.06} \right] \right\}$
K670+000	20.75	1.02	$PCI = 100 \times \left\{ 1 - \exp\left[-\left(\frac{20.75}{y}\right)^{1.02} \right] \right\}$
K671+000	20.34	1.03	$PCI = 100 \times \left\{ 1 - \exp\left[-\left(\frac{20.34}{y}\right)^{1.03} \right] \right\}$
K672+000	20.18	1.06	$PCI = 100 \times \left\{ 1 - \exp\left[-\left(\frac{20.18}{y}\right)^{1.06} \right] \right\}$

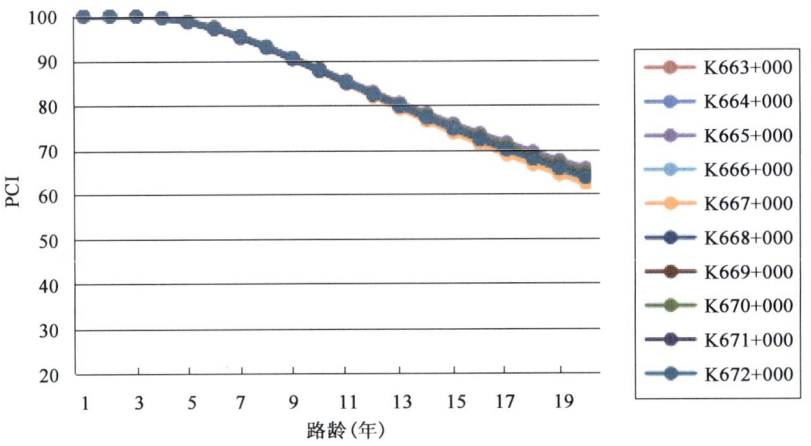

图5-12　东部-赤峰赤大高速公路标准单元路段的PCI衰变拟合曲线

同时,为了表征抽样检测路段的整体性能衰变规律,对赤大高速公路的10km检测PCI数据按照熵值赋权法处理,综合指标的计算结果如表5-5所示。以路段综合性能指标为基础进行标定得到PCI衰变模型的模型参数如表5-6所示,PCI衰变曲线如图5-13所示。

基于熵值赋权法的赤大高速公路路段综合PCI计算结果　　　　　表5-5

路段编号	1	2	3	4	5	6	7	8	9	10
PCI_{2015}	92.92	92.85	92.82	92.92	93.05	92.80	93.09	92.85	92.72	93.11
PCI_{2016}	90.48	90.26	90.42	90.30	90.38	90.29	90.55	90.37	90.18	90.56
P_{ij2015}	0.507	0.507	0.507	0.507	0.507	0.507	0.507	0.507	0.507	0.507
P_{ij2016}	0.493	0.493	0.493	0.493	0.493	0.493	0.493	0.493	0.493	0.493
e_j	1.000	1.000	1.000	1.000	1.000	1.000	1.000	1.000	1.000	1.000
g_j	0.000	0.000	0.000	0.000	0.000	0.000	0.000	0.000	0.000	0.000
权重	0.092	0.105	0.089	0.107	0.111	0.098	0.101	0.096	0.101	0.101
综合PCI_{2016}	92.92									
综合PCI_{2017}	90.37									

注:路段编号1~10对应着起始桩号为K663+000~K672+000的10个标准单元路段。

赤大高速公路路段综合PCI衰变模型标定结果　　　　　表5-6

道路名称	α	β	衰变方程
赤大高速公路	20.25	1.05	$PCI = 100 \times \left\{ 1 - \exp\left[-\left(\dfrac{20.25}{y}\right)^{1.05} \right] \right\}$

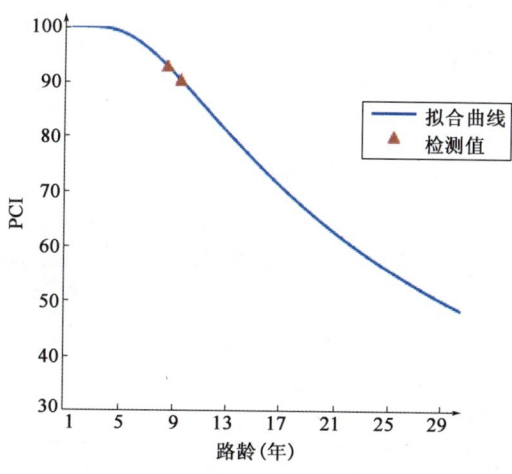

图5-13　赤大高速公路路段综合PCI衰变曲线
性能衰变曲线($R^2 = 1.0000$)

按照同样的方法,对东部地区调研的其他道路进行汇总计算。赤峰地区G303道路、呼伦贝尔地区博牙高速公路的路面破坏状况指数呈现逐年上升的趋势,表明道路进行了针对性的养护维修,在此不进行标定。呼伦贝尔地区的G301路面状况指数符合道路性能衰变规律,采用熵值综合标定的思路对整体路段进行性能标定,各路段综合PCI计算结果如表5-7所示。

基于熵值赋权法的 G301 道路路段综合 PCI 计算结果　　　　表 5-7

区段编号	1	2	3	4	5	6	7	8	9	10
PCI_{2016}	82.21	86.61	87.99	87.93	84.63	86.15	89.55	90.26	90.86	87.99
$PCI_{2017.04}$	86.95	82.02	83.61	84.30	79.27	80.36	74.22	84.37	85.32	81.17
$PCI_{2017.08}$	90.98	83.44	86.25	89.97	90.59	78.97	78.74	83.67	85.87	83.08
P_{ij2016}	0.316	0.344	0.341	0.335	0.333	0.351	0.369	0.349	0.347	0.349
$P_{ij2017.04}$	0.334	0.325	0.324	0.322	0.312	0.327	0.306	0.327	0.326	0.322
$P_{ij2017.08}$	0.350	0.331	0.334	0.343	0.356	0.322	0.325	0.324	0.328	0.329
e_j	0.999	1.000	1.000	1.000	0.999	0.999	0.997	0.999	1.000	0.999
g_j	0.001	0.000	0.000	0.000	0.001	0.001	0.003	0.001	0.000	0.001
权重	0.099	0.030	0.026	0.042	0.173	0.083	0.364	0.068	0.047	0.067
综合 PCI_{2016}	87.49									
综合 $PCI_{2017.04}$	79.45									
综合 $PCI_{2017.08}$	83.79									

注：路段编号 1~10 对应着起始桩号为 K1201+000~K1206+000、K1268+000~K1273+000 的 10 个标准单元路段。

G301 道路路段综合 PCI 衰变模型标定结果、PCI 性能衰变曲线分别见表 5-8、图 5-14。

G301 道路路段综合 PCI 衰变模型标定结果　　　　表 5-8

道路名称	α	β	衰变方程
G301	19.72	2.05	$PCI = 100 \times \left\{ 1 - \exp\left[-\left(\dfrac{19.72}{y}\right)^{2.05} \right] \right\}$

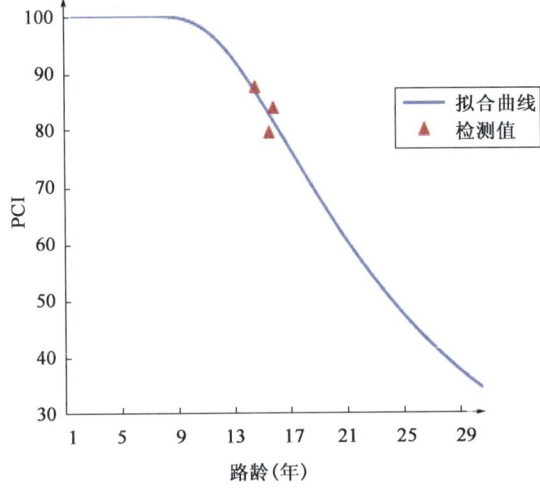

图 5-14　东部地区呼伦贝尔市 G301 道路路段综合 PCI 衰变曲线
　　　　性能衰变曲线（$R^2 = 0.4887$）

(2) 中部地区典型道路 PCI 衰变模型的标定

中部地区的典型道路以乌兰察布市的 G6 道路为例,代入 2015 年、2016 年的 PCI 检测值,反算每个单元路段所对应的模型参数初值 α、β,基于 MATLAB 平台的 nlinfit 非线性拟合函数 PCI 衰变模型初值汇总如表 5-9 所示。

G6 道路单元路段 PCI 衰变模型初值汇总　　　　表 5-9

路段编号	起 始 桩 号	模型初值 α	模型初值 β
1	K323+000	13.99	3.19
2	K324+000	14.25	2.78
3	K325+000	17.64	1.47
4	K326+000	18.23	1.46
5	K327+000	22.95	1.02
6	K328+000	17.33	1.73
7	K329+000	14.19	3.26
8	K330+000	17.21	1.85
9	K331+000	16.91	1.88
10	K332+000	14.31	3.14

注:路段编号 1~10 对应着起始桩号为 K323+000~K332+000 的 10 个标准单元路段。

利用 2015—2017 年的三年连续 PCI 检测数据,基于 MATLAB 平台的 nlinfit 函数进行非线性最优拟合,修正模型初值,衰变模型标定结果汇总如表 5-10 所示,绘制 10 个标准单元路段的典型 PCI 衰变曲线,如图 5-15 所示。

G6 道路单元路段 PCI 衰变模型标定结果汇总　　　　表 5-10

区段序号	PCI			优化结果		拟合评价		
	2015	2016	2017	α	β	残差平方和	总平方和	R^2
1	88.39	80.43	80.90	17.78	1.48	12.0045	39.9567	0.6996
2	87.15	80.03	79.43	17.30	1.49	7.1465	36.8702	0.8062
3	86.50	82.83	76.95	16.01	1.89	0.7071	46.4063	0.9848
4	87.61	84.11	78.47	16.44	1.87	0.6317	42.5110	0.9851
5	87.89	85.53	78.55	16.36	1.96	3.1763	47.1966	0.9327
6	88.92	84.92	80.53	17.16	1.78	0.0056	35.2062	0.9998
7	89.91	82.22	82.70	18.46	1.48	11.4156	37.1474	0.6927
8	89.91	85.80	86.47	30.47	0.78	3.7727	9.7048	0.6113
9	89.36	85.10	85.84	29.58	0.78	4.1193	10.3994	0.6039
10	89.83	82.43	80.93	16.88	1.82	6.2434	45.4286	0.8626

同时,为了表征抽样检测路段的整体性能衰变规律,对 G6 道路的 10km 检测 PCI 数据按照熵值赋权法处理,综合 PCI 计算结果如表 5-11 所示。以路段综合性能指标为基础进行标定得到 PCI 衰变模型的模型参数如表 5-12 所示,PCI 衰变曲线如图 5-16 所示。

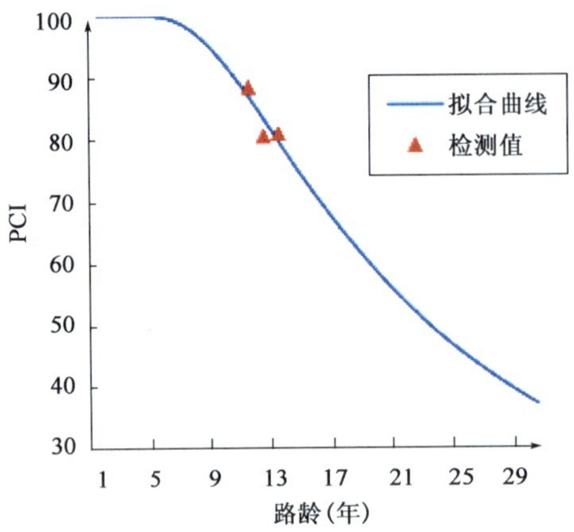

a) 区段1衰变曲线($R^2=0.6996$) 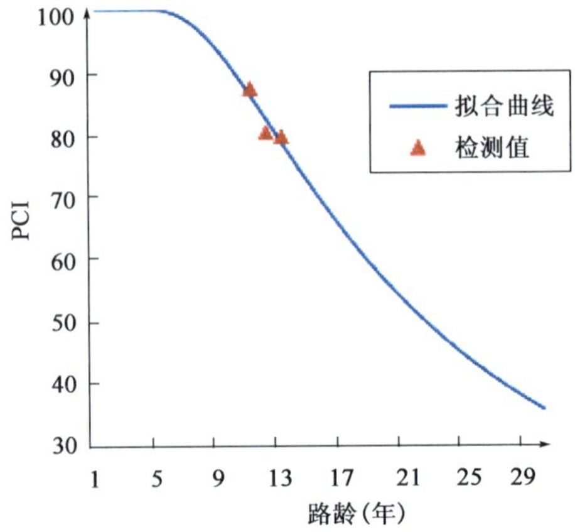   b) 区段2衰变曲线($R^2=0.8062$)

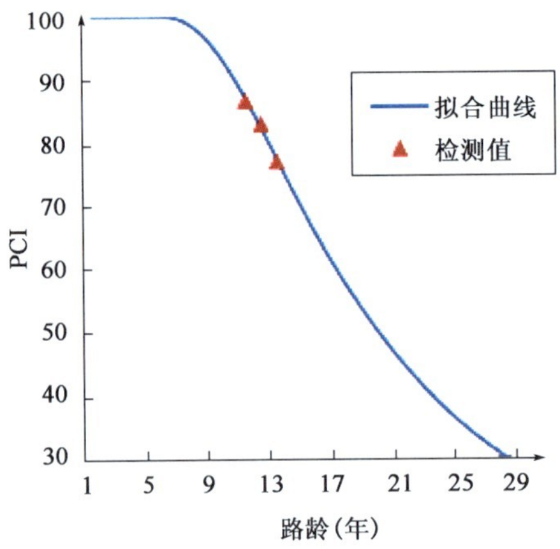

c) 区段3衰变曲线($R^2=0.9848$) 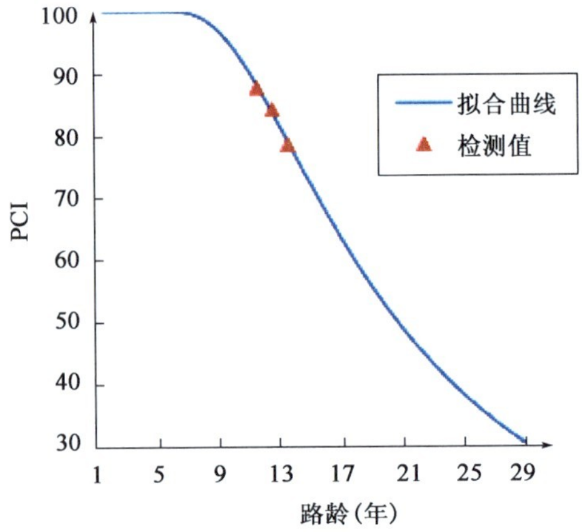   d) 区段4衰变曲线($R^2=0.9851$)

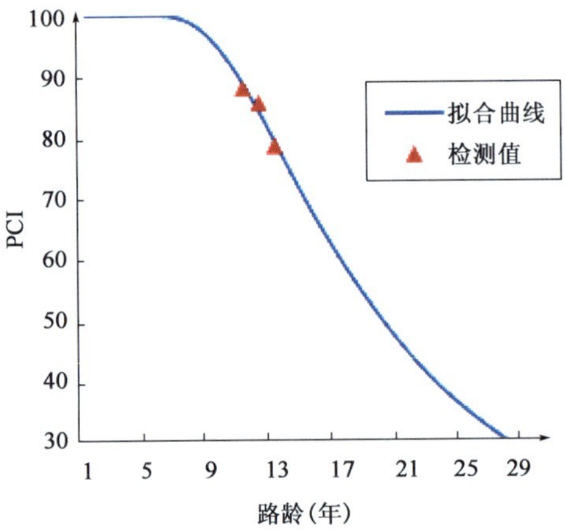

e) 区段5衰变曲线($R^2=0.9327$) 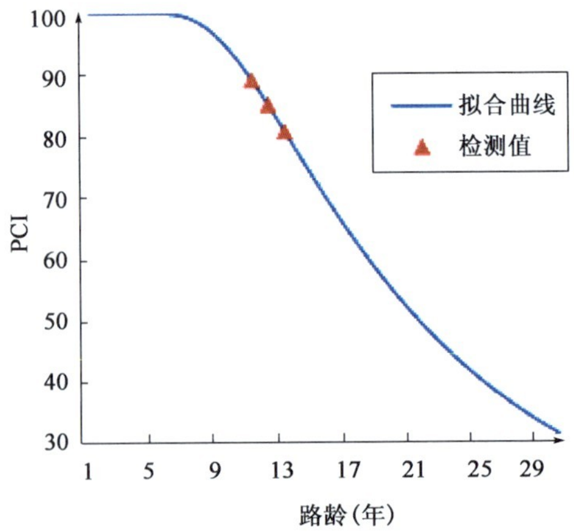   f) 区段6衰变曲线($R^2=0.9998$)

图 5-15

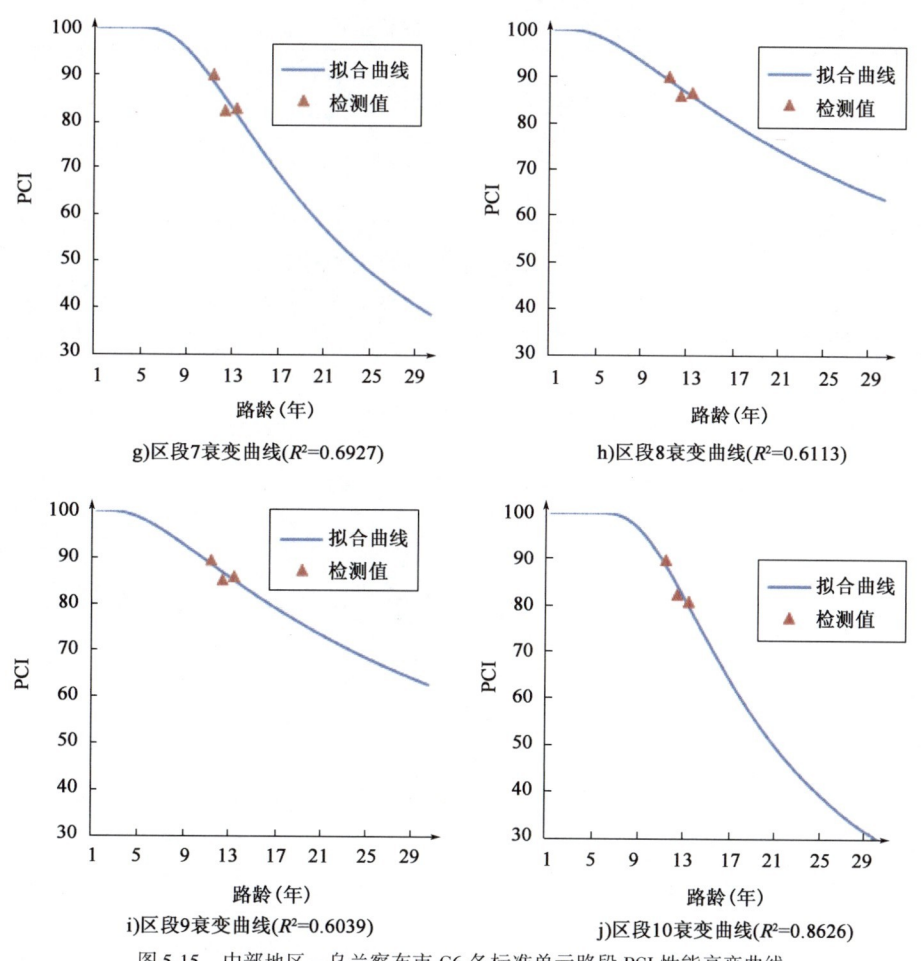

图 5-15 中部地区—乌兰察布市 G6 各标准单元路段 PCI 性能衰变曲线

基于熵值赋权法的 G6 道路路段综合 PCI 计算结果 表 5-11

区段编号	1	2	3	4	5	6	7	8	9	10
PCI_{2015}	88.39	87.15	86.50	87.61	87.89	88.92	89.91	89.91	89.36	89.83
PCI_{2016}	80.43	80.03	82.83	84.11	85.53	84.92	82.22	85.80	85.10	82.43
PCI_{2017}	80.90	79.43	76.95	78.47	78.55	80.53	82.70	86.47	85.84	80.93
P_{ij2015}	0.354	0.353	0.351	0.350	0.349	0.350	0.353	0.343	0.343	0.355
P_{ij2016}	0.322	0.325	0.336	0.336	0.339	0.334	0.323	0.327	0.327	0.326
P_{ij2017}	0.324	0.322	0.312	0.314	0.312	0.317	0.325	0.330	0.330	0.320
e_j	0.999	0.999	0.999	0.999	0.999	0.999	0.999	1.000	1.000	0.999
g_j	0.001	0.001	0.001	0.001	0.001	0.001	0.001	0.000	0.000	0.001
权重	0.114	0.108	0.139	0.123	0.135	0.098	0.102	0.025	0.028	0.127
综合 PCI_{2015}	88.28									
综合 PCI_{2016}	83.00									
综合 PCI_{2017}	80.00									

注:路段编号 1~10 对应着起始桩号为 K323+000~K332+000 的 10 个标准单元路段。

G6 道路路段综合 PCI 衰变模型标定结果　　　　　　　　　　　　　　　表 5-12

道 路 名 称	α	β	衰变方程	R^2
乌兰察布市 G6	17.13	1.68	$PCI = 100 \times \left\{ 1 - \exp\left[-\left(\frac{17.13}{y}\right)^{1.68} \right] \right\}$	0.9737

中部地区其他几条道路的路面破损状况指数按照类似的方法进行标定,其中 G55、G110 的 PCI 数据呈现逐年上升的趋势,在此不予标定;G208 道路路段综合 PCI 计算结果见表 5-13。以路段综合性能指标为基础进行标定得到 PCI 衰变模型的模型参数如表 5-14 所示,PCI 衰变曲线如图 5-17 所示。

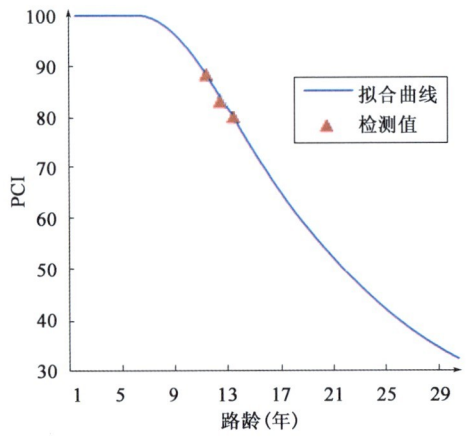

图 5-16　中部地区—乌兰察布市 G6 路段综合 PCI 性能衰变曲线($R^2 = 0.9737$)

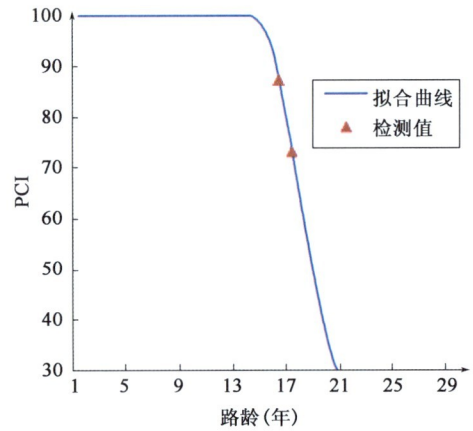

图 5-17　中部地区—乌兰察布市 G208 路段综合 PCI 性能衰变曲线($R^2 = 1.0000$)

基于熵值赋权法的 G208 道路路段综合 PCI 计算结果　　　　　　　　　　表 5-13

路段编号	1	2	3	4	5	6	7	8	9	10
PCI_{2016}	85.76	84.75	82.73	73.85	87.93	89.42	87.16	88.81	90.60	83.21
PCI_{2017}	69.96	77.40	76.57	69.19	79.21	75.12	72.20	71.26	81.77	84.45
P_{ij2016}	0.551	0.523	0.519	0.516	0.507	0.507	0.507	0.507	0.507	0.507
P_{ij2017}	0.449	0.477	0.481	0.484	0.493	0.493	0.493	0.493	0.493	0.493
e_j	0.993	0.999	0.999	0.999	0.998	0.995	0.994	0.991	0.998	1.000
g_j	0.007	0.001	0.001	0.001	0.002	0.005	0.006	0.009	0.002	0.000
权重	0.212	0.042	0.031	0.022	0.056	0.155	0.181	0.247	0.054	0.001
综合 PCI_{2015}	87.32									
综合 PCI_{2016}	73.16									

注:路段编号 1~10 对应着起始桩号为 K301 +000 ~ K311 +000 的 10 个标准单元路段。

乌兰察布市 G208 道路路段综合 PCI 衰变模型标定结果　　　　表 5-14

道路名称	α	β	衰变方程
乌兰察布市 G208	17.64	7.44	$PCI = 100 \times \left\{ 1 - \exp\left[-\left(\dfrac{17.64}{y}\right)^{7.44} \right] \right\}$

5.6 基于三维检测方法衰变模型的验证

路面损坏状况很复杂,包括多种损坏类型。根据目前我国的实践水平,选择综合指标——路面状况指数 PCI(Pavement Condition Index)作为表征路面损坏状况的指标。PCI 包含路面裂缝、变形、磨损等各类损坏,具有含义明确,表征力强,易于与以往研究成果相衔接等优点。表面病害精细化识别与 PCI 的准确计算对于后续养护管理策略的制定至关重要。项目组对内蒙古寒区进行分区,完成不同分区路段的三维检测。三维检测调研道路情况汇总见表 5-15。

三维检测调研道路情况汇总　　　　表 5-15

调研日期	区位	道路名称	调研桩号
2016 年 6 月	中部:乌兰察布市	G6	K323+000 ~ K333+000
	中部:乌兰察布市	G55	K326+000 ~ K336+000
2016 年 8 月	东部:赤峰市	G16	K663+000 ~ K673+000
	东部:赤峰市	G303	K733+000 ~ K743+000
	东部:呼伦贝尔市	G301	K1201+000 ~ 1206+000 K1268+000 ~ 1273+000
	东部:呼伦贝尔市	博牙高速公路	K1065+000 ~ 1074+000 K1086+000 ~ 1095+000
2017 年 4 月	中部:乌兰察布市	G6	K323+000 ~ K333+000
	中部:乌兰察布市	G55	K326+000 ~ K336+000
	东部:赤峰市	G16	K663+000 ~ K673+000
	东部:赤峰市	G303	K733+000 ~ K743+000
	东部:呼伦贝尔市	G301	K1201+000 ~ 1206+000 K1268+000 ~ 1273+000
	东部:呼伦贝尔市	博牙高速公路	K1065+000 ~ 1074+000 K1086+000 ~ 1095+000
2017 年 8 月	东部:赤峰市	G16	K663+000 ~ K673+000
	东部:赤峰市	G303	K733+000 ~ K743+000
	东部:呼伦贝尔市	G301	K1201+000 ~ 1206+000 K1268+000 ~ 1273+000
	东部:呼伦贝尔市	博牙高速公路	K1065+000 ~ 1074+000 K1086+000 ~ 1095+000
2017 年 12 月	东部:赤峰市	G303	K733+000 ~ K743+000

为了直观分析三维与二维检测 PCI 的差异性,以差异率来作为直观的评判指标,差异率 η 定义如下:

$$\eta = \frac{\text{PCI}_{\text{二维}} - \text{PCI}_{\text{三维}}}{\text{PCI}_{\text{二维}}} \times 100\% \tag{5-15}$$

式中:$\text{PCI}_{\text{二维}}$——采用传统二维检测技术计算所得路面破损状况指数;

$\text{PCI}_{\text{三维}}$——采用三维检测技术计算所得路面破损状况指数。

分别计算三次调研各路段的 PCI 差异率,如图 5-18～图 5-20 所示。

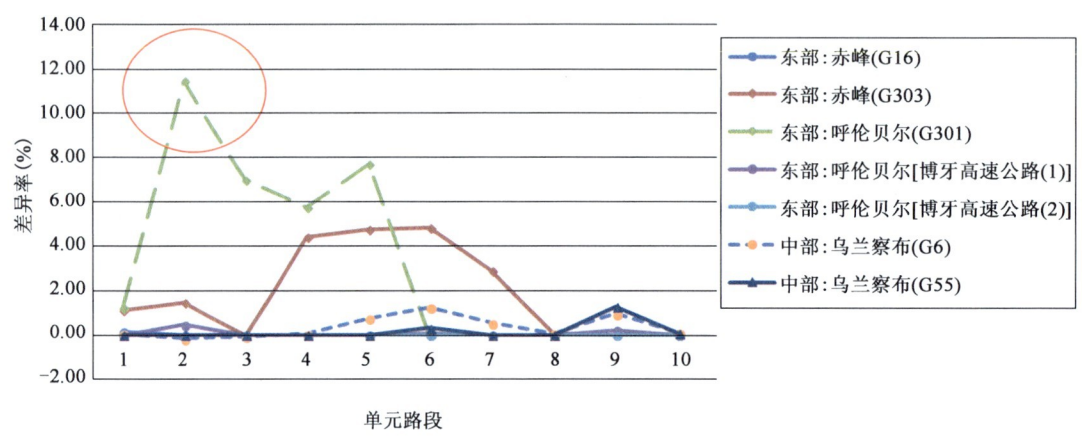

图 5-18　2016 年 6 月三维检测与二维检测差异率对比

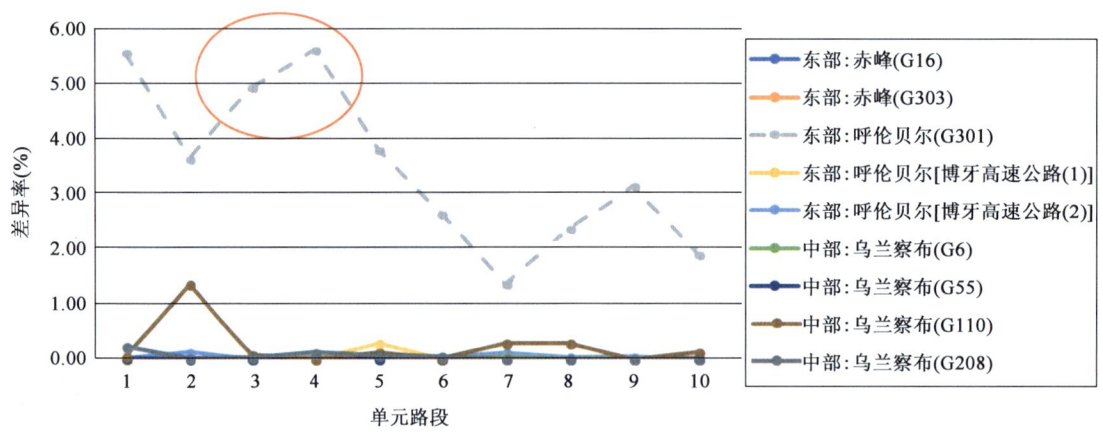

图 5-19　2017 年 4 月三维检测与二维检测差异率对比

综合三次三维实际道路的检测结果,东部地区呼伦贝尔市 G301 道路的三维与二维检测数据的整体差异性较大,实地调研的结果表明,G301 变形类病害(车辙、沉陷、拥包、波浪等)较为显著,三维检测可以对二维检测进行修正,更为精细化识别,为后续养护维修决策的制定提供有益参考。

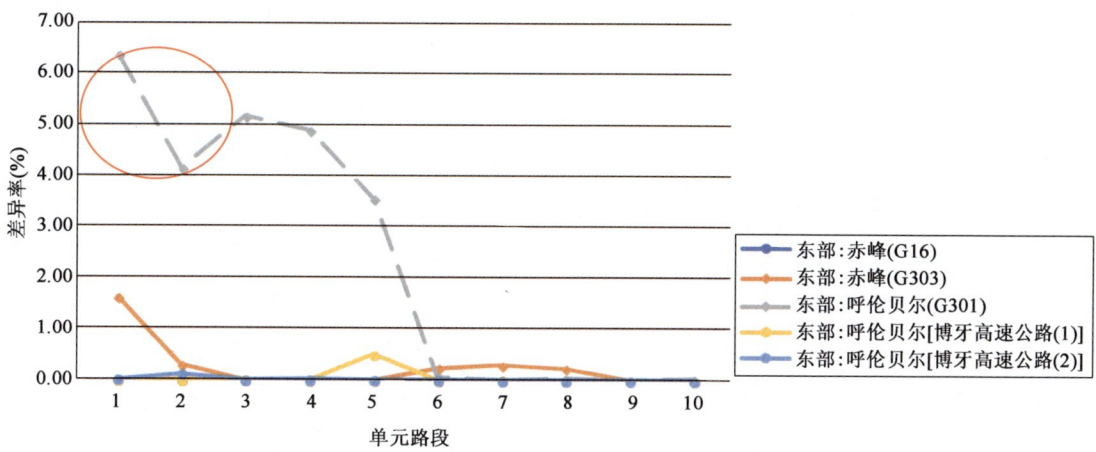

图 5-20　2017 年 8—12 月三维检测与二维检测差异率对比

（1）中部地区乌兰察布市 G6 道路三维检测与二维检测对比

中部地区选取乌兰察布市 G6 道路作为典型道路进行分析，项目组分别于 2016 年 6 月、2017 年 4 月进行了两次三维检测，整理如表 5-16 所示，并绘制差异率曲线，如图 5-18、图 5-19 所示。

乌兰察布 G6 二维检测与三维检测对比　　　　　　　　表 5-16

时　　间	起 始 桩 号	终 止 桩 号	三维 PCI 均值	二维 PCI 均值	差　异　性
2016 年 6 月	K1201+000	K1202+000	80.39	80.43	0.04%
2016 年 6 月	K1202+000	K1203+000	80.16	80.03	-0.17%
2016 年 6 月	K1203+000	K1204+000	82.89	82.83	-0.08%
2016 年 6 月	K1204+000	K1205+000	84.06	84.11	0.06%
2016 年 6 月	K1205+000	K1206+000	84.87	85.53	0.77%
2016 年 6 月	K1268+000	K1269+000	83.84	84.92	1.26%
2016 年 6 月	K1269+000	K1270+000	81.76	82.22	0.56%
2016 年 6 月	K1270+000	K1271+000	85.74	85.80	0.07%
2016 年 6 月	K1271+000	K1272+000	84.26	85.10	0.98%
2016 年 6 月	K1272+000	K1273+000	82.33	82.43	0.12%
2017 年 4 月	K1201+000	K1202+000	80.90	80.90	0.00%
2017 年 4 月	K1202+000	K1203+000	79.42	79.43	0.01%
2017 年 4 月	K1203+000	K1204+000	76.95	76.95	0.00%
2017 年 4 月	K1204+000	K1205+000	78.45	78.47	0.02%
2017 年 4 月	K1205+000	K1206+000	78.53	78.55	0.02%
2017 年 4 月	K1268+000	K1269+000	80.52	80.53	0.01%
2017 年 4 月	K1269+000	K1270+000	82.66	82.70	0.05%
2017 年 4 月	K1270+000	K1271+000	86.47	86.47	0.01%
2017 年 4 月	K1271+000	K1272+000	85.84	85.84	0.00%
2017 年 4 月	K1272+000	K1273+000	80.91	80.93	0.02%

二次调研乌兰察布市 G6 道路三维检测 PCI 对比,如图 5-21、图 5-22 所示。

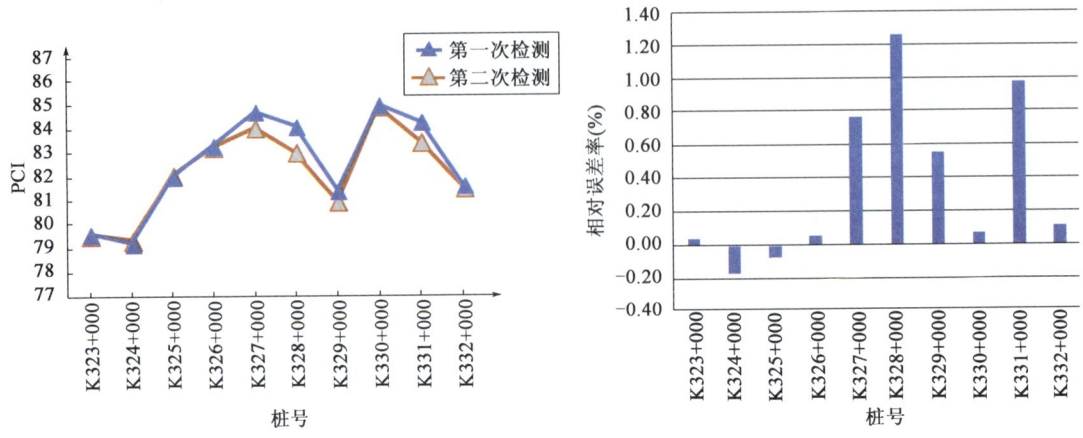

图 5-21　2016 年 6 月乌兰察布市 G6 三维检测 PCI 对比

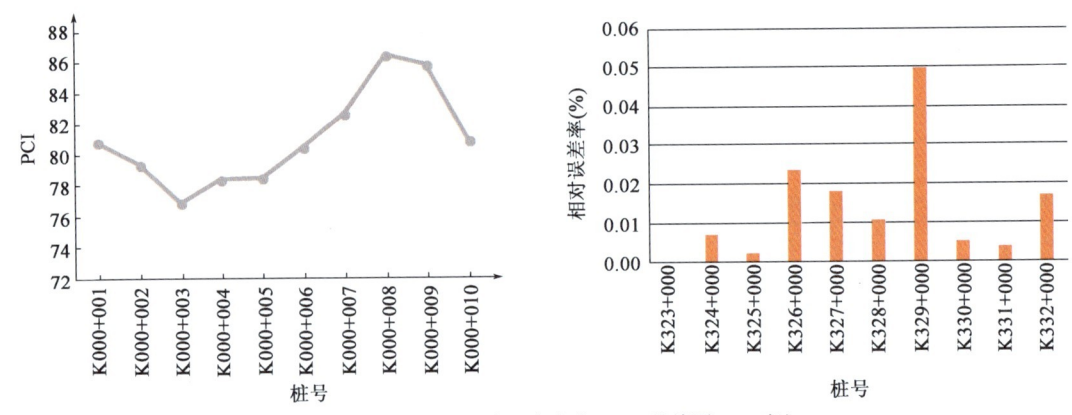

图 5-22　2017 年 4 月乌兰察布市 G6 三维检测 PCI 对比

按照前文中衰变模型的标定思路,依据 2016 年 6 月、2017 年 4 月检测的三维检测数据进行 PCI 三维衰变模型的标定(表 5-17、表 5-18),衰变曲线如图 5-23 所示。

基于熵值赋权法的 G6 道路路段综合 PCI 计算结果(三维检测)　　表 5-17

路段编号	1	2	3	4	5	6	7	8	9	10
PCI_{2016}	80.39	80.16	82.89	84.06	84.87	83.84	81.76	85.74	84.26	82.33
PCI_{2017}	80.90	79.42	76.95	78.45	78.53	80.52	82.66	86.47	85.84	80.91
P_{ij2016}	0.498	0.502	0.519	0.517	0.519	0.510	0.497	0.498	0.495	0.504
P_{ij2017}	0.502	0.498	0.481	0.483	0.481	0.490	0.503	0.502	0.505	0.496
e_j	1.000	1.000	0.999	0.999	0.999	1.000	1.000	1.000	1.000	1.000
g_j	0.000	0.000	0.001	0.001	0.001	0.000	0.000	0.000	0.000	0.000
权重	0.002	0.005	0.293	0.252	0.318	0.087	0.006	0.004	0.018	0.016
综合 PCI_{2016}	83.90									
综合 PCI_{2017}	78.46									

注:路段编号 1~10 对应着起始桩号为 K323+000~K333+000 的 10 个标准单元路段。

G6 京藏高速公路路段综合 PCI 衰变模型标定结果（三维检测与二维检测） 表 5-18

道 路 名 称	α	β	衰 变 方 程
G6 京藏高速公路（三维检测）	15.84	2.17	$PCI = 100 \times \left\{ 1 - \exp\left[-\left(\frac{15.84}{y}\right)^{2.17} \right] \right\}$
G6 京藏高速公路（二维检测）	17.13	1.68	$PCI = 100 \times \left\{ 1 - \exp\left[-\left(\frac{17.13}{y}\right)^{1.68} \right] \right\}$

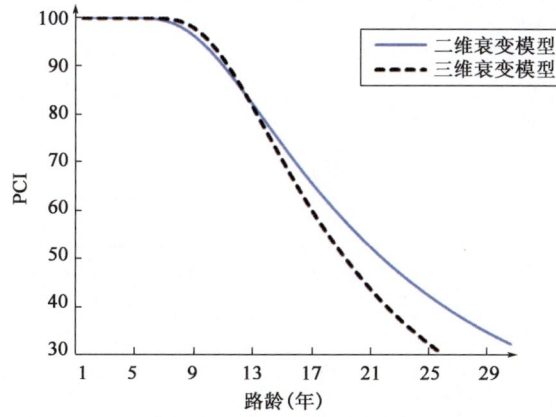

图 5-23　中部地区乌兰察布 G6 路段综合 PCI 性能
衰变曲线（三维检测，$R^2 = 1.0000$）

对于中部地区的 G6 道路来说，道路的三维变形类病害不显著，三维衰变模型的参数与二维衰变模型的标定参数具有良好的一致性，三维标定的数据可以更为精确修正和验证二维衰变模型。

(2) 东部地区呼伦贝尔 G301 道路三维检测与二维检测对比

东部地区选取呼伦贝尔 G301 道路作为典型道路进行分析，项目组分别于 2016 年 8 月、2017 年 4 月、2017 年 8 月进行了三次三维检测，整理如表 5-19 所示，并绘制差异率曲线，如图 5-24～图 5-26 所示。

呼伦贝尔 G301 二维检测与三维检测对比 表 5-19

时 间	起 始 桩 号	终 止 桩 号	三维检测 PCI 平均值	二维检测 PCI 平均值	差异性（%）
2016 年 8 月	K1201 + 000	K1202 + 000	81.16	82.21	1.28
2016 年 8 月	K1202 + 000	K1203 + 000	76.66	86.61	11.48
2016 年 8 月	K1203 + 000	K1204 + 000	81.82	87.99	7.02
2016 年 8 月	K1204 + 000	K1205 + 000	82.86	87.93	5.76
2016 年 8 月	K1205 + 000	K1206 + 000	78.09	84.63	7.74
2016 年 8 月	K1268 + 000	K1269 + 000	86.15	86.15	0.00
2016 年 8 月	K1269 + 000	K1270 + 000	89.55	89.55	0.00
2016 年 8 月	K1270 + 000	K1271 + 000	90.26	90.26	0.00
2016 年 8 月	K1271 + 000	K1272 + 000	90.86	90.86	0.00

续上表

时间	起始桩号	终止桩号	三维检测PCI平均值	二维检测PCI平均值	差异性(%)
2016年8月	K1272+000	K1273+000	87.99	87.99	0.00
2017年4月	K1201+000	K1202+000	82.10	86.95	5.57
2017年4月	K1202+000	K1203+000	79.03	82.02	3.65
2017年4月	K1203+000	K1204+000	79.49	83.61	4.94
2017年4月	K1204+000	K1205+000	79.56	84.30	5.62
2017年4月	K1205+000	K1206+000	76.26	79.27	3.80
2017年4月	K1268+000	K1269+000	78.23	80.36	2.64
2017年4月	K1269+000	K1270+000	73.20	74.22	1.37
2017年4月	K1270+000	K1271+000	82.37	84.37	2.37
2017年4月	K1271+000	K1272+000	82.63	85.32	3.15
2017年4月	K1272+000	K1273+000	79.63	81.17	1.91
2017年8月	K1201+000	K1202+000	85.18	90.98	6.37
2017年8月	K1202+000	K1203+000	79.98	83.44	4.15
2017年8月	K1203+000	K1204+000	81.79	86.25	5.17
2017年8月	K1204+000	K1205+000	85.57	89.97	4.89
2017年8月	K1205+000	K1206+000	87.37	90.59	3.55
2017年8月	K1268+000	K1269+000	78.93	78.97	0.06
2017年8月	K1269+000	K1270+000	78.74	78.74	0.00
2017年8月	K1270+000	K1271+000	83.64	83.67	0.03
2017年8月	K1271+000	K1272+000	85.87	85.87	0.00
2017年8月	K1272+000	K1273+000	83.06	83.08	0.04

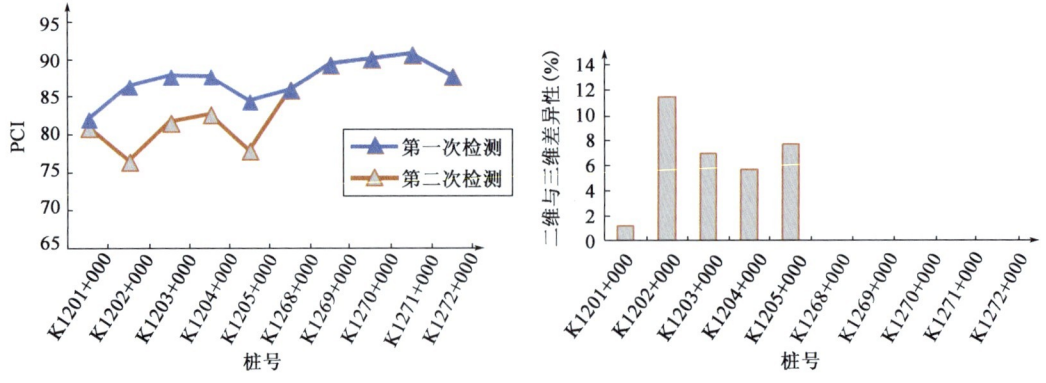

图5-24 2016年8月呼伦贝尔G301二维检测与三维检测PCI对比

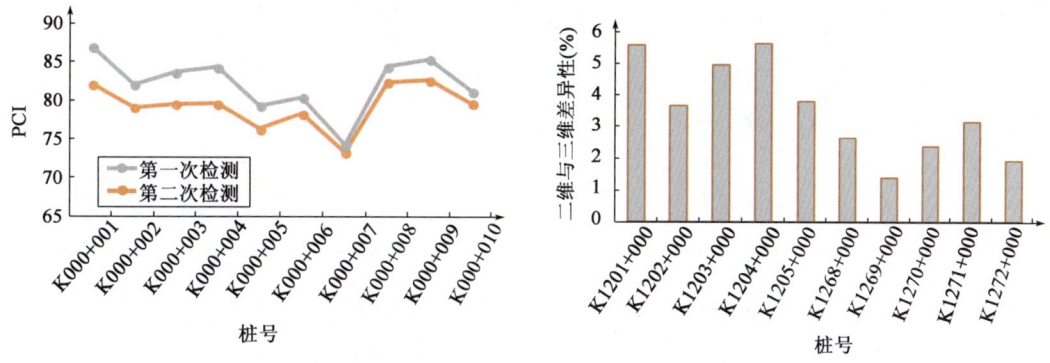

图 5-25 2017 年 4 月呼伦贝尔 G301 二维检测与三维检测 PCI 对比

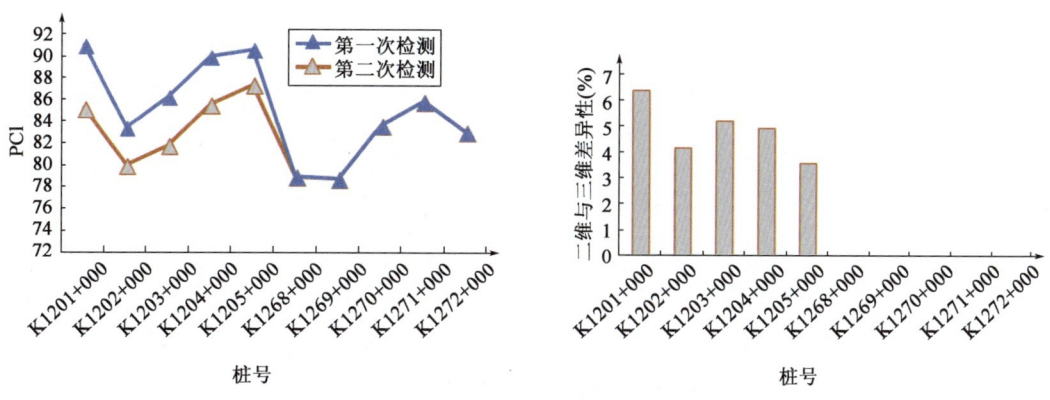

图 5-26 2017 年 8 月呼伦贝尔 G301 二维检测与三维检测 PCI 对比

按照前文中衰变模型的标定思路,依据 2016 年 8 月、2016 年 4 月、2017 年 8 月检测的三维检测数据进行 PCI 三维衰变模型的标定,相关结果见表 5-20、表 5-21,衰变曲线见图 5-27。

基于熵值赋权法的 G301 道路路段综合 PCI 计算结果(三维检测)　　　　表 5-20

区段编号	1	2	3	4	5	6	7	8	9	10
PCI_{2016}	81.16	76.66	81.82	82.86	78.09	86.15	89.55	90.26	90.86	87.99
$PCI_{2017.04}$	82.10	79.03	79.49	79.56	76.26	78.23	73.20	82.37	82.63	79.63
$PCI_{2017.08}$	85.18	79.98	81.79	85.57	87.37	78.93	78.74	83.64	85.87	83.06
P_{ij2016}	0.327	0.325	0.337	0.334	0.323	0.354	0.371	0.352	0.350	0.351
$P_{ij2017.04}$	0.330	0.335	0.327	0.321	0.315	0.322	0.303	0.321	0.319	0.318
$P_{ij2017.08}$	0.343	0.339	0.336	0.345	0.361	0.324	0.326	0.326	0.331	0.331
e_j	1.000	1.000	1.000	1.000	0.998	0.999	0.997	0.999	0.999	0.999
g_j	0.000	0.000	0.000	0.000	0.002	0.001	0.003	0.001	0.001	0.001
权重	0.022	0.016	0.009	0.046	0.187	0.100	0.367	0.085	0.079	0.088
综合 PCI_{2016}	86.31									
综合 $PCI_{2017.04}$	77.01									
综合 $PCI_{2017.08}$	82.24									

注:路段编号 1~10 对应着起始桩号为 K1201+000~K1206+000、K1268+000~K1273+000 的 10 个标准单元路段。

G301 道路路段综合 PCI 衰变模型标定结果(三维检测与二维检测)　　表 5-21

道路名称	α	β	衰变方程
G301(三维检测)	18.81	2.21	$PCI = 100 \times \left\{ 1 - \exp\left[-\left(\frac{18.81}{y}\right)^{2.21} \right] \right\}$
G301(二维检测)	19.72	2.05	$PCI = 100 \times \left\{ 1 - \exp\left[-\left(\frac{19.72}{y}\right)^{2.05} \right] \right\}$

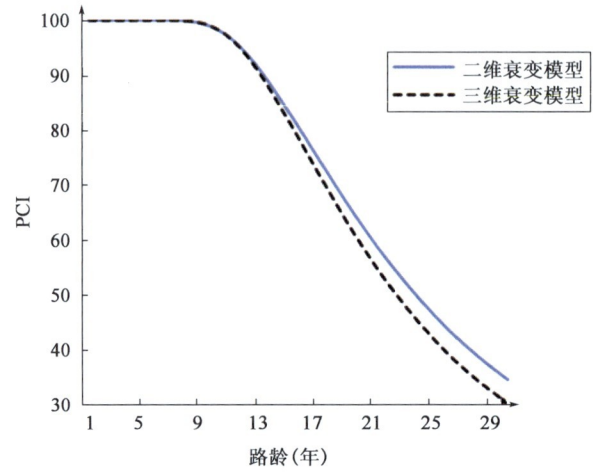

图 5-27　东部地区呼伦贝尔 G301 道路路段综合 PCI 性能衰变曲线(三维检测与二维检测)

对于东部地区的 G301 道路来说,道路表面的三维检测变形类病害较为显著,三维衰变模型的参数与二维衰变模型的标定参数具有良好的一致性,三维标定的数据可以更为精确修正和验证二维衰变模型。

5.7　本章小结

项目组考虑内蒙古独特的气候与地理条件,按照东、中、西三个片区进行沥青道路调研,重点关注道路的破损状况指数(PCI),基于室内试验开发的三维检测技术,收集了实际服役状况下的典型道路路面性能数据,并与传统二维检测方案进行了对比。主要得出以下结论:

(1)通过梳理国内外常用的路面性能衰变模型,考虑到工程应用便捷性与预测的准确性,项目组最终采用回归分析模型作为路面性能衰变模型,模型选择了同济大学提出的两参数标准衰变模型。同时为了表征整体路段的综合性能,项目组引入熵值的思想,定量计算各标准单元路段的权重,为路段性能综合评价提供了有益的参考。

(2)项目组建立了路面性能标定的基本程序,对于仅有两年检测数据的道路采用反解方程的方法计算模型参数。对于含有三年以上检测数据的道路,采用非线性拟合的方法进行拟合,项目基于 MATLAB 平台编制了便捷的非线性拟合程序,后续检测数据的积累可对性能衰变方程进行动态修正与优化。

（3）项目组在二维检测数据基础上，研究了路面三维重建模型和倾斜校正算法，使用三角网格技术、矩阵变换技术和彩色渲染技术，重构沉陷、拥包、车辙等三维变形类破损信息，利用检测数据对路面特征的精准计算，进一步提高了三维变形类破损检测的准确性，弥补了现有检测技术无法检测三维变形类破损的空白，提供了更为全面的寒区路面破损数据。三维检测数据可以对二维衰变模型进行验证与优化，提升衰变模型的精度。汇总本章建立的二维与三维性能衰变模型，整理如表 5-22 所示。

不同分区典型道路 PCI 性能衰变（三维检测与二维检测） 表 5-22

分区	道路名称	通车年份（年）	PCI 衰变模型（二维）	PCI 衰变模型（三维）
东部	赤大高速公路	2007	$PCI = 100 \times \left\{ 1 - \exp\left[-\left(\frac{20.25}{y}\right)^{1.05} \right] \right\}$	三维数据呈现递增趋势，未进行标定
东部	省际通道	2005	$PCI = 100 \times \left\{ 1 - \exp\left[-\left(\frac{14.71}{y}\right)^{2.55} \right] \right\}$	$PCI = 100 \times \left\{ 1 - \exp\left[-\left(\frac{14.72}{y}\right)^{2.45} \right] \right\}$
东部	博牙高速公路	2012	数据呈递增趋势，未进行标定	数据呈递增趋势，未进行标定
东部	G301	2002	$PCI = 100 \times \left\{ 1 - \exp\left[-\left(\frac{19.72}{y}\right)^{2.05} \right] \right\}$	$PCI = 100 \times \left\{ 1 - \exp\left[-\left(\frac{18.81}{y}\right)^{2.21} \right] \right\}$
中部	G6 京藏高速公路	2004	$PCI = 100 \times \left\{ 1 - \exp\left[-\left(\frac{17.13}{y}\right)^{1.68} \right] \right\}$	$PCI = 100 \times \left\{ 1 - \exp\left[-\left(\frac{15.84}{y}\right)^{2.17} \right] \right\}$
中部	G55 二广高速公路	2006	数据呈递增趋势，未进行标定	数据呈递增趋势，未进行标定
中部	G110 集宁段	2012	数据呈递增趋势，未进行标定	数据呈递增趋势，未进行标定
中部	G208 集宁段	2000	$PCI = 100 \times \left\{ 1 - \exp\left[-\left(\frac{17.64}{y}\right)^{7.44} \right] \right\}$	三维数据呈递增趋势，未进行标定

第4篇 路面养护决策与对策篇

第6章　基于效益费用比模型的沥青路面养护决策体系

为了获取更好的养护效果,为内蒙古自治区沥青路面养护决策提供依据,在三维检测技术及其指标研究的基础上,引入基于效益费用比的决策模型,建立精细化、科学化、高效化的沥青路面养护决策体系,进而延长沥青路面使用寿命,提升使用性能,节约养护管理成本,为搭建便捷、高效的养护管理平台提供指导。

6.1　养护决策指标分析与性能预测研究

6.1.1　三维检测PCI决策指标

路面损坏状况很复杂,包括多种损坏类型。根据目前我国的实践水平,选择综合指标——路面状况指数 PCI(Pavement Condition Index)作为表征路面损坏状况的指标。PCI 包含路面裂缝、变形、磨损等各类损坏,具有含义明确,表征力强,易于与以往研究成果相衔接等优点。项目提出的三维检测技术可以更为精确地识别坑槽、裂缝、拥包、车辙等三维病害,根据相关规范,PCI 的计算方法如下:

$$PCI = 100 - \alpha_0 DR^{\alpha_i} \tag{6-1}$$

$$DR = 100 \times \frac{\sum_{i=1}^{i_0} w_i A_i}{A} \tag{6-2}$$

式中:DR——路面破损率,为各种损坏的折合损坏面积和与路面调查面积的百分比(%);

A_i——第 i 类路面损坏的面积(m^2);

A——调查的路面面积(m^2),调查长度与有效宽度之积;

w_i——第 i 类路面损坏的权重;

α_0——模型参数,沥青路面取 16.00,水泥路面取 10.66,砂石路面取 10.10;

α_i——模型参数,沥青路面取 0.412,水泥路面取 0.461,砂石路面取 0.487;

i——考虑损坏程度(轻、中、重)的第 i 项路面损坏类型;

i_0——考虑损坏程度(轻、中、重)的损坏类型总数,沥青路面取 21,水泥路面取 20,砂石路面取 6。

沥青路面损坏类型和权重如表 6-1 所示。

沥青路面损坏类型和权重 表6-1

类型(i)	损坏类别	损坏类型	损坏程度	权重(w_i)	计量单位
1	裂缝类	龟裂	轻	0.6	面积 m²
2			中	0.8	
3			重	1.0	
4		块状裂缝	轻	0.6	面积 m²
5			重	0.8	
6		纵向裂缝	轻	0.6	长度 m（影响宽度:0.2m）
7			重	1.0	
8		横向裂缝	轻	0.6	长度 m（影响宽度:0.2m）
9			重	1.0	
10	表面损坏类	坑槽	轻	0.8	面积 m²
11			重	1.0	
12		松散	轻	0.6	面积 m²
13			重	1.0	
14	变形类	沉陷	轻	0.6	面积 m²
15			重	1.0	
16		车辙	轻	0.6	长度 m（影响宽度:0.4m）
17			重	1.0	
18		波浪拥包	轻	0.6	面积 m²
19			重	1.0	
20	其他类	泛油	—	0.2	面积 m²
21		修补	—	0.1	面积 m²

6.1.2 基于灰色系统理论的预养护性能预测

对于原始路面的数据,项目组在前文中进行了典型衰变模型的标定,但是限于项目周期短、养护历史数据积累年限短,养护后的三维指标预测还很匮乏。

从国内外预测模型研究现状可以看出,目前所应用的预测模型大部分需要大量的历史观测数据进行回归后方能确定。而我国高速公路运营的时间不过短短几十年,对其路面使用性能的研究起步很晚,相关的性能检测数据非常有限。同时,许多模型只适用于特定的地区,移植性差。再者就是路况本身受到行车荷载、气候条件、工程施工水平、测设仪器和方法等多种因素的影响,使路面使用性能的预测具有很大的不确定性和灰色特征。因此有必要寻求在数据量较少的情况下,能解决这些具有灰色性质数据的预测模型,探索实施预防性养护措施后路面使用性能指标的衰减规律。

我国知名学者邓聚龙1982年提出著名的灰色系统理论,它把一般系统论、信息论和控制论的观点和方法延伸到社会、经济、生态等抽象系统中,是结合运用数学方法发展的一套解决灰色系统的理论和方法。30多年来,灰色预测的方法引起了国内外学者的广泛关注,其理论已经成功运用到工业、农业、社会、经济等众多领域,解决了生产、生活和科学研究中的大量实际问题。实践证明,灰色系统预测方法特别适用于历史数据较少且具有明显上升或下降趋势的数据分析预测,预测精确度较高。

灰色预测通过对部分已知信息的生成与开发去了解和认识世界,实现对系统运行行为和演化规律的正确把握和描述,是一种动态的预测方法。它将一切随机变量看作是在一定范围内变化的灰色量,将随机过程看作是在一定范围内变化的、与时间有关的灰色过程。这样,就能在较高层次处理问题,从而较为全面地揭示系统长期变化规律。基于灰色系统理论的上述优点,考虑到高速公路路段和桥面铺装性能的复杂性与不确定性,项目组采用灰色系统理论中被广泛采用的 GM(1,1) 模型对决策性能指标进行预测。

假设 N 个原始观测值为 $X^{(0)} = \{X^{(0)}(1), X^{(0)}(2), X^{(0)}(3), \cdots, X^{(0)}(N)\}$,采用累加生成法,可得到生成列为 $X^{(1)} = \{X^{(1)}(1), X^{(1)}(2), X^{(1)}(3), \cdots, X^{(1)}(N)\}$。

假设 $X^{(1)}$ 满足一阶微分方程,且该方程初始条件 $X^{(1)}(t_0)$ 已知,即

$$\frac{\mathrm{d}X^{(1)}}{\mathrm{d}t} + aX^{(1)} = u \tag{6-3}$$

解上述微分方程,可得:

$$X^{(1)}(t) = \left[X^{(1)}(t_0) - \frac{u}{a}\right]e^{-a(t-t_0)} + \frac{u}{a} \tag{6-4}$$

逐年检测的决策指标序列相当于等间隔取样,且初始条件取 $t_0 = 1$,可得到时间的响应函数:

$$X^{(1)}(k+1) = \left[X^{(1)}(1) - \frac{u}{a}\right]e^{-ak} + \frac{u}{a} \tag{6-5}$$

式中的 a、u 均为待定参数,通过最小二乘法加以确定系数,具体来说:$X^{(1)}(1)$ 为 $t_0 = 1$ 的初始条件,将 $X^{(1)}(2), X^{(1)}(3), \cdots, X^{(1)}(N)$ 代入微分方程,以差分来替代微分,可得下列 $N-1$ 个方程:

$$\begin{cases} X^{(0)}(2) = -aX^{(1)}(2) + u \\ X^{(0)}(3) = -aX^{(1)}(3) + u \\ \quad\vdots \\ X^{(0)}(N) = -aX^{(1)}(N) + u \end{cases} \tag{6-6}$$

同时考虑到差分计算过程中涉及前后两个变量,为了使得方程更加精确,将 a 的系数替代为前后均值,所以方程优化为:

$$\begin{cases} X^{(0)}(2) = -a\dfrac{X^{(1)}(1) + X^{(1)}(2)}{2} + u \\ X^{(0)}(3) = -a\dfrac{X^{(1)}(2) + X^{(1)}(3)}{2} + u \\ \quad\vdots \\ X^{(0)}(N) = -a\dfrac{X^{(1)}(N-1) + X^{(1)}(N)}{2} + u \end{cases} \tag{6-7}$$

将上述关于 a、u 的线性方程组写成矩阵的形式,可得

$$y = BU \tag{6-8}$$

其中，$y = [X^{(1)}(2), X^{(1)}(3), \cdots, X^{(1)}(N)]^T, U = [a, u]^T$

$$B = \begin{bmatrix} -\dfrac{X^{(1)}(1) + X^{(1)}(2)}{2} & 1 \\ -\dfrac{X^{(1)}(2) + X^{(1)}(3)}{2} & 1 \\ \vdots & \vdots \\ -\dfrac{X^{(1)}(N-1) + X^{(1)}(N)}{2} & 1 \end{bmatrix}$$

基于最小二乘法的参数估计值：

$$\hat{U} = [\hat{a}, \hat{u}]^T = (B^T B)^{-1} B^T y \qquad (6-9)$$

将估计值代入时间响应方程，可知生成数列的预测模型为：

$$\hat{X}^{(1)}(k+1) = \left[\hat{X}^{(1)}(1) - \frac{\hat{u}}{\hat{a}}\right] e^{-\hat{a}k} + \frac{\hat{u}}{\hat{a}} \qquad (6-10)$$

将生成列的预测值，通过相邻作差的办法，就可以还原成原有数据列的预测值。

$$\hat{x}^{(0)}(k+1) = \hat{x}^{(1)}(k+1) - \hat{x}^{(1)}(k) = (1 - e^{\hat{a}}) \cdot \left[x(0) - \frac{\hat{u}}{\hat{a}}\right] \cdot e^{-\hat{a}k} \qquad (6-11)$$

式中：$\hat{a}$、$\hat{u}$——GM(1,1)模型中的待估参数；

$\hat{a}$——发展系数，反映数列的发展态势；

$\hat{u}$——灰色作用量，反映数据变化关系。

上述预测模型所得到的结果，需要进行残差检验、关联度检验和后验差检验，其检验的指标包括相对误差 Δ、灰色绝对关联度 S、方差比 C 和小误差概率 P 等。

以上三种检验预测精度的方法中，都是通过对残差的考察来判断模型的精度，其中残差检验的相对误差 Δ 越小越好，关联度检验中绝对关联度 S 要求越大越好，后验差检验中的均方差比值 C 越小越好（因为 C 小即残差方差小，原始数据方差大，说明残差比较集中，摆动幅度小），以及小误差概率 P 越大越好。

常用的精度检验等级见表6-2所示。

精度检验等级参照表　　　　　　　　　　　　　　　　　　　　表6-2

评 价 等 级	相对误差 Δ	关 联 度 S	均方差比值 C	小概率误差 P
一级	<0.01	>0.90	<0.35	>0.95
二级	0.01~0.05	0.80~0.90	0.35~0.50	0.80~0.95
三级	0.05~0.10	0.70~0.80	0.50~0.65	0.70~0.80
四级	0.10~0.20	0.60~0.70	0.65~0.85	0.60~0.70

一般情况下，最常用的是相对误差检验指标。通过上述各项指标的检验，如果模型预测精度在二级（良好）水平以上，可以利用预测模型的计算结果；如果预测精度达不到要求，则需要进行残差修正。

6.2 基于效益-费用比的预养护决策模型的建立

6.2.1 费用分析与研究

效益-费用分析中，费用分析时着重考虑受使用性能影响的费用组成。费用分析的目的是通过不同预防性养护时机方案的经济比较,选出最佳方案,因而在费用组成中不需要考虑完全相同或差别不大的费用项目。在公路项目经济分析过程中,寿命周期成本包括的基本费用有:初期建设费用、后期养护维修费用、期末残值、用户费用。

(1) 初期建设费用

初期建设费用主要包括设计和施工费用。初期建设费用源于事先制定的工程项目、投标报价及其他早期资料。若没有早期资料参考而又采用了新型材料和技术,在列出这些项目费用时应特别留意。

(2) 后期养护维修费用

后期养护维修费用的估算是寿命周期成本分析的一个组成部分。养护费用和维修费用受路面使用状况的直接影响,它一般包括日常养护费用和大中修费用。而且,后期养护和维修的时间安排对其费用大小有很大的影响,因为养护维修费用是随着路面状况逐渐变差而增加的。此外,在决定一个具体项目的后期养护、维修需要时,路面类型、路面荷载的类型及大小、特定的环境都是重要的影响因素。

(3) 期末残值

期末残值为计算期末的价值,它可能为正,也可能为负。正值代表材料仍可利用,而负值代表处理残余材料的费用比材料本身的价值还要高。期末残值可以用计算期末残留的路面材料价值来估算,或者可用初始费用的百分比来估算,它是根据路面残余寿命的百分比或以往经验及历史资料推算的。如果可以假设每个比选方案具有相同的期末残值(并同时发生),那么这个费用因素可以忽略,不需估算。当方案的实际寿命超过计算期时,其期末残值具有较大的价值。此种方案比计算期末遭受严重破坏(几乎没有残余寿命)的方案有着更高的期末残值。

(4) 用户费用

用户费用是指使用道路的用户在使用道路过程中产生的所有费用,主要是在作业区产生的时间延误费用和车辆运行费用。用户费用的组成是路面 LCCA 的最主要的组成部分,根据各国车辆出行的特点不同而差异很大,也是费用计算分析中最重要、最复杂的。特别是在养护维修过程中,交通流很容易出现拥挤阻塞情况,这时道路用户生成的费用很复杂,如减速的时间延误和车辆运行费用、停车时间延误和车辆运行费用等,同时也考虑驾驶员主观能动地选择绕行或者变换时间出行等情况,这些都是养护维修方案选择的主要考虑因素。这些费用都需要相应的模型来进行具体的计算,在建模过程中,要充分考虑我国车辆组成复杂,驾驶员的主观性差异大,进行大量的数据测量和调查后分别确定相应的参数。具体模型的建立需要大量的数据,可能需要几十年的养护数据。

在路面养护管理系统中,系统所关注的是由于路面使用性能的差异所带来的费用和效益上的差别,所以,费用分析时应着重考虑受使用性能影响的费用组成,而不必考虑所有费用项。具体来说,对于管理部门而言,主要考虑的是日常养护费用和大中修费用;对于道路使用者而言,主要考虑的是车辆运营费;计算中外部费用部分一般不予考虑。本书的路面养护决策主要从高速公路管理部门的角度出发,针对路面的专项养护,而非日常养护。

为了提高效益费用比模型的精度,必须获取符合实际的预养护费用。本书基于中国知网 CNKI 数据库进行广泛调研,收集梳理预养护方案的单价费用,如表 6-3 所示,可为项目提供参考。

典型预养护技术成本及使用寿命　　　　　　表6-3

养护方式	成本(元/m²)	成本代表值(元/m²)	使用寿命(年)	使用寿命代表值(年)
微表处	20~24	22	3~5	4.0
SMA罩面	76~84	80	5~7	6.0
AC罩面	65~73	69	5~6	5.5
NovaChip	58~63	60	4~6	5.0
乳化沥青雾封层	16~18	17	1~2	1.5
有机硅雾封层	14~16	15	2~3	2.5

典型养护技术成本代表值统计见图6-1。

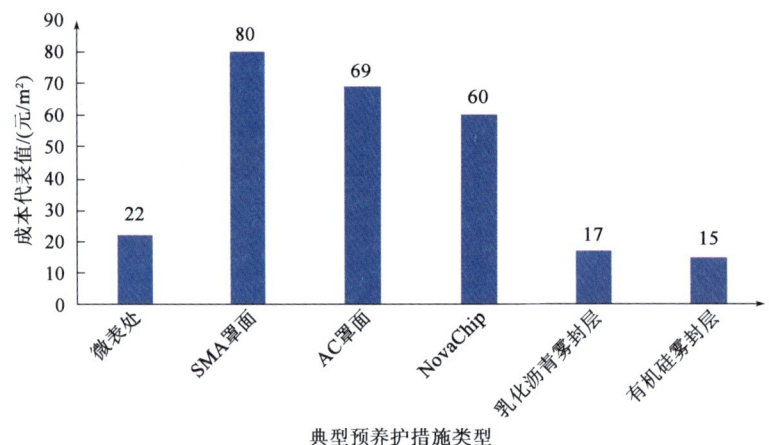

图6-1　典型养护技术成本代表值统计图

从表6-3和图6-1中可以看出,由于施工工艺、材料、施工要求等差异,不同预养护技术的养护成本有着明显的差异。为了更为精确地从费用角度衡量典型预养护技术措施的经济性,本书引入当量年费用指标EC来评价某种养护措施在使用寿命代表值内的费用特征。EC定义为:

$$\text{EC} = \frac{\tilde{C}}{\tilde{Y}} \tag{6-12}$$

式中:EC——典型预养护措施的当量年费用[元/(m²·年)];

$\tilde{C}$——典型预养护措施的单价费用(元/m²);

$\tilde{Y}$——预养护措施使用寿命代表值(年)。

由表6-4、图6-2中可以清晰地看出,如果从当量年费用角度出发,当量年费用越少,说明投入的费用越少,换言之,投入相同的养护资金则预期寿命也越长,说明该种预养护措施的费用投入越占优势。从当量年费用的尺度去衡量本书研究的典型预养护措施,适应性由强至弱依次为微表处、有机硅雾封层、乳化沥青封层、NovaChip、AC罩面、SMA罩面。

典型预养护技术当量年费用成本　　　　　　　表6-4

预养护方式	成本代表值（元/m²）	使用寿命代表值（年）	当量年费用[元/(m²×年)]	排　序
微表处	22	4	5.5	6
SMA罩面	80	6	13.3	1
AC罩面	69	5.5	12.5	2
NovaChip	60	5	12.0	3
乳化沥青雾封层	17	1.5	11.3	4
有机硅雾封层	15	2.5	6.0	5

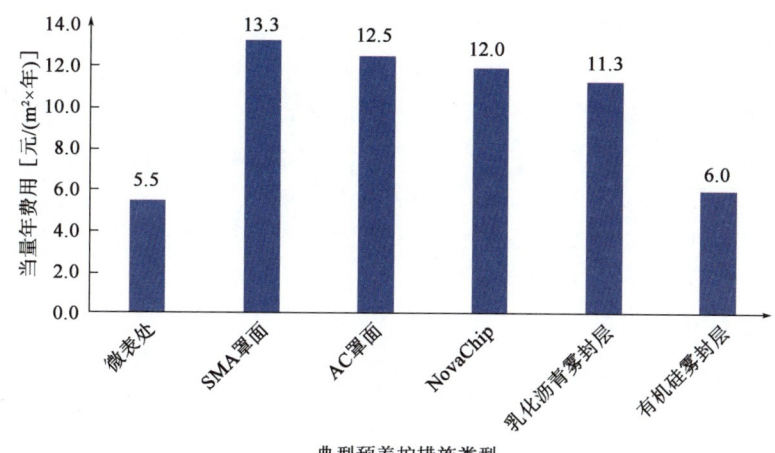

图6-2　典型预养护技术当量年费用对比图

上述当量年费用指标仅仅考虑了费用和平均使用寿命，评判还过于粗略，对预养护实施后的性能改善、路面效益的增长没有详细考量。下小节将对预养护技术实施的效益进行研究，从费用、效益两方面建立适应性较强的效益费用比模型。

6.2.2　效益分析与研究

路面预养护为公路部门和用户带来诸多效益，包括事故量的减少、行程时间的缩短、车辆运行费用的降低、养护费用的节省、行使舒适性的增加等，道路状况的改善会产生直接和间接的经济效益。直接经济效益包括公路管理部门效益和用户效益两部分。管理部门的直接效益主要体现为路面使用性能的提高而使养护费用减少。用户的直接效益表现为路面使用性能的提高而使车辆运营费用减少、行驶时间节约、事故率降低及舒适程度提高等一系列用户费用的减少。间接效益包括区域经济开发、吸引外部资金等产生的效益。间接效益已日益受到关注，但由于缺少成熟的理论和方法进行计算，路面养护管理系统经济分析中一般不考虑这部分效益。

公路管理部门对现有路面进行养护和改建投资的目的是使路面使用者以用户费用节省的形式获益，路面管理系统中通常以道路使用者费用的节省作为用户效益。然而，这种计算效益的方法目前还存在很多问题，难以定量计算，要建立精确的用户费用模型很难。路面改善而节省的用户费用缺乏有效的渠道返回公路养护部门,在这种情况下,公路养护部门更多考虑的是养护措施对路面使用性能的改善效果。不难想象,路面使用性能越好,效益越高,反之效益越低。因此可以把路面性能的改善当作用户效益的一个间接指标。

对路面预养护效益进行量化是国内外一直试图解决的问题。1985年,加拿大学者提出以路面性能曲线下的面积代替用户效益的新计算方法,其基本原理是路况好的路面相对于路况差的路面可提供更大的用户效益,即路况较好的路面,路面性能曲线下的面积较大。虽然路面性能曲线下的面积没有明确的物理意义,但是它与路面的服务水平和使用寿命紧密相关。路面的服务水平越高,使用寿命越长,路面性能曲线下的面积就越大。因此,采用路面性能曲线下的面积来表征预养护措施的效益,不仅综合反映了路面状况的好坏和使用寿命的长短,而且其分析结果也符合预养护的理念和规律。

若已知表征路面性能的指标,如路面平整度指数 IRI、路面抗滑指数 SRI、路面状况指数 PCI、裂缝率等衰变规律,则可以计算预防性养护的性能曲线面积,即指标预测曲线与性能指标的最低可接受水平围成的面积。当采用预防性养护措施后,性能曲线面积增加。

采取预防性养护措施后路况的性能指标面积与未采取预防性养护措施路况性能指标的计算一样,通过对采取预防性养护措施后其性能曲线方程的积分得到。其指标的效果是通过采取预防性养护措施后的性能曲线积分面积和未采取预防性养护措施时的性能曲线积分面积比较得出。

养护效益定量计算如图6-3所示。

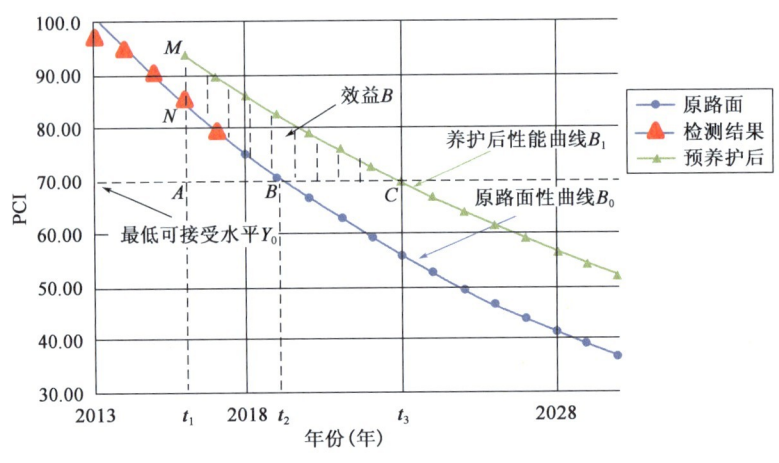

图6-3 养护效益定量计算示意图

依据前文中的灰色预测方法,可以得到决策指标的性能预测曲线,以 PCI 指标为例,说明预养护技术实施后的效益定量计算方法。

假设原路面对应的性能曲线为 B_0,在 t_1 时刻对应的裂缝率达到了实施预防性养护措施的阈值,养护部门按照要求实施了某种养护措施,路面性能产生跃变,由灰色预测得到新的性能衰变曲线 B_1,路面最低可接受水平(养护措施失效寿命对应的路面性能水平,参考已有文献的研究资料,本书将 PCI 的临界阈值定为70)为 Y_0,对应 B_0 和 B_1 曲线上的时刻分别为 t_2 和 t_3,则可依据性能曲线与路面性能最低可接受水平得到养护措施实施前后的效益面积,实施养护措施产生的效益可以表示为：

$$B = \int_{t_1}^{t_3} [C_2(t) - Y_0] \mathrm{d}t - \int_{t_1}^{t_2} [C_1(t) - Y_0] \mathrm{d}t \qquad (6\text{-}13)$$

又根据灰色预测理论，性能衰变曲线可以表示为：

$$\hat{x}^{(0)}(t+1) = \hat{x}^{(1)}(k+1) - \hat{x}^{(1)}(k) = (1 - \mathrm{e}^{\hat{a}}) \cdot \left[x(0) - \frac{\hat{u}}{\hat{a}} \right] \cdot \mathrm{e}^{-\hat{a}t} \qquad (6\text{-}14)$$

将离散公式连续化，可得：

$$\hat{x}^{(0)}(t) = \hat{x}^{(1)}(k+1) - \hat{x}^{(1)}(k) = (1 - \mathrm{e}^{\hat{a}}) \cdot \left[x(0) - \frac{\hat{u}}{\hat{a}} \right] \cdot \mathrm{e}^{-\hat{a}(t-1)} = m\mathrm{e}^{-\hat{a}t} \quad (6\text{-}15)$$

$$m = \mathrm{e}^{\hat{a}} (1 - \mathrm{e}^{\hat{a}}) \cdot \left[x(0) - \frac{\hat{u}}{\hat{a}} \right] \qquad (6\text{-}16)$$

式中：$\hat{a}$、$\hat{u}$——GM(1,1)模型中的待估参数；

$\hat{a}$——发展系数，反映数列的发展态势；

$\hat{u}$——灰色作用量，反映数据变化关系。

代入效益计算公式，可得：

$$B = \int_{t_1}^{t_3} \left(\mathrm{PPI}_0 \left\{ 1 - \exp\left[-\left(\frac{\alpha}{y}\right)^\beta \right] \right\} - Y_0 \right) \mathrm{d}t - \int_{t_1}^{t_2} (m_0 \mathrm{e}^{-\hat{a}_0 t} - Y_0) \mathrm{d}t = B_1 - B_0 \quad (6\text{-}17)$$

式中：B_1——预养护方案效益计算参数，有：

$$B_1 = \int_{t_1}^{t_3} (m_2 \mathrm{e}^{-\hat{a}_1 t} - Y_0) \mathrm{d}t = \frac{m_1}{\hat{a}_1} (\mathrm{e}^{-\hat{a}_1 t_1} - \mathrm{e}^{-\hat{a}_1 t_3}) - Y_0 (t_3 - t_1)$$

B_0——预养护方案效益计算参数，有：

$$B_1 = \int_{t_1}^{t_2} \left(\mathrm{PPI}_0 \left\{ 1 - \exp\left[-\left(\frac{\alpha}{t}\right)^\beta \right] \right\} - Y_0 \right) \mathrm{d}t$$

m_1——预养护技术灰色预测系数，$m_1 = \mathrm{e}^{\hat{a}_1} (1 - \mathrm{e}^{\hat{a}_1}) \cdot \left[x(0) - \frac{\hat{u}_1}{\hat{a}_1} \right]$；

Y_0——路面最低可接受水平，项目对于高速公路 PCI 的推荐值为 70；

t_1——以通车时间为基点，采用预养护措施的时间；

t_2——以通车时间为基点，原路面衰变到 Y_0 所需时间，可由性能预测方程与路面最低可接受水平反算得到：

$$t_2 = \frac{\alpha}{(\ln \mathrm{PPI}_0 - \ln Y_0)^{\frac{1}{\beta}}}$$

t_3——以检测数据的最早检测时间为基点，采用预养护措施后性能衰变到 Y_0 所需时间

$$t_3 = \frac{\ln m_1 - \ln Y_0}{\hat{a}_1} + t_1$$

$\hat{a}$、$\hat{u}$——GM(1,1)模型中的待估参数，$\hat{a}$ 为发展系数，反映数列的发展态势，$\hat{u}$ 为灰色作用量，反映数据变化关系。

6.2.3 效益费用比模型的建立

在计算出各种养护措施的费用及路面实施预防性养护后各个指标的效益面积后，可进一

步求出效益费用比(Benefit-Cost Ratio,简称 BCR)。由效益费用比法可知,效益费用比最大的养护方式即为最佳养护方式。效益费用比 CBR 可由下式计算而得。

$$BCR = \frac{B}{EC} = \frac{B}{C/(t_3-t_2)} = \frac{B(t_3-t_2)}{C} \quad (6\text{-}18)$$

式中:EC——养护路段所需花费的成本当量年平均费用(元),$EC = \frac{\tilde{C}}{\tilde{Y}}$;

$\tilde{C}$——各类预养护措施实施的单价费用代表值,初步采用文献调研资料结果,后续可基于养护维修实际成本情况进行动态修正;

$\tilde{Y}$——预养护措施实施后的使用寿命,用延缓路面性能最低水平的时间来表征,$\tilde{Y} = t_3 - t_2$;

B——养护路段所获得的性能提升效益,按照性能曲线面积差方法计算得到。

基于效益费用比的养护技术决策框架示意图如图 6-4 所示。

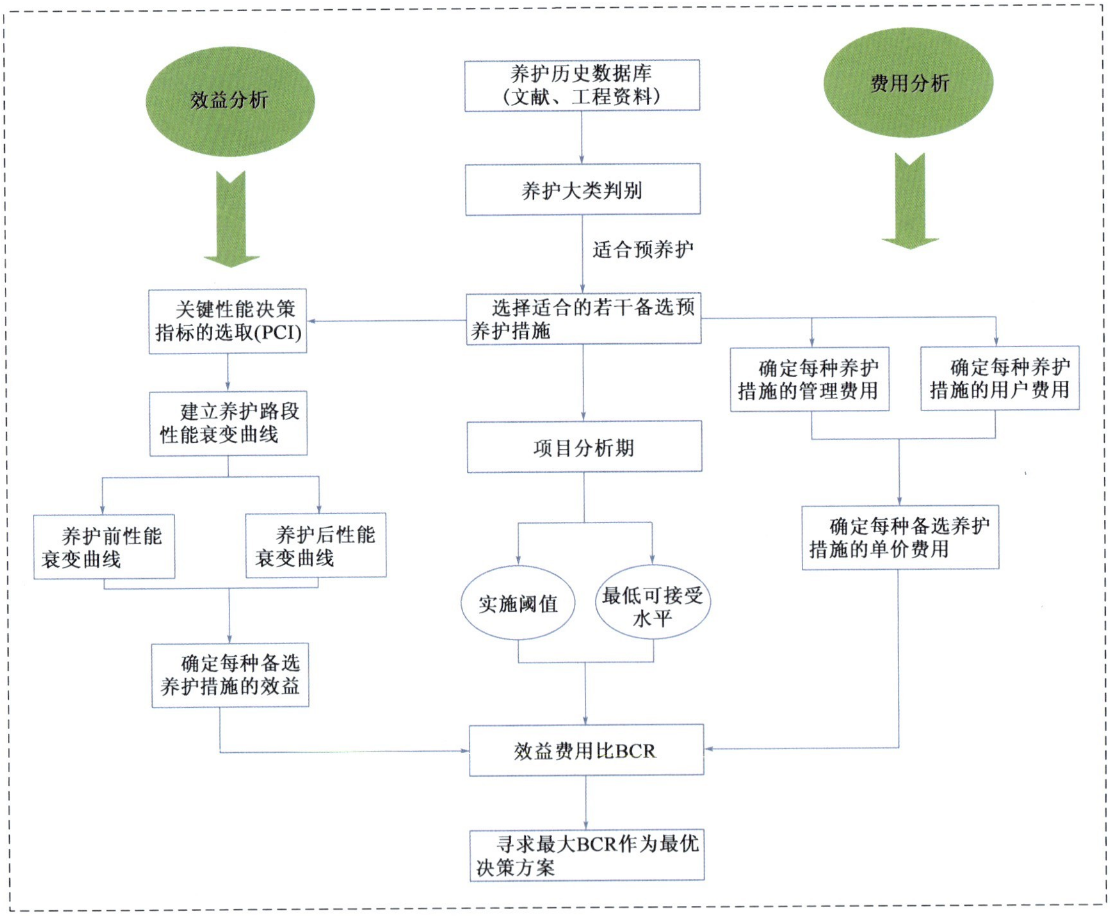

图 6-4 基于效益费用比的养护技术决策框架示意图

6.3 基于效益费用比模型的内蒙古沥青路面养护决策体系

6.3.1 原始路面三维 PCI 性能预测

本节在前文建立的效益-费用比模型的基础上,结合三维检测调研数据,为基于效益-费用比模型的内蒙古沥青路面养护决策平台搭建提供思路。以中部地区典型道路 G6 为例,该条道路 2004 年通车,项目组通过理论分析、实地调研得出在 G6 京藏高速公路 K323+000～K332+000 段内,以路龄为自变量的三维检测 PCI 性能衰变模型为:

$$PCI = 100 \times \left\{1 - \exp\left[-\left(\frac{15.84}{y}\right)^{2.17}\right]\right\}$$

原始路面三维 PCI 预估模型如图 6-5 所示。

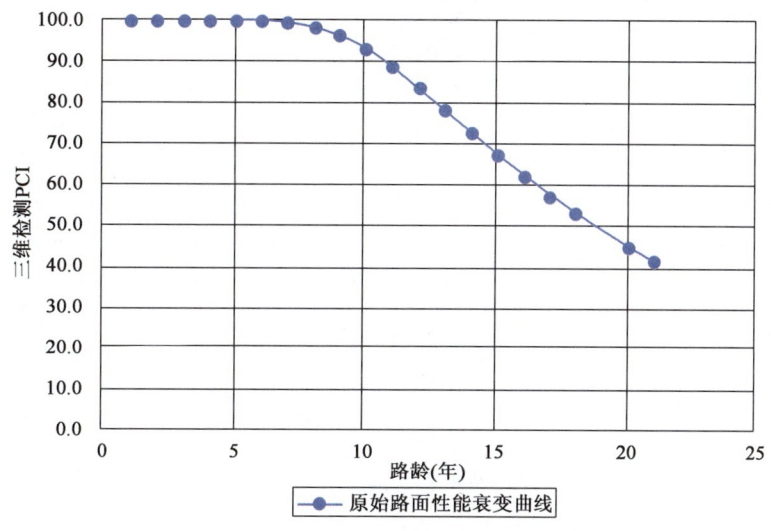

图 6-5　原始路面三维 PCI 预估模型

6.3.2 预养护方案实施后性能灰色预测

对于适宜采用预养护的路面,采用各类预养护措施后路面性能必然有所提升,从关键指标上来看,会引起三维检测 PCI 检测值的上升,高速公路预养护措施实施的阈值 PCI_1 推荐为 85,最低可接受水平 PCI_2 推荐为 70。由此,在 2016 年,该高速公路需要采取预养护措施进行"前瞻式"养护。为了便于计算各类预养护措施实施后的效益,需要得到预养护措施实施后的路面 PCI 性能衰变方程。

《高速公路沥青路面预防性养护措施效果评价》(张会珍)、《广东省高速公路沥青路面预防性养护措施费用效益评价研究》(陈育书,等)、《效益费用评估在预防性养护工程中的应用研究》(李锋,等)等文献中基于预养护工程实测数据对各类预养护措施实施后的性能曲线进行了大量研究,本书参考以上研究成果,给出各类预养护措施实施后的灰色预测关键参数,如表 6-5 所示。

各类预养护措施实施后的灰色预测关键参数　　　　表 6-5

预养护方式	发展系数 $\hat{a}$	灰色作用量 $\hat{u}$	初值 $x(0)$	模型系数 m_1
微表处	0.042	95.9	100	97.67
SMA 罩面	0.024	99.1	100	100.25
AC 罩面	0.03	98.15	100	99.53
NovaChip	0.026	96.5	100	97.64
乳化沥青雾封层	0.04	97.4	100	99.18
有机硅雾封层	0.06	101	100	103.96

绘制原始路面 PCI 性能预测曲线与各类预养护措施实施后路面性能曲线,路面性能曲线对比如图 6-6 所示。

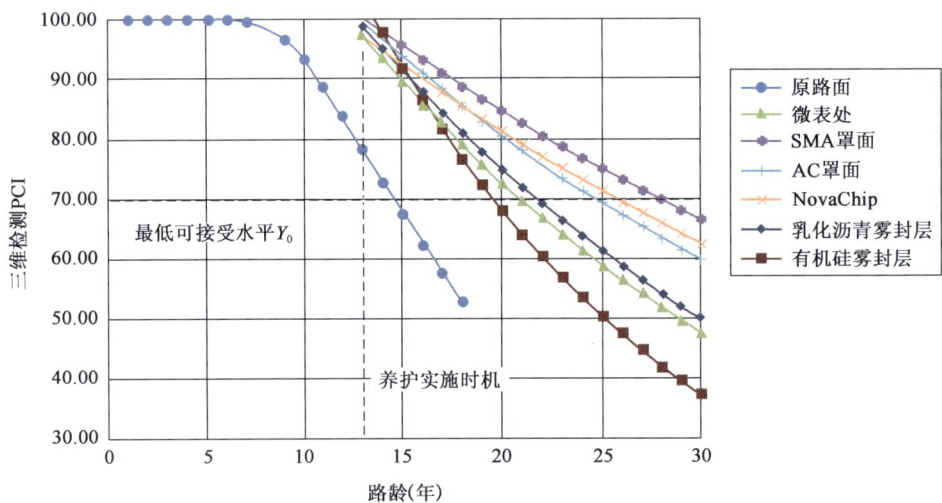

图 6-6　原始路面 PCI 性能预测曲线与各类预养护措施实施后路面性能曲线对比

6.3.3　费用分析与计算

各类预养护措施的技术成本采用前文中文献调研的成果,如表 6-6 所示。

典型预养护技术成本及使用寿命　　　　表 6-6

预养护方式	成本(元/m²)	成本代表值(元/m²)
微表处	20～24	22
SMA 罩面	76～84	80
AC 罩面	65～73	69
NovaChip	58～63	60
乳化沥青雾封层	16～18	17
有机硅雾封层	14～16	15

6.3.4　效益分析与计算

效益定量计算如图 6-7 所示。

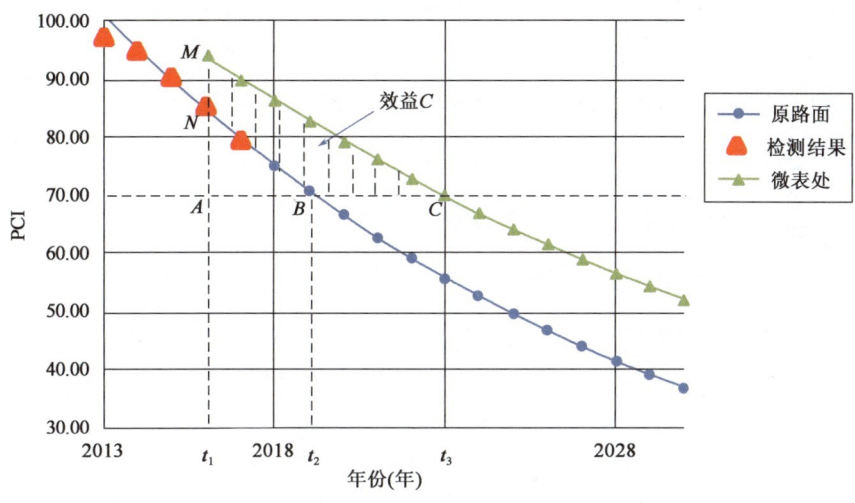

图 6-7 效益定量计算示意图

按照项目建立的效益费用模型的理论,预养护措施实施后获得的效益为图中的效益 C 部分,计算参数及结果见表 6-7。

预养护效益计算参数及结果(2017 年实施预养护)   表 6-7

预养护方式	Y_0	t_1	t_2	t_3	B_0	B_1	效益 B
不处理	70.0	13.0	15.0	—	5.9	—	—
微表处	70.0	13.0	15.0	20.9	5.9	103.6	97.7
SMA 罩面	70.0	13.0	15.0	28.0	5.9	212.8	206.9
AC 罩面	70.0	13.0	15.0	24.7	5.9	163.1	157.2
NovaChip	70.0	13.0	15.0	25.8	5.9	167.1	161.2
乳化沥青雾封层	70.0	13.0	15.0	21.7	5.9	119.7	113.8
有机硅雾封层	70.0	13.0	15.0	19.6	5.9	104.6	98.7

6.3.5 效益费用比辅助决策结果

各类预养护措施的效益费用比计算结果汇总如表 6-8 所示。

各类预养护措施的效益费用比计算结果(G6 道路)   表 6-8

预养护方式	效益 B	费用 C	t_2	t_3	效益费用比 BCR	辅助排序
微表处	69.0	22	7.2	11.9	14.8	5
SMA 罩面	178.2	80	7.2	19.0	26.3	2
AC 罩面	128.5	69	7.2	15.7	15.8	6
NovaChip	132.5	60	7.2	16.8	21.2	4
乳化沥青雾封层	85.1	17	7.2	12.7	27.5	1
有机硅雾封层	70.0	15	7.2	10.6	15.9	3

基于效益费用比的预养护技术辅助决策如图 6-8 所示。

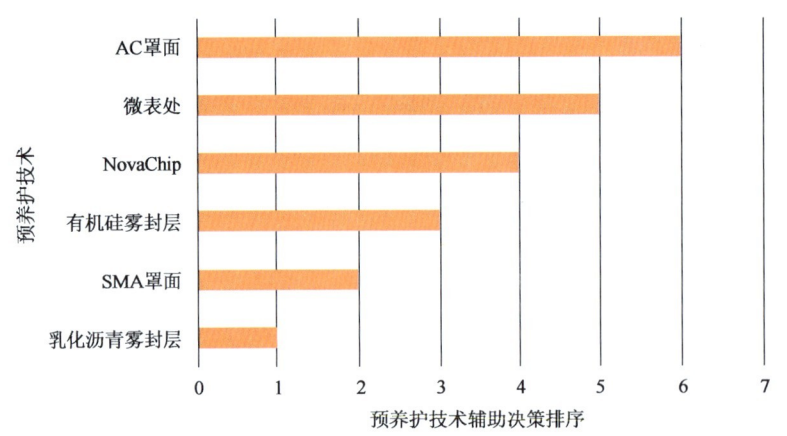

图 6-8　基于效益费用比的预养护技术辅助决策

根据效益费用比的计算结果，对 G6 道路路段推荐采用乳化沥青雾封层技术进行路面预防性养护。

6.4　本章小结

本章在三维检测技术及其指标研究的基础上，引入基于效益费用比的决策模型，建立精细化、科学化、高效化的沥青路面养护决策体系，进而延长沥青路面使用寿命，提升使用性能，节约养护管理成本，为搭建便捷、高效的养护管理平台提供指导。主要得出以下结论：

（1）项目提出的三维检测技术可以更为精确地识别坑槽、裂缝、拥包、车辙等三维病害，以三维检测技术为基础，项目组提出将三维 PCI 作为内蒙古自治区沥青路面养护决策的重要性能指标。

（2）基于效益费用分析理论，项目组对效益、费用的量化分析进行了广泛调研与研究，费用量化分析主要基于历史养护资料，效益量化分析采用性能曲线增加的面积部分来表征，较为合理、有效、便捷。

（3）项目组构建了基于效益费用比模型的内蒙古沥青路面养护决策体系，限于养护费用、养护性能跟踪观测数据等关键数据的缺乏，项目组结合内蒙古中部地区 G6 道路的三维检测数据，给出了具体的算例，得出在 2017 年采取的最优养护措施是乳化沥青雾封层技术。这种动态修正养护决策体系的建立，将有助于促进内蒙古自治区沥青路面养护管理的升级与发展。

第7章 基于路面材料与结构关键参数的三维病害预防对策研究

在内蒙古地区病害调研、三维激光检测病害衰变模型预测基础上,从路面材料与结构参数角度,重点以沥青路面结构的动态模量为研究对象,进行沥青路面病害防治理论研究,分析并提出内蒙古地区寒区重载沥青路面的路面结构关键设计参数。

模量是沥青路面结构组合设计的关键参数,同时模量也是分析路面结构内部应力响应和寿命预估的关键性参数。沥青混合料的动态模量是指:对于具有一定周期和波形的动态荷载,其应力的模(振幅)与材料响应的应变的模(振幅)的比值,称为该应力(荷载)条件下的动态模量。相比与静态模量,动态模量概念更符合实际路面结构的受力情况,更能反映沥青混合料在实际路面荷载、温度作用下的结构特性与力学响应。

国内外学者和行业专家普遍认同应采用动态模量作为路面结构关键设计参数,《公路沥青路面设计规范》(JTG D50—2017)将沥青混合料的动态模量作为路面设计的关键指标,并对设计参数的范围进行了推荐,如表7-1所示。

常用沥青混合料20℃条件下动态压缩模量取值范围(MPa)　　　　表7-1

沥青混合料类型	沥青 种 类			
高速公路	70号石油沥青	90号石油沥青	110号石油沥青	SBS改性沥青
SMA10、SMA13、SMA16	—	—	—	7500~12000
AC10、AC13	8000~12000	7500~11500	7000~10500	8500~12500
AC16、AC20、AC25	9000~13500	8500~13000	7500~12000	9000~13500
ATB25	7000~11000			

由表7-1可以看出,限于规范面向的对象是全国范围,其推荐的20℃的动态模量范围较广,本书将研究视野锁定在内蒙古地区,研究内蒙古典型地区沥青混合料的动态模量特性,更为细致、准确地给出特定环境下的动态模量设计参数。

在前文中测试了不同油石比、不同级配下AC-16、AC-13、AC-10沥青混合料的动态模量,对试验结果进行分析,从动态模量最高(抵抗变形能力更强)的角度出发对沥青混合料的关键筛孔的通过率进行了深入分析。

本部分在前文研究的基础上,首先,对内蒙古不同分区的典型沥青路面特性进行调研,得到不同分区面层用沥青混合料的典型级配、沥青结合料、厚度组合等关键结构特性信息,确定动态模量室内试验的混合料类型、集料种类和沥青种类等,对选择的沥青混合料进行马歇尔试验,以确定各种沥青混合料的级配和最佳油石比;其次,进行不同分区典型沥青混合料动态模量主曲线拟合及预估模型的研究;最后,基于疲劳等效和永久变形等效的思路,分别建立疲劳等效动态模量代表值、永久变形等效模量代表值的计算模型,并以乌兰察布市和呼和浩特市为例,标定典型沥青路面永久变形等效温度和模量代表值、疲劳寿命等效温度和模量代表值。

7.1 沥青路面特性研究与混合料设计

7.1.1 沥青路面面层混凝土结构及材料调研分析

1)内蒙古地区典型沥青路面结构调研与分析

在前期调研中,为了掌握以内蒙古地区为代表的寒区高等级重载沥青路面面层混凝土的结构及材料状况,选取当地典型高等级沥青路面进行资料调研,调研对象包含绥满国道(博克图—牙克石段、牙克石—满洲里段)、G110(呼包段、磴口—巴拉贡)、G210(包头—东胜)、赤通高速公路、巴新高速公路、新麻高速公路、呼包高速公路、赤大高速公路等。调研结果汇总如表7-2所示。

内蒙古地区典型高等级沥青路面面层结构　　　　表7-2

公路名称	面层沥青混凝土结构	
绥满国道	博克图—牙克石段	4cm AC-16C + 5cm AC-25C
	牙克石—满洲里段	4cm AC-16C + 5cm AC-20C + 7cm AC-25C
G110	呼包段	4cm AC-16C + 5cm AC-20C + 7cm AC-25C
	磴口—巴拉贡	4cm AC-16C + 5cm AC-25C + 6cm AC-30C
G210(包头—东胜)	4cm AC-16C + 5cm AC-20C + 6cm AC-25C	
赤通高速公路	4cm AC-16C + 5cm AC-20C + 7cm AC-25C	
巴新高速公路	4cm AC-16C + 5cm AC-25C + 7cm AC-30C	
新麻高速公路	4cm AC-13C + 6cm AC-25C	
呼包高速公路	5cm AC-16C + 6cm AC-20C + 7cm AC-30C	
赤大高速公路	4cm AC-13C + 5cm AC-20C + 6cm AC-25C	

由表7-2可以看出,内蒙古地区高等级沥青道路路面结构主要为两层(上面层+下面层)或者三层(上面层+中面层+下面层)沥青混凝土结构,上面层主要为AC-16C沥青混合料,中下面层主要为AC-20C及AC-25C沥青混合料。

沥青主要采用SBS改性沥青及90号基质沥青,其中上面层主要为SBS改性沥青、下面层主要为基质沥青,中面层两种沥青都有采用。为了对调研情况进行验证,选取乌兰察布市附近高等级道路进行实地调研,调研结果见表7-3,调研结果也印证了上述资料调研情况的准确性。

内蒙古地区典型沥青道路路面结构实地调研结果　　　　表7-3

道路等级	面层沥青混凝土结构	沥青
高速公路	4cm AC-16C + 5cm AC-20C + 7cm AC-25C	改性+改性+基质
一级公路	4cm AC-16C + 6cm AC-25C	改性+改性

根据调研结果,选择三种沥青混合料进行混合料设计,即"上面层 + 中面层 + 下面层"为"AC-16C + AC-20C + AC-25C"。其中,AC-16C 混合料采用 SBS 改性沥青,AC-20C 采用 SBS 改性沥青,AC-25C 采用 90 号基质沥青。0~3mm 以上粗集料采用玄武岩,0~3mm 以下细集料采用石灰岩。为研究寒区重载沥青道路面层混凝土模量代表值,选用内蒙古卓资山附近料场产石料作为本次研究的集料来源,进行混合料设计。

2)内蒙古地区典型沥青混合料原材料调研

(1)集料

该地区优质石料较少,粗、细集料主要采用玄武岩,质地坚硬,粒型一般,主要表现为针片状含量偏高,表面较为光滑且多孔,空隙较大,吸水率一般在 2% 左右,黏附性较差,一般为三级左右,多采用抗剥落剂与消石灰处理,但效果不佳。

①粗集料

细集料以玄武岩为主,主要问题集中在某档集料针片状含量在略超规范的前提下,如何保证合成级配最优;以及软石含量的试验方法适用性不强,在技术指标满足规范的前提下,依旧出现因软石含量较高而导致的坑槽等现象。

②细集料

当地石灰岩较少,细集料一般也采用玄武岩,细集料采用玄武岩后所引发的混合料空隙率偏高,集料孔隙率偏大,抗水损性能不足,细集料砂当量指标内蒙古内控指标偏高,很少有料场能够达到。因此建议采用石灰岩细集料。

(2)矿粉

针对矿粉,主要问题集中在石灰岩材质的确认以及塑性指数试验方法易受人为误差影响等。

(3)沥青

该地区改性沥青所使用的基质沥青一般为辽宁盘锦沥青,改性剂为线形、星形或两者皆有,改性剂掺量为 3.5%~4%,无确定掺量的试验检测方法。

(4)沥青混合料

在进行矿料级配设计时,普通 AC 矿料级配设计中 4.75mm 的通过率一般均为 36%~40%,未尝试小于 35% 的设计,同时矿粉的含量一般为 6%,甚至更高,细集料偏多的设计理念可能是该地区沥青路面开裂的原因之一。

7.1.2 沥青混合料原材料试验分析

(1)沥青

研究过程结合课题需要,采用内蒙古地区常用的道路 90 号基质沥青和 SBS 改性沥青,按照《公路工程沥青及沥青混合料试验规程》(JTG E20—2011)进行测试。测试结果如表 7-4 所示。

沥青室内试验结果　　　　　　　　　　表 7-4

沥青种类	单 位	90 号	SBS
针入度(25℃,100g,5s)	0.1mm	83	53
软化点	℃	45.2	67.3
延度(10℃ 5cm/min)	cm	104.3	33.1

（2）集料

0～3mm 以上粗集料采用玄武岩，0～3mm 细集料采用石灰岩。粗集料洁净、干燥、表面粗糙；细集料洁净、干燥、无风化、无杂质。对粗集料进行基本性能检测，粗集料主要性能指标检测结果见表 7-5。

粗集料主要性能指标（一） 表 7-5

检测项目	单位	试验方法	技术要求	集料规格（mm）	
				5～10	10～20
压碎值	%	T 0316	≤26	15.1	
洛杉矶磨耗值	%	T 0317	≤28	12.9	
针片状	%	T 0312	≤10	35	22.8

由表 7-5 可以看出，内蒙古地区典型沥青面层混凝土采用的粗集料针片状偏大，压碎值和磨耗值符合规范要求。对粗集料进行筛分，分档测量密度及吸水率，试验结果见表 7-6。

粗集料主要性能指标（二） 表 7-6

	测试项目	表观相对密度	吸水率
	单位	g/m³	%
	试验方法	T 0304	T 0314
	技术要求	≥2.6	≤2
集料规格（mm）	26.5	2.931	1.4
	19	2.931	1.4
	16	2.932	1.5
	13.2	2.932	1.6
	9.5	2.935	1.7
	4.75	2.934	1.8
	2.36	2.928	2.0

试验结果表明，筛分后各档粗集料的吸水率和表观密度满足规范要求。

7.1.3 沥青混合料级配设计

根据内蒙古地区典型高等级沥青路面的调研结果，沥青混合料动态模量室内试验将采用内蒙古地区典型高等级沥青路面常用的 AC-16C、AC-20C、AC-25C 沥青混合料，确定沥青混合料的级配和级配曲线。

（1）AC-16C 级配及级配曲线（表 7-7、图 7-1）

AC-16C 沥青混合料级配 表 7-7

筛孔尺寸（mm）	19	16	13.2	9.5	4.75	2.36	1.18	0.6	0.3	0.15	0.075	0
AC-16C 级配	100	95	82.8	65.5	40	29.8	22.3	16.8	12.5	9.4	7	0
级配上限	100	100	92	80	62	48	36	26	18	14	8	0
级配下限	100	90	76	60	34	20	13	9	7	5	4	0
级配中值	100	95	84	70	48	34	24.5	17.5	12.5	9.5	6	0

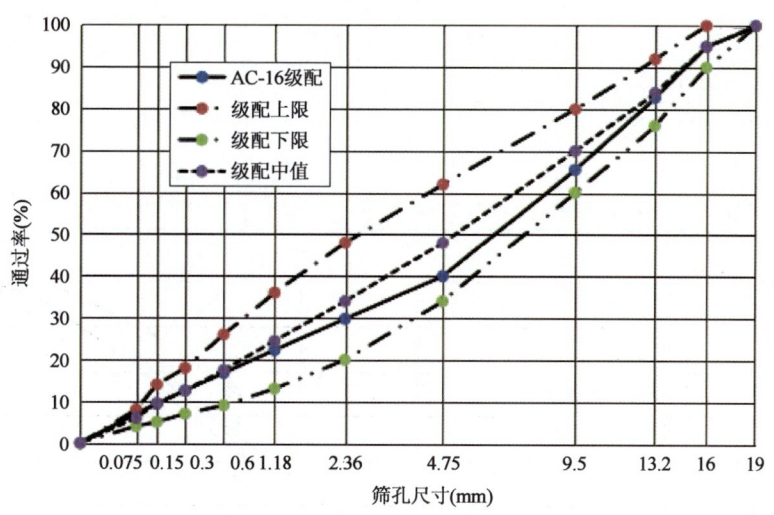

图 7-1　AC-16C 沥青混合料级配曲线

（2）AC-20C 级配及级配曲线（表 7-8、图 7-2）

AC-20C 沥青混合料级配　　　　　　　　　　表 7-8

筛孔尺寸（mm）	26.5	19	16	13.2	9.5	4.75	2.36	1.18	0.6	0.3	0.15	0.075	0
AC-20C 级配	100	95	85.4	75.7	61.7	40	29	21.2	15.5	11.3	8.2	6	0
级配上限	100	100	92	80	72	56	44	33	24	17	13	7	0
级配下限	100	90	76	62	50	26	16	12	8	5	4	3	0
级配中值	100	95	84	71	61	41	30	22.5	16	11	8.5	5	0

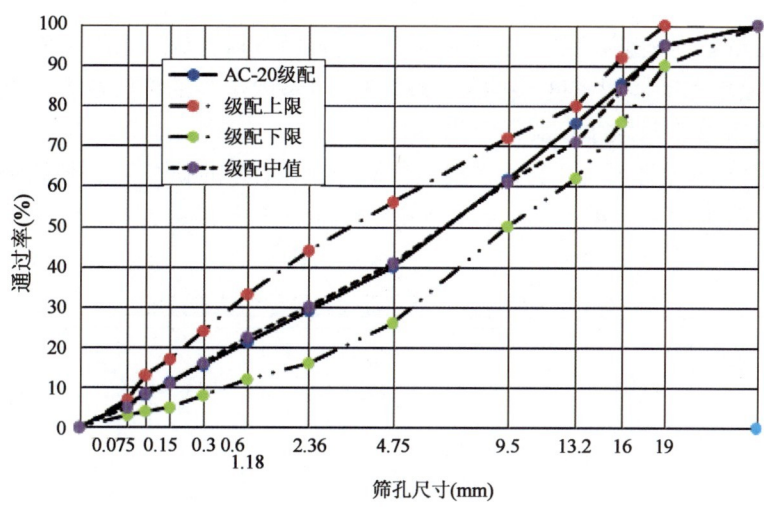

图 7-2　AC-20C 沥青混合料级配曲线

（3）AC-25C 级配及级配曲线（表 7-9、图 7-3）

AC-25C 沥青混合料级配　　　　　　　　　　　　　　表 7-9

筛孔尺寸(mm)	31.5	26.5	19	16	13.2	9.5	4.75	2.36	1.18	0.6	0.3	0.15	0.075	0
AC-25C 级配	100	95.1	80.5	71	63	53	40	28.2	19.9	14.2	10	7.1	5	0
级配上限	100	100	90	83	76	65	52	42	33	24	17	13	7	0
级配下限	100	90	75	65	57	45	24	16	12	8	5	4	3	0
级配中值	100	95	82.5	74	66.5	55	38	29	22.5	16	11	8.5	5	0

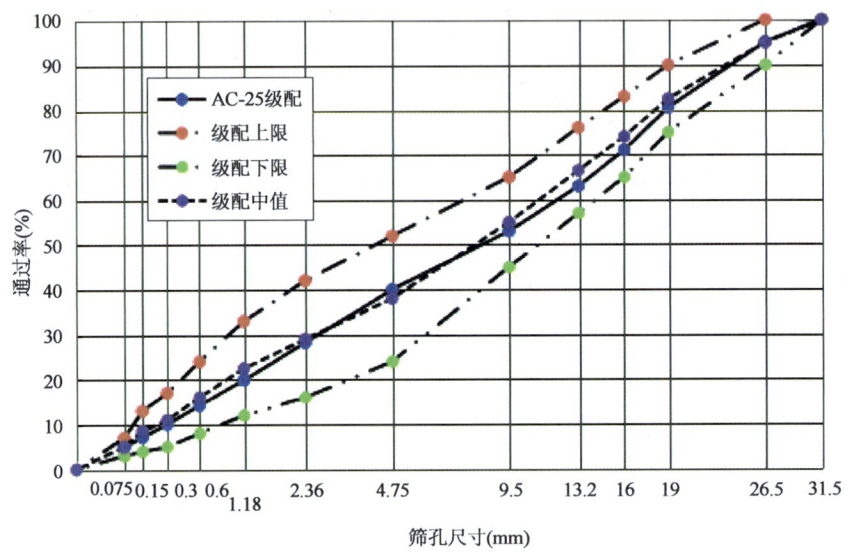

图 7-3　AC-25C 沥青混合料级配曲线

7.1.4　沥青混合料马歇尔试验研究

根据动态模量室内试验要求,对三种沥青混合料分别进行马歇尔试验研究,确定混合料的最佳油石比、孔隙率和毛体积密度,用于后续动态模量室内试验的旋转压实成型试件。

（1）AC-16C 混合料马歇尔试验及结果分析

AC-16C 采用 SBS 改性沥青进行混合料最佳油石比设计。根据资料调研结果,本次 AC-16C 沥青混合料设计拟采用 4%、4.4%、4.8%、5.2%、5.6% 五个油石比成型马歇尔试件,马歇尔试验结果如表 7-10 所示。

AC-16C + SBS 改性沥青混合料马歇尔试验结果　　　　　表 7-10

序号	油石比(%)	毛体积相对密度	VV(%)	MS(kN)	FL(0.1mm)	VMA(%)	VFA(%)
1	4.0	2.466	7.1	13.22	27.1	14.4	50.3
2	4.4	2.484	5.7	12.90	32.3	14.1	59.4
3	4.8	2.498	4.5	12.52	36.9	13.9	68.0
4	5.2	2.506	3.1	9.85	36.1	14.0	77.6
5	5.6	2.515	2.7	12.48	33.1	14.0	81.1

AC-16C+SBS 改性沥青混合料马歇尔试验各项试验性能指标与混合料油石比的关系如图 7-4 所示。

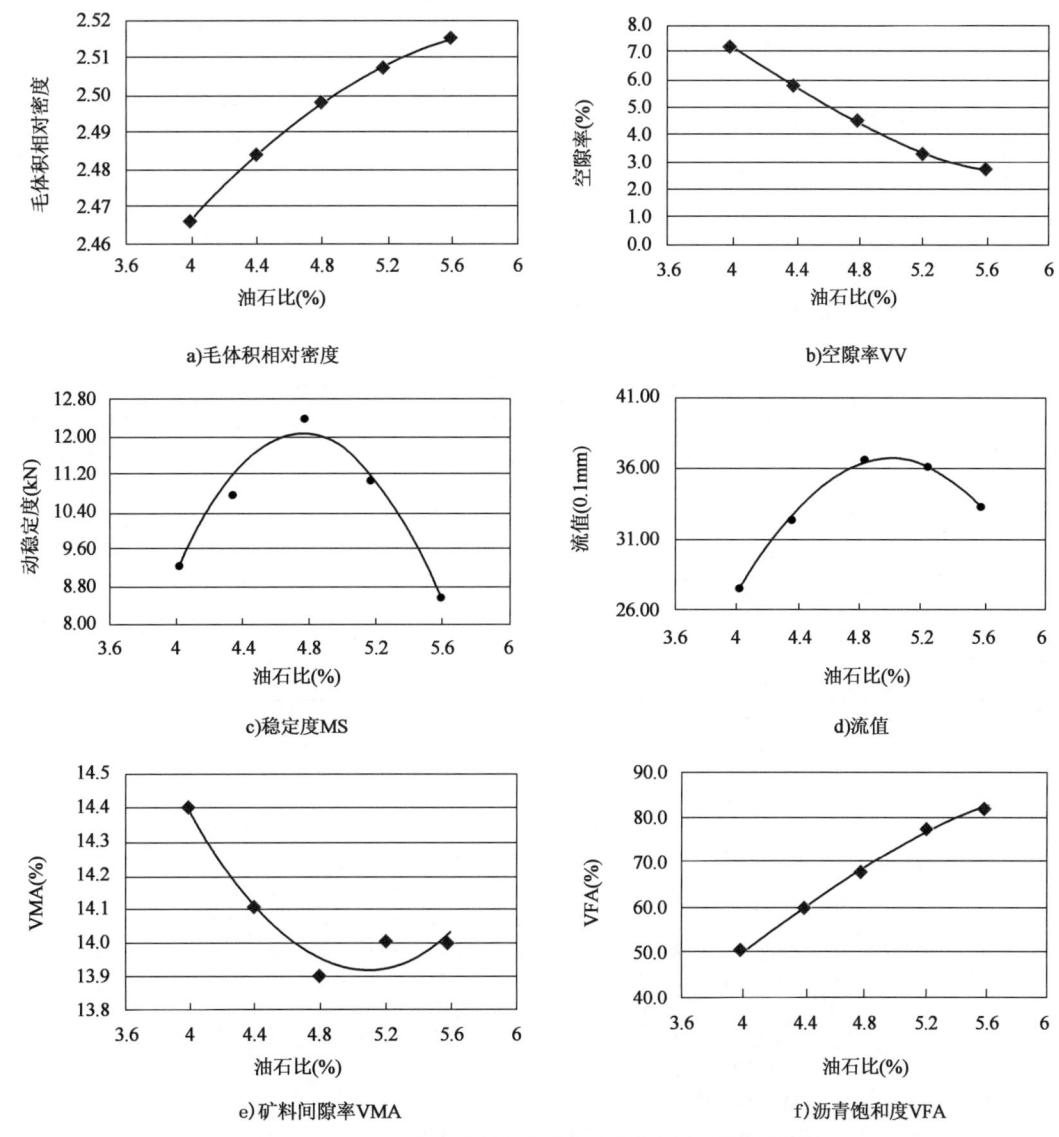

图 7-4　AC-16C+SBS 改性沥青混合料马歇尔试验结果分析图

根据马歇尔试验性能指标与油石比之间的关系,得到 AC-16C 沥青混合料最佳油石比为 5.1%,在该油石比条件下,沥青混合料马歇尔试验的各项性能指标满足规范要求,如表 7-11 所示。

AC-16C+SBS 改性沥青混合料最佳油石比条件下各指标及规范要求　　　表 7-11

序　号	指　标	单　位	规范要求值	实　测　值
1	空隙率	%	3~5	3.6
2	动稳定度 MS	kN	≥8	12.1

续上表

序　号	指　标	单　位	规范要求值	实测值
3	流值 FL	mm	2～4	3.7
4	矿料间隙率 VMA	%	≥13	13.9
5	沥青饱和度	%	65～75	74.3

通过以上马歇尔配合比试验设计,最终确定 AC-16C 沥青上面层混凝土最佳油石比为 5.1%,孔隙率为 3.6%,毛体积相对密度为 2.506。

(2) AC-20C 混合料马歇尔试验及结果分析

AC-20C 采用 SBS 改性沥青进行最佳油石比设计。根据资料调研结果,本次 AC-20C 沥青混合料设计拟采用 3.6%、4.0%、4.4%、4.8%、5.2% 五个油石比成型马歇尔试件,马歇尔试验结果如表 7-12 所示。

AC-20C + SBS 改性沥青混合料马歇尔试验结果　　　表 7-12

序号	油石比(%)	毛体积相对密度	空隙率 VV(%)	动稳定度 MS(kN)	流值 FL(0.1mm)	矿料间隙率 VMA(%)	沥青饱和度 VFA(%)
1	3.6	2.417	5.7	10.10	25.30	13.9	60.3
2	4	2.424	5.1	12.85	26.10	13.6	63.5
3	4.4	2.435	4.3	13.43	28.50	13.4	69.5
4	4.8	2.431	3.8	12.90	28.10	13.5	74.1
5	5.2	2.43	3.3	10.3	27.9	13.8	77.8

AC-20C + SBS 改性沥青混合料马歇尔试验试验各项试验性能指标与混合料油石比的关系如图 7-5 所示。

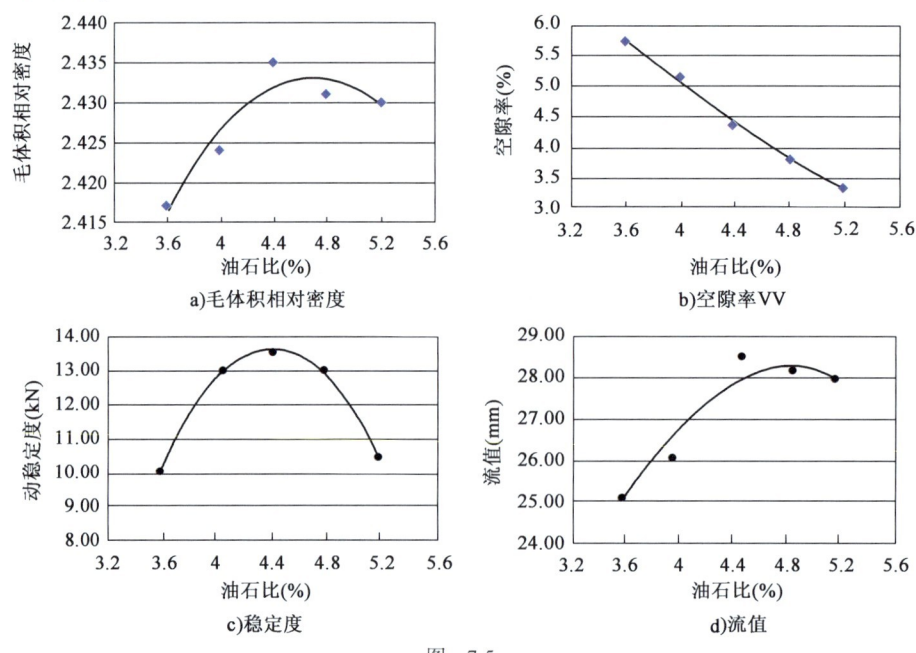

a) 毛体积相对密度　　b) 空隙率 VV　　c) 稳定度　　d) 流值

图　7-5

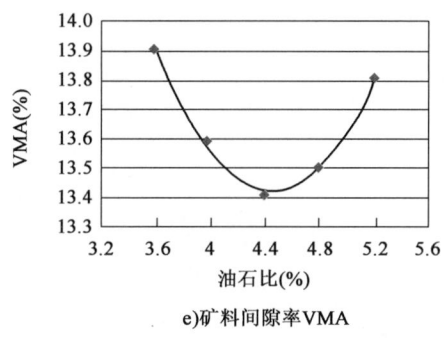
e) 矿料间隙率VMA

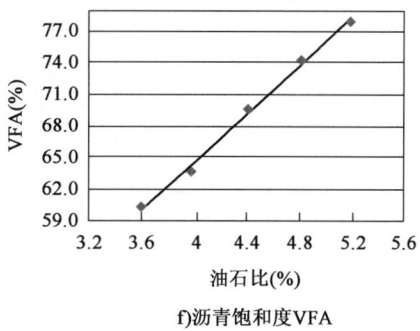
f) 沥青饱和度VFA

图 7-5 AC-20C+SBS 改性沥青混合料马歇尔试验结果分析

根据马歇尔试验各项试验性能指标与油石比之间的关系,得到 AC-20C+SBS 改性沥青混合料最佳油石比为 4.4%,在该油石比条件下,马歇尔试验的各项性能指标满足规范要求,如表 7-13 所示。

AC-20C+SBS 改性沥青混合料最佳油石比条件下各指标及规范要求　　表 7-13

序号	指标	单位	规范要求值	实测值
1	空隙率	%	3~5	4.3
2	动稳定度 MS	kN	≥8	13.4
3	流值 FL	0.1mm	20~40	28.5
4	矿料间隙率 VMA	%	≥13	13.4
5	沥青饱和度 VFA	%	65~75	69.5

通过以上马歇尔配合比试验设计,最终确定 AC-20C+SBS 改性沥青上面层混凝土最佳油石比为 4.4%,孔隙率为 4.3%,毛体积相对密度为 2.435。

(3) AC-25C 混合料马歇尔试验及结果分析

AC-25C 采用 90 号基质沥青进行最佳油石比设计。根据资料调研结果,本次 AC-20C 沥青混合料设计拟采用 3.2%、3.6%、4.0%、4.4%、4.8% 五个油石比成型马歇尔试件,马歇尔试验结果如表 7-14 所示。

AC-25C+90 号基质沥青混合料马歇尔试验结果　　表 7-14

序号	油石比(%)	毛体积相对密度	空隙率VV(%)	动稳定度MS(kN)	流值FL(0.1mm)	矿料间隙率VMA(%)	沥青饱和度VFA(%)
1	3.2	2.422	6.2	6.09	23.70	13.7	54.2
2	3.6	2.439	5.4	8.92	24.80	13.5	60.5
3	4	2.456	4.8	11.48	27.40	13.3	68.1
4	4.4	2.468	4.6	11.34	26.20	13.2	73.0
5	4.8	2.459	4.2	7.07	26.2	13.6	74.1

AC-25C 沥青混合料马歇尔试验试验各项试验性能指标与混合料油石比的关系如图 7-6 所示。

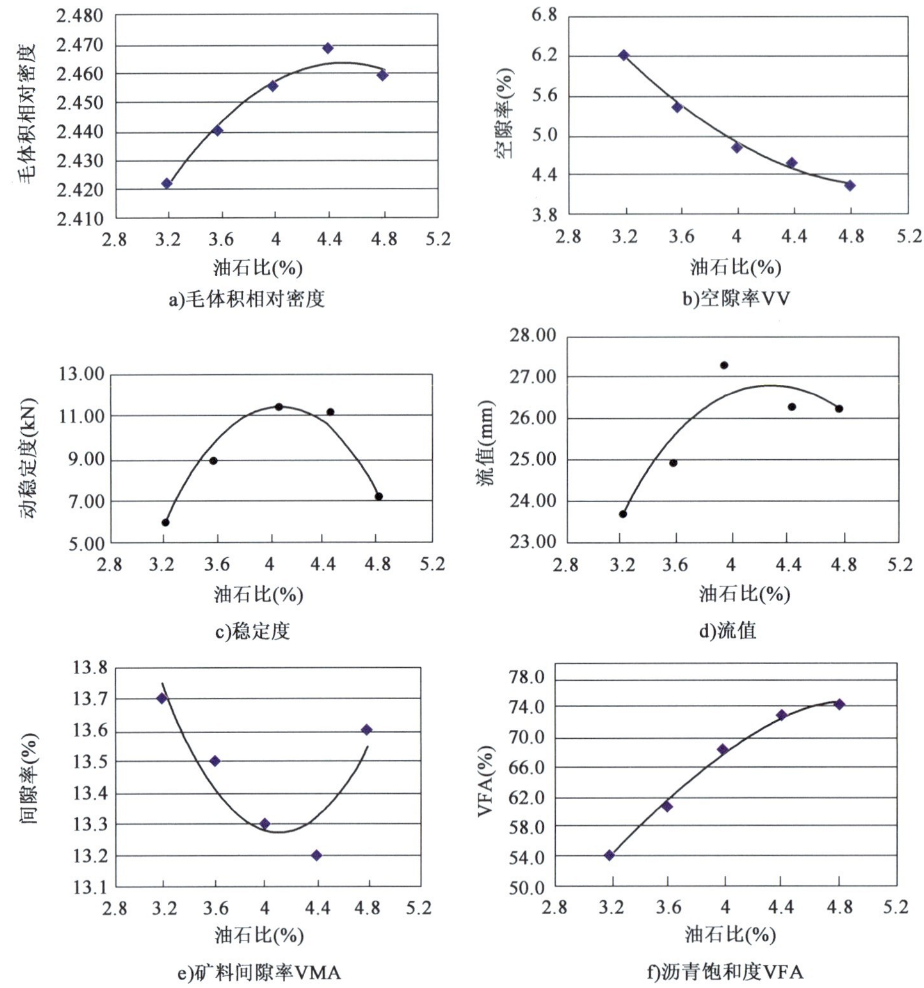

图 7-6 AC-25C + 90 号基质沥青混合料马歇尔试验结果分析

根据马歇尔试验各项试验性能指标与油石比之间的关系,得到 AC-25C 混合料最佳油石比为 4.2%,在该油石比条件下,马歇尔试验的各项性能指标满足规范要求,如表 7-15 所示。

AC-25C + 90 号基质沥青混合料最佳油石比条件下各指标及规范要求　　表 7-15

序 号	指 标	单 位	规范要求值	实 测 值
1	空隙率	%	3 ~ 5	4.7
2	稳定度 MS	kN	≥8	11.4
3	流值 FL	0.1mm	20 ~ 40	26.8
4	矿料间隙率 VMA	%	≥13	13.3
5	沥青饱和度 VFA	%	65 ~ 75	70.5

通过以上马歇尔配合比试验设计,最终确定 AC-25C 沥青上面层混凝土最佳油石比为 4.2%,孔隙率为 4.7%,毛体积相对密度为 2.462。

本节在对内蒙古地区典型高等级沥青路面进行调研的基础上,确定动态模量室内试验的混合料类型、集料种类和沥青种类等,对选择的沥青混合料进行马歇尔试验,以确定各种沥青混合料的级配和最佳油石比。为后续的沥青混合料动态模量试验以及模量代表值的研究做了必要的准备。

7.2 沥青混合料动态模量室内试验及结果分析

7.2.1 沥青混合料的模量与动态模量

(1) 沥青混合料模量

沥青混合料作为黏弹性材料是一种典型的黏、弹、塑性综合体,以黏弹性为其基本的力学特征,在低温小变形范围内接近线弹性体,在高温大变形活动范围内表现为黏塑性体,而在通常温度的过渡范围则为一般黏弹性体,所以,沥青混合料在其实际工作范围内主要表现为黏弹性体,这种黏弹性主要表现在它的变形在卸载后的不可恢复性,即塑性和黏性变形,以及其应力-应变关系的曲线特性上。黏弹性沥青混合料的力学特征主要表现为3个方面:材料的力学特性与加载速度有关、材料的力学特性对温度十分敏感、材料具有十分明显的蠕变和应力松弛现象。

研究沥青混合料的黏弹性通常采用蠕变试验、应力松弛试验、等应变速度试验和动态试验等。蠕变试验和应力松弛试验实际上相当于静载试验,它研究固定荷载作用下应变随时间的变化和固定应变作用下应力随时间的变化,可以得到蠕变柔量和松弛模量;等应变速度试验是在固定的应变速度下求应力-应变曲线,得到切线或割线劲度模量;而动态试验一般采用动态荷载即对试件施加正弦波荷载,应变响应也是一个正弦波,试验能获得应变相对应力的滞后情况,并将材料的黏弹性以损失模量和储存模量分开描述,一般用该试验定义材料的复合模量。所以,在处理疲劳破损时,常采用动态试验;在解决车辙问题时,常采用蠕变试验;而在分析低温缩裂时,常采用应力松弛试验。

沥青混合料的静态模量是指在加载速度比较慢,相当于静态条件的情况下,根据材料所受应力和产生的相应回弹应变计算模量,即弹性力学中的杨氏弹性模量。相应的计算公式为:

$$E_S = \frac{\sigma}{\varepsilon} \quad (7\text{-}1)$$

(2) 沥青混合料动态模量

沥青混合料的动态模量是指:对于具有一定周期和波形的动态荷载,其应力的模(振幅)与材料响应的应变的模(振幅)的比值,称为该应力(荷载)条件下的动态模量。这个模量概念更符合实际路面结构的受力情况。

复合模量是描述沥青混合料黏弹性性质的一种方法,其理论可以通过力学模型的应用来予以说明。以开尔文模型来表示沥青混合料黏弹性性能。开尔文模型在正弦荷载的作用下,正弦荷载可以用复数表示为:

$$\sigma = \sigma_0 \cos(\omega t) + i\sigma_0 \sin(\omega t) = \sigma_0 e^{i\omega t}$$

式中：σ_0——应力幅值（MPa）；

ω——角速度（rad/s），与频率的关系为：$\omega = 2\pi f$，f 为加载频率（Hz）。

当材料在恒稳状态下做正弦振动，相当于一个正弦形式的力函数施加了无限长时间，一切初始的瞬间扰动都已消失，即运动开始时刻 $t_0 = -\infty$。

假设不计惯性作用，基本微分方程可写成如下形式：

$$\lambda_1 \frac{\partial \varepsilon}{\partial t} + E_1 \varepsilon = \sigma_0 e^{i\omega t} \tag{7-2}$$

式(7-2)的解为：

$$\varepsilon = \varepsilon_0 e^{i(\omega t - \varphi)} \tag{7-3}$$

式中：ε——应变幅值（mm/mm）；

φ——应变滞后于应力的相位角度。

将式(7-3)代入式(7-2)中，得到：

$$i\lambda_1 \varepsilon_0 \omega e^{i(\omega t - \varphi)} + E_1 \varepsilon_0 e^{i(\omega t - \varphi)} = \sigma_0 e^{i\omega t} \tag{7-4}$$

消除式(7-4)中两边的 $e^{i\omega t}$，并使实数项等于 σ_0，虚数项等于 0，得到两个求解 ε_0 和 φ 的方程，如下：

$$\lambda_1 \omega \varepsilon_0 \sin\varphi + E_1 \varepsilon_0 \cos\varphi = \sigma_0 \tag{7-5a}$$

$$\lambda_1 \omega \varepsilon_0 \cos\varphi - E_1 \varepsilon_0 \sin\varphi = 0 \tag{7-5b}$$

式(7-5)的解为：

$$\varepsilon_0 = \frac{\sigma_0}{\sqrt{E_1^2 + (\lambda_1 \omega)^2}} \tag{7-6a}$$

$$\tan\varphi = \frac{\lambda_1 \omega}{E_1} \tag{7-6b}$$

从式(7-6b)可以看出，对于弹性材料 $\lambda_1 = 0$，则 $\varphi = 0$；而对于黏性材料 $E_1 = 0$，则 $\varphi = \pi/2$。因此，对于黏弹性材料，相位角为 $0 \sim \pi/2$。复数模量 E^* 定义为：

$$E^* = \frac{\sigma}{\varepsilon} = \frac{\sigma_0 e^{i\omega t}}{\varepsilon_0 e^{i(\omega t - \varphi)}} \tag{7-7}$$

或

$$E^* = \frac{\sigma_0}{\varepsilon_0} \cos\varphi + i \frac{\sigma_0}{\varepsilon_0} \sin\varphi \tag{7-8}$$

动态模量为复合模量的绝对值，反映了材料抵抗变形的能力：

$$|E^*| = \sqrt{\left(\frac{\sigma_0}{\varepsilon_0}\cos\varphi\right)^2 + \left(\frac{\sigma_0}{\varepsilon_0}\sin\varphi\right)^2} = \frac{\sigma_0}{\varepsilon_0} \tag{7-9}$$

式(7-9)中的实数部分实际上等于弹性劲度,而虚数部分等于内部阻尼 $\lambda_1 \omega$。

同时,复数模量作为一个复数,用来确定黏弹性材料的应力、应变特性,由实部和虚部两部分组成,还可以写成如下形式:

$$E^* = E' + iE'' \tag{7-10}$$

式中: E' ——存储模量;

E'' ——损失模量。

动态模量作为复数模量的绝对值,可以定义为如下公式:

$$|E^*| = \sqrt{(E')^2 + (E'')^2} \tag{7-11}$$

由此,存储模量、损失模量、动态模量及相位角存在如下关系:

$$E' = |E^*|\cos\varphi \tag{7-12a}$$

$$E'' = |E^*|\sin\varphi \tag{7-12b}$$

根据定义式(7-9),室内圆柱形试件的动态单轴抗压试验,动态模量的计算公式可改写为:

$$|E^*| = \frac{P/A}{\Delta/l_0} \tag{7-13}$$

式中: P、Δ ——荷载振幅和变形振幅;

A ——试件径向横截面面积;

l_0 ——试件上位移传感器的量测间距。

动态荷载和静态荷载下材料的模量有明显不同。静态荷载下的回弹模量由于加载时间较长,在试验过程中试件存在较明显的塑性变形,尽管也计算回弹变形,但塑性变形对回弹变形的影响不能忽略。而动态荷载作用时,由于加载速度较快,试件在整个受荷过程中,塑性、黏性表现较弱,测定的可恢复变形能够比较准确反映路面材料在汽车荷载作用下的弹性变形情况。这也解释了为什么动态模量定义更符合实际路面结构的受力情况。动态模量不仅反映了应力与应变的力学性质,更主要反映了不同荷载下材料的动态响应特性。

在材料动态试验中采用的荷载波形大多为 Haversine 波、半正矢波和三角波,变形响应波形与荷载波形基本相似,根据材料的不同,变形曲线略微滞后于荷载曲线。

7.2.2 沥青混合料动态模量室内试验方法

(1)动态模量室内试验测试方法

目前室内动态模量测试方法主要有单轴压缩试验(圆柱体试件)、直接拉伸或直接拉压试验(圆柱体试件)、直接拉伸试验(长方体试件)、三轴压缩试验(圆柱体试件)、间接拉伸试验(或者称为劈裂试验,圆柱体试件)、两点弯曲试验(梯形试件)、两点或三点或四点弯曲试验(长方体试件)等。而开展较为普遍的试验方法主要是单轴压缩试验、间接拉伸试验和四点弯曲试验。

单轴压缩试验用来测试材料的动态抗压模量,如图 7-7 所示。早在 20 世纪 70 年代,美国就开始采用,并制定了相应的测试标准,用来测试沥青混合料的动态抗压模量。我国的《公路工程沥青及沥青混合料试验规程》(JTG E20—2011)中《沥青混合料单轴压缩动态模量试验》(T 0738—2011)部分给出单轴压缩动态模量测试的规范方法。对于沥青混合料而言,该方法是测试沥青混合料在线黏弹性范围内的动态模量值,测试试件为圆柱体试件,采用旋转压实的方式来成型,不同的试验标准对试件的径高比要求不同,大致为1∶1.5或1∶2,试验施加的荷载为偏移正弦波或半正矢波轴向压应力,对多个试验温度和试验频率下的模量进行测试,模量为应力幅值与应变幅值的比值。该方法试件的受力模式能很好地模拟路面实际所受的车轮荷载,试验加载的方式可以是连续加载和间歇加载,考虑到有间歇加载所产生的应变有恢复时间,主要测量沥青混合料的抗压回弹模量,这与材料的压密和路面产生车辙关系紧密;连续加载考虑荷载瞬间作用所产生的变形,材料变形来不及恢复又进入了下一个加载单元,对于材料而言,是荷载最不利的加载形式下的变形响应,即给定荷载作用下材料的最大变形,这与路面在车轮荷载作用下所引起的疲劳破坏关系紧密,所以,国外已有的沥青混合料单轴压缩试验规程一般都采用连续加载的方式。该方法存在的缺点和不足是试件制作比较复杂,要先通过压实来成型原始试件,再通过取芯、切割制作出最终的试验试件,制作工艺比较复杂且要求精度也比较高,且试验试件的直径一般为100mm,径高比采用1∶1.5时试件的高度为150mm,考虑到试验试件是从原始试件取芯切割产生,故原始试件的高度最少为170 mm高,这就加大了对试件成型设备的要求,同时,试件的均匀性也受到影响。单轴压缩试验也用来测试材料的抗压回弹模量及强度等。

间接拉伸试验用来测试材料的回弹模量,也能测试材料的间接拉伸蠕变、强度、材料的泊松比和疲劳特性等,试验如图7-8所示。该方法在国外应用主要有两个目的:一是采用动载或冲击法求取设计参数回弹模量;二是用静载试验评价沥青混合料性能。该方法测定的劈裂参数是表征材料动态性能的指标之一,也是路面设计中不可缺少的重要参数。在我国《公路沥青路面设计规范》(JTG D50—2006)中就规定确定沥青混凝土层、半刚性材料基层和底基层层底拉应力指标时,所用材料抗拉强度为劈裂强度,由此使用了标准的试验方法,即《公路工程沥青及沥青混合料试验规程》(JTJ 052—2000)中《沥青混合料劈裂试验》(T 0716—1993)。该试验方法应用的历史也比较长,在早期的沥青混合料疲劳试验中应用得最为普遍,我国早期

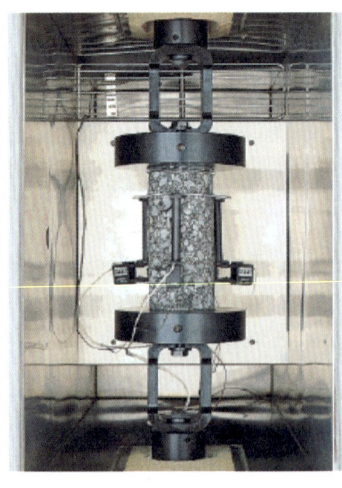
图7-7 单轴压缩试验

图7-8 间接拉伸试验

开展的疲劳试验主要以间接拉伸试验为主。该试验方法相对比较简单,对于沥青混合料试验而言,试件的高径比一般约为1:2,试件的成型非常方便,可以直接采用马歇尔试件或路面取芯试件,试验施加重复荷载,波形一般为半正矢波或其他合适波形,试验加载方式为间歇加载,一般加载时间0.1s间歇0.9s或加载时间0.1s间歇0.5s等。在做沥青混合料回弹模量测试时,在多个试验温度和试验频率下进行测试,沿圆柱形试件的竖直直径方向施加竖直荷载,通过量测试件的水平方向的变形及拟定的泊松比或水平、竖直变形计算得到的回弹泊松比来计算回弹模量。回弹模量 E_R 计算式为:

$$E_R = \frac{P(\mu_R + 0.27)}{t\Delta H} \tag{7-14}$$

式中:P——重复荷载(N);

μ_R——回弹泊松比;

t——试件的厚度(mm);

ΔH——瞬时水平方向回弹变形(mm)。

根据某时刻测得的水平径向回弹变形和加卸载过程中总回弹变形,可以求得瞬时回弹模量和总回弹模量。该方法存在的缺点和不足是加载过程中,试件受力情况比较复杂,圆柱体试件中心点处于双轴向受力状态,其加载方式与实际路面受力状态有较大差别;用于模量计算的试件水平方向变形量测极为困难,用垂直变形推测水平方向变形又存在一定误差;采用劈裂加载方式时,在试件受力两端会产生明显的局部变形,从而直接影响了试件的受力模式,导致在高温条件下试验难于开展。

四点弯曲试验可以得到材料的弯拉劲度模量,但主要是测试材料的疲劳特性,试验如图7-9所示。该方法是目前国外较为流行的小型试件疲劳试验方法,主要在美国、南非以及澳大利亚等国家进行了大量的试验研究与应用。该方法试验试件为小梁,一般通过轮碾法成型沥青混凝土板,再将板切割成标准尺寸的小梁来进行试验。试验过程中所加载的波形一般为连续的正弦波或偏移正弦波,荷载是通过梁上的两点施加,在梁试件的中部产生均匀扰动来实现。该试验所得到的疲劳寿命作为沥青路面设计的最重要参数,一般要求试验条件相对固定。在我国的研究中,考虑到10Hz的加载频率相当于路面车辆行驶速度为60~65km/h,与我国现行的《公路工程技术标准》(JTG B01—2014)中规定的高等级公路的计算行车速度范围60~120km/h相当,故四点弯曲试验一般采用10Hz加载速率;而试验温度的选取主要考虑哈尔滨建筑大学在交通部科研项目"沥青路面设计指标与参数的研究"中的研究成果,得到沥青路面的疲劳破坏主要集中在13~15℃,而最终确定试验温度为15℃。该方法的试验控制有应力控制和应变控制两种,破坏判定根据控制方法的不同而有所不同。应力控制时,以试件的垂直变形在稳定黏弹性流动阶段发展到加速变形阶段出现反弯点为依据;而应变控制时,取模量下降到初始劲度模量的50%来作为依据。初始劲度模量一般为试验开启后第100个加载循环所对应的模量值。试验过程中所得到

图7-9 四点弯曲试验

的劲度模量反映的是沥青混合料在纯弯拉荷载作用下的应力-应变响应规律,最大拉应力与最大拉应变的比值,一般取50或100个加载循环所对应的模量值。该方法的重复弯拉作用模式能较好地模拟路面结构层在交通荷载作用下的受力状态,但是现场取样分析比较困难,且试验试件制作过程复杂,程序也比较烦琐,同时,试验过程时间周期比较长,且试验费用比较高。

应该提及的是旋转压实成型试件已成为沥青混合料试件成型方式的主流,选择旋转压实成型试件主要考虑压实设备对混合料的压实具有现实意义,即能达到实际路面气候和荷载条件下的密实度且设备能容纳大集料的能力。同时,设备能提供可压实性量测方法,以鉴别潜在软弱混合料性状和类似的压实问题。美国 AASHTO、SUPERPAVE 等沥青路面设计方法都采用了这种试件成型方法。从模拟路面在车轮荷载作用下的实际受力状态出发,同时,考虑我国沥青路面设计中作为设计参数的材料模量都采用单轴抗压模量,并综合考虑上述各试验方法的优缺点,希望研究的开展能与美国已有的研究成果和研究进展取得较好的一致性,从满足科学研究要求的角度出发,兼顾实际生产应用的可行性,结合现有室内沥青混合料试验的实际情况,本书采用单轴压缩试验作为沥青混合料动态模量研究的标准试验方式。

(2)动态模量室内试验机

目前,适用于室内沥青混合料单轴抗压动态模量试验的试验机主要有三种类型:美国 MTS Systems Corporation 生产的 MTS 810 系列伺服液压材料试验系统、澳大利亚 Industrial Process Controls Ltd. 生产的沥青混合料基本性能试验仪(SPT)和同为澳大利亚 IPC 公司生产的 UTM 系列伺服液压或气动材料试验系统,如图7-10~图7-12所示。

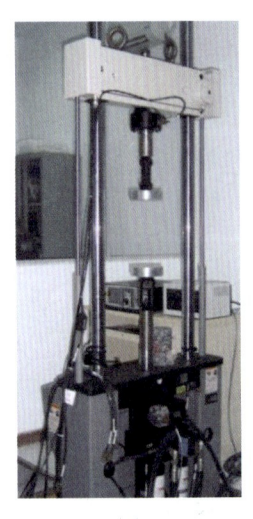

图7-10　MTS 810 系列材料试验系统　　图7-11　沥青混合料基本性能试验仪　　图7-12　UTM 系列材料试验系统

同济大学道路与交通工程教育部重点实验室 MTS 810 系列材料试验系统由美国 MTS Systems Corporation 生产,能够满足规范对于沥青混合料动态模量测试试验机的要求。

(3)动态模量室内试验试件成型

《公路工程沥青及沥青混合料试验规程》(JTG E20—2011)中对单轴压缩动态模量试验试件成型方法进行了规定。该方法主要参照美国 ASTM D3497、AASHTO TP62-03 及我国实际状况制定。ASTM D3497 中规定试验试件的尺寸为:高度/直径 = 2/1,其中直径最小尺寸为 4 英寸（101.6mm），而 AASHTO TP62-03 则为，高度/直径 = 1.5/1，试件直径为 4 英寸（101.6mm）。我国参考 AASHTO 62-03，为了方便操作，最终确定的试件尺寸：直径 100mm ± 2mm，高 150mm ± 2.5mm。

沥青混合料成型方法主要有马歇尔击实法、车辙板成型法、汉堡车辙仪成型法、手扶压路机成型法、旋转压实成型法等，为了保证成型试件质量，结合实验室现状和经济性考虑，最终选定旋转压实成型法，成型 170mm × 150mm 试件。试件成型采用高度控制法，根据马歇尔试验确定的孔隙率和油石比，计算所需混合料，拌和成型试件。然后钻芯取样得到试验试件，每组试验有效试件数量不少于 4 个，如图 7-13 所示。

图 7-13　旋转压实试验机及成型试件

7.2.3　沥青混合料动态模量影响因子分析

基于内蒙古地区寒区重载的特定路面服役条件，对沥青混合料动态模量影响因素进行选择和确定。主要考察温度、荷载及沥青老化对路面沥青层混凝土模量的影响，同时考虑内蒙古地区典型的路面结构、混合料类型等。

由分析可知，影响室内沥青混合料动态模量模量的因素有很多，主要包括：应变水平、试验温度、试验频率、沥青种类和用量、混合料类型、空隙率、集料种类、老化水平等。

(1) 试验温度

内蒙古地区地处寒区，冬季气候寒冷，夏季温度较高，一年之中温度变化很大。温度变化也成为当地高等级沥青路面病害形成的主要原因之一。对于实际路面而言，环境温度的变化会导致路面沥青层力学性能的变化，也就是面层混凝土模量发生变化，而且变化幅度很大，这是世界各国道路研究人员普遍认同的观点。交通部公路科学研究所开展的"路面材料动力参数特性的试验研究"中得出温度是动态模量的重要影响因素，并且在美国沥青协会（AI）和 AASHTO 2002 的动态模量公式中都把温度作为重要变量纳入进来。

对于动态模量试验温度的确定，美国 ASTM D3497 中规定试验温度为 5℃、25℃、40℃；AASHTO TP62-03 中规定试验温度为 - 10℃、4.4℃、21.1℃、37.8℃、54.4℃；我国《公路工程沥青及沥青混合料试验规程》（JTG E20—2011）规定试验温度为 - 10℃、5℃、20℃、35℃、50℃。

内蒙古地区冬季气候严寒,能达到 -30~20℃以下。试验温度的选择需要考虑内蒙古地区沥青路面服役的实际环境。本书考虑到过低的试验温度对试验保温设备要求很高,需要专门设备。同时,过低的温度会使沥青混合料试件产生低温开裂破坏,难以保证试验的精度;而且沥青路面低温开裂破坏更多的是由于气温急剧下降导致的沥青材料温缩应力大于材料本身抗拉强度,而温度剧降又使得沥青材料没有足够的应力松弛时间,这种性能难以用沥青混合料抗压动态模量描述。因此,本书放弃过低的试验温度测试。选择以《公路工程沥青及沥青混合料试验规程》(JTG E20—2011)规定为的试验温度标准,即 -10℃、5℃、20℃、35℃、50℃。

（2）试验荷载

对于内蒙古地区重载路面而言,沥青路面面层混凝土在低温及重荷载的双重作用下,产生了相对于其他地区更严重的路面病害。荷载的选择需要考虑当地交通实际状况。

国内外有大量的试验研究证明,移动的车轮荷载对路面产生接近于正弦曲线的应力-应变效应。ASTM D3497 规定在试验温度下对试件施加 0~241kPa 的正弦荷载,加载时间至少 30s,但不超过 45s。

动态模量的研究是基于混合料试件在变形处于线黏弹性范围之内的应力-应变分析。过大和过小的应变水平都难以反映沥青混合料的黏弹性特征,过大的应变水平会使材料形变超出了线黏弹性范围;而过小的应变水平会使得试验误差增大,试验精度大打折扣,同时试验的不确定因素对试验结果的影响会显著增加。所以,在动态模量试验中,应变水平应控制在一个合理水平。在不同的试验温度下,要把试件变形量控制在适当的水平,就需要加载不同的试验荷载。通过资料调研将试验荷载作用下的试件轴向响应应变控制在 $50~150\mu\varepsilon$ 是一个比较合理的选择,这与 AASHTO TP62-03 和 NCHRP 9-19/9-29 标准相一致。我国《公路工程沥青及沥青混合料试验规程》(JTG E20—2011)中规定了各温度下荷载的大致水平及各加载频率下的荷载作用次数。其中,不同温度下荷载作用水平范围如表 7-16 所示。

沥青混合料动态模量室内试验各试验温度下试验荷载水平的取值范围　　表 7-16

序　号	试验温度（℃）	荷载范围（kPa）
1	-10	35~70
2	5	140~250
3	20	350~700
4	35	700~1400
5	50	1400~2800

本书采用正弦波加载,正弦波形示意如图 7-14 所示,荷载加载频率及每个荷载作用下的重复次数如表 7-17 所示。

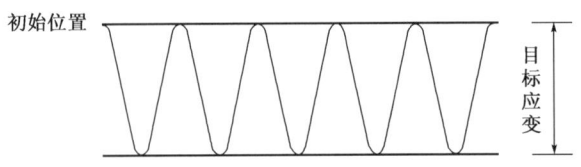

图 7-14　沥青混合料动态模量室内试验荷载加载正弦波示意图

沥青混合料动态模量室内试验荷载频率及加载重复次数　　　表7-17

序　号	频率(Hz)	重复次数(次)
1	25	200
2	10	200
3	5	100
4	1	20
5	0.5	15
6	0.1	15

在任意两个试验频率下,采用试验间隔时间为2min。试验采集最后5个波形的荷载及变形曲线,记录并计算试验施加荷载、试件轴向可恢复变形、动态模量。

(3) 沥青及沥青混合料

对于沥青材料,根据调研结果,内蒙古地区高等级沥青路面主要采用90号基质沥青及SBS改性沥青。其中,基质沥青主要用于三层路面结构的下面层,改性沥青主要用于上中面层。本书主要针对内蒙古地区实际路面状况进行研究,因此选择SBS改性沥青和90号基质沥青作为试验沥青。

对于沥青混合料,内蒙古地区高等级道路沥青面层混凝土下面层主要采用AC-25C,中面层主要采用AC-20C,上面层主要采用AC-16C。本次试验采用这三种沥青混合料,本次试验采用的沥青及沥青混合料组合如表7-18所示。

内蒙古地区典型路面结构动态模量室内试验沥青及沥青混合料　　　表7-18

编　号	沥　青	混　合　料
1	基质	AC-25C
2	基质	AC-20C
3	改性	AC-20C
4	改性	AC-16C
5	基质	AC-16C

本试验研究内蒙古地区沥青路面采用三种典型混合料,另外补充两组混合料,AC-20C + 基质沥青及AC-16C + 基质沥青组合。

对所用原材料沥青、集料和矿粉基本路用性能进行检验;沥青用量是沥青混合料性能的重要影响因素之一,由马歇尔配合比设计试验确定最佳沥青用量;对最佳油石比条件下的沥青混合料进行基本性能试验,保证其基本路用性能。

与沥青用量相似,空隙率也是沥青混合料性能的重要影响因素之一。按照马歇尔试验进行沥青混合料设计,保证孔隙率满足路用性能要求。

(4) 集料种类

集料的种类、岩性和黏附性差异对沥青混合料的动态模量都有可能产生影响。同时,由于石料生产加工工艺不同所导致的集料表面粗糙程度、针片状颗粒含量等外形差异,也有可能对混合动态模量产生影响。考虑到作为沥青混合料动态模量影响因素的集料本身性质的复杂性、不可控性,同时在资料调研过程中发现,集料种类对沥青混合料的动态模量影响较小,本书直接选择内蒙古地区常用集料,不再作为控制指标进行设计。本书集料采用内蒙古地区常用集料。其中,粗集料采用玄武岩,细集料采用石灰岩。

内蒙古地区沥青路面所处环境较为恶劣,冬季严寒,夏季紫外线较强,沥青容易老化。沥青老化对混合料模量变化会产生重要影响。

7.2.4 沥青混合料动态模量室内试验方案确定

1)动态模量室内试验方案

根据调研结果,内蒙古地区高等级道路沥青面层一般采用两层或者三层结构,沥青混合料主要为 AC-16C、AC-20C、AC-25C,上、中面层一般采用改性沥青,下面层采用基质沥青。因此,在本次模量代表值试验时,考虑采用 5 种类型沥青混合料进行试验,具体如表 7-19 所示。

内蒙古地区典型沥青混合料动态模量室内试验混合料种类　　表7-19

编　号	沥青种类	混合料类型
1	改性	AC-16C
2	基质	AC-16C
3	改性	AC-20C
4	基质	AC-20C
5	基质	AC-25C

本次动态模量室内试验同时需要考虑混合料类型、集料种类、沥青用量、孔隙率、应力水平、试验温度、荷载及频率等试验因素,同时每组室内试验设置四组平行试验,如表 7-20 所示。

内蒙古地区典型沥青混合料动态模量室内试验参数及方案　　表7-20

编　号	试 验 参 数	试 验 方 案
1	级配	由混合料设计确定
2	集料种类	石灰岩(0~3mm)、玄武岩(剩余)
3	沥青用量(油石比)	由马歇尔试验确定最佳沥青用量
4	设计空隙率	由马歇尔试验确定孔隙率
5	应力水平	50~150 微应变下对应的应力
6	试验温度(℃)	-10、5、20、35、50
7	试验频率(Hz)	0.1、0.5、1、5、10、25
平行试验次数(次)		4
总共试验次数(次)		600

2)动态模量室内试验步骤

(1)试验准备及混合料设计

本次动态模量室内试验采用内蒙古地区卓资山附近料场石料作为试验集料,采用当地主要沥青供应商供应的 90 号基质沥青和 SBS 改性沥青作为试验用沥青材料。考虑到沥青混合料粒径组成对试件影响较大,为防止平行试件之间的离散性对试验结果造成影响,对原材料进行筛分,按照级配曲线分档准备集料,进行原材料基本性能试验,试验表明原材料基本性能符合规范要求。在原材料性能试验的基础上进行沥青混合料设计,得到 AC-16C + SBS 改性沥青混合料的最佳油石比为 5.1%,该油石比下的孔隙率为 3.6%;AC-20C + SBS 改性沥青混合料的最佳油石比为 4.4%,该油石比下的孔隙率为 4.3%;AC-25C + 基质沥青混合料最佳油石比为 4.2%,该油石比下的孔隙率为 4.7%。

为了对比分析沥青种类对混合料动态模量的影响,同种混合料、不同种类的沥青采用相同的沥青含量成型试件,进行动态模量室内试验。

根据马歇尔试验结果准备动态模量所需集料及沥青材料,为后续动态模量室内试验试件成型做准备。

(2)成型试件

沥青混合料动态模量室内试验的试件成型方法为旋转压实法,采用控制高度法进行试件成型,成型试件尺寸为:高 170mm × 直径 150mm 的圆柱体,成型试件后不待冷却即进行脱模处理,以成型下一个试件。试件成型过程中注意控制旋转压实温度。一种混合料成型 4 个平行试件,5 组一共 20 个试件。

采用钻机从旋转压实试件中钻取直径为 100~104mm 的试样,要求钻机与取样芯件固定,钻头与地面垂直。将钻取芯样进行切割,切割面与高垂直,切割高度为 150 ± 2.5mm。

(3)试验

按照规范要求成型试件备用。动态模量室内试验分三组进行,第一组为 AC-16C + 改性沥青及 AC-16C + 基质沥青,第二组为 AC-20C + 改性沥青及 AC-20C + 基质沥青,第三组为 AC-25C + 基质沥青。相同的混合料采用相同的沥青用量进行试验。

试验从 -10℃开始进行,将位移传感器安置于试件侧面中部,使其与试件端面垂直,对面安装两个传感器,接入 MTS 810 的数据采集系统,调节位移传感器,使其测量范围内可以测量试件压缩变形。将试件放在加载板中心位置,为减小试件端面与加载板间的摩擦力,减小端部效应,在试件与上下加载板之间各放一块四氟乙烯薄膜。将试件放入保温箱,将保温箱温度调到 -10℃,保温 8h,开始试验。

试验前以 5% 的接触荷载对试件进行预压,保证试件表面与加载板上下表面接触良好,对试件施加正弦波,试验从高频 25Hz 开始加载,依次向低频逐次加载 25Hz、10Hz、5Hz、1Hz、0.5Hz、0.1Hz。任意两个加载频率时间间隔为 2min,取最后 5 个波形的荷载及变形曲线,记录并计算试件荷载、可恢复变形及动态模量。

7.2.5 沥青混合料动态模量室内试验结果

内蒙古地区典型沥青混合料动态模量室内试验研究共进行了 600 次单轴压缩动态模量试验(5 种混合料各 120 次)。每组试验包含 4 次平行试验,平行试验的试验结果按试验数据的离散程度进行剔差处理,剔差的标准为:当一组平行试验测定值中某个测定值与平均值之差大于标准差的 k 倍时,该次试验数据应予以舍弃,并以其余测定值的平均值作为试验结果,同时保证每组试验的有效试件数量不少于 3 个。有效试件数目为 3、4、5、6 时,k 值分别为

1.15、1.46、1.67、1.82。

剔差标准中所考虑的试验结果指标为动态模量值。每次试验数据离散程度达到剔差标准,该数据点全部数据即予以舍弃。在所有600次动态模量室内试验中,共有24次试验的数据被舍弃(其中:AC-16C+SBS改性沥青混合料试验数据舍弃5次、AC-16C+90号基质沥青混合料试验数据舍弃4次、AC-20C+SBS改性沥青混合料试验数据舍弃7次、AC-20C+90号基质沥青混合料试验数据舍弃2次、AC-25C+90号基质沥青混合料试验数据舍弃6次),剩余有效试验次数共576次。本次寒区重载沥青路面动态模量及其变化规律研究,就以此576次试验作为基础数据进行研究分析。

对5种典型沥青混合料进行室内动态模量试验,室内动态模量试验具体结果如表7-21~表7-25所示。

(1)AC-16C沥青混合料动态模量试验结果(表7-21、表7-22)

AC-16C+SBS改性沥青混合料动态模量试验结果　　　　表7-21

温度 (℃)	动态模量(MPa)					
	25Hz	10Hz	5Hz	1Hz	0.5Hz	0.1Hz
-10	24012	23521	22093	20601	19266	18528
5	17114	16563	14618	12014	11625	8919
20	12008	10202	8453	5242	4215	2380
35	4380	3005	2322	1333	1091	706
50	1516	1120	860	653	567	435

AC-16C+90号基质沥青混合料动态模量试验结果　　　　表7-22

温度 (℃)	动态模量(MPa)					
	25Hz	10Hz	5Hz	1Hz	0.5Hz	0.1Hz
-10	30918	29637	28404	22543	21105	19593
5	17134	15594	14481	12423	10859	8927
20	13204	12042	9492	5972	4842	2648
35	3585	2412	1767	1115	957	625
50	1694	1101	823	468	387	288

(2)AC-20C沥青混合料动态模量试验结果(表7-23、表7-24)

AC-20C+SBS改性沥青混合料动态模量试验结果　　　　表7-23

温度 (℃)	动态模量(MPa)					
	25Hz	10Hz	5Hz	1Hz	0.5Hz	0.1Hz
-10	27730	27445	26987	24086	23934	20031
5	20739	18632	16521	13549	12301	9087
20	12014	11026	10707	6346	5032	2876
35	6255	3765	2852	1732	1569	1179
50	2228	1731	1415	938	762	623

AC-20C+90号基质沥青混合料动态模量试验结果   表 7-24

温度 (℃)	动态模量（MPa）					
	25Hz	10Hz	5Hz	1Hz	0.5Hz	0.1Hz
-10	33909	32091	30820	27081	25525	22724
5	22266	18172	16961	11945	10357	8263
20	11994	10222	9633	5609	4436	2042
35	4301	2806	2172	1401	1239	780
50	1275	955	692	468	412	341

（3）AC-25C 沥青混合料试验结果（表 7-25）

AC-25C+90号基质沥青混合料动态模量试验结果   表 7-25

温度 (℃)	动态模量（MPa）					
	25Hz	10Hz	5Hz	1Hz	0.5Hz	0.1Hz
-10	32974	31335	30351	27749	26879	23571
5	23381	21512	20093	15441	13900	10283
20	12782	9925	8318	5016	3990	2132
35	6543	4015	3411	1757	1277	754
50	1237	1044	843	512	459	387

7.2.6 沥青混合料动态模量室内试验结果分析

本次沥青混合料动态模量室内试验共进行了 5 种混合料、共计 600 次模量试验，剔除 24 次误差较大的试验数据，剩余有效试验数据 576 个。对试验结果进行分析，以研究各因素对混合料动态模量值的影响，考虑因素包含试验温度和荷载频率。

（1）试验温度对沥青混合料动态模量的影响

以室内试验的试验温度为横坐标，以沥青混合料动态模量值为纵坐标，将 5 种沥青混合料的动态模量室内试验结果分别绘制于坐标轴上，如图 7-15～图 7-17 所示。

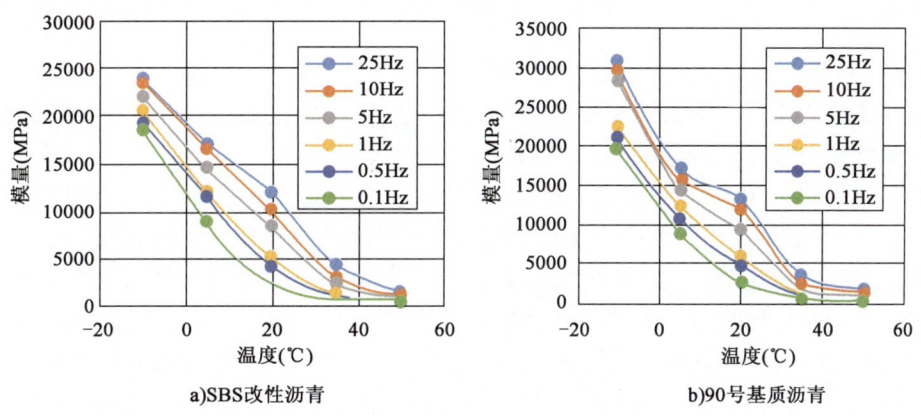

a）SBS改性沥青   b）90号基质沥青

图 7-15   AC-16C 沥青混合料动态模量随温度变化趋势图

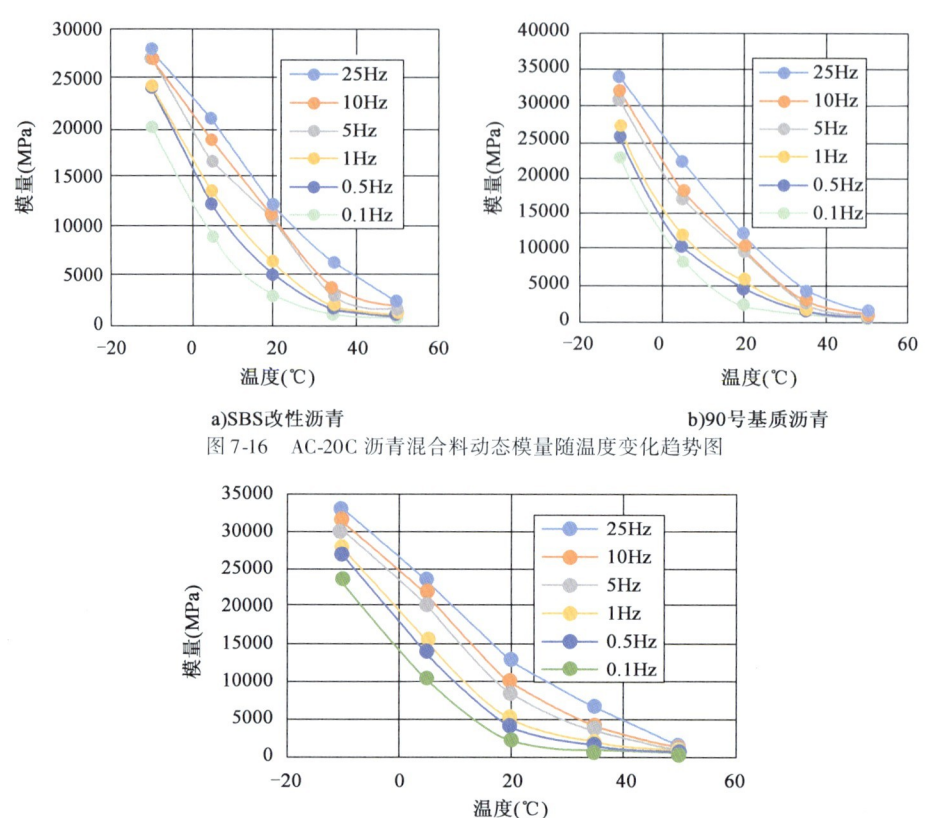

a)SBS改性沥青　　　　　　　　　　　　b)90号基质沥青

图7-16　AC-20C沥青混合料动态模量随温度变化趋势图

图7-17　AC-25C+90号基质沥青混合料动态模量随温度变化趋势图

由图7-15～图7-17可以看出,沥青混合料动态模量值随着试验温度的升高而降低。分析认为:在不同的温度域内,沥青混料的力学特性相差很大。在低温域内,沥青混合料的动态模量很高,几乎不会产生流动变形,沥青混合料趋于弹性,此时沥青面层混凝土容易因重载或者荷载的长期作用而产生开裂破坏;随着温度的增加,沥青混合料的弹性效应削弱,黏性效应增强,表现在动态模量室内试验中的现象是试件变形量急剧增加,同时试件变形中弹性变形所占比例不断减小,动态模量快速降低;在重载作用下,混合料容易产生较大塑形永久变形,当温度达到一定程度,此时的沥青面层混凝土在重载作用下,极易产生较大程度的永久变形,永久变形累积而出现车辙病害。

(2)荷载频率对沥青混合料动态模量的影响

以室内试验的荷载频率为横坐标,以沥青混合料动态模量值为纵坐标,将5种沥青混合料的动态模量值分别绘制于坐标轴上,如图7-18～图7-20所示。

由图7-18～图7-20可以看出,沥青混合料的动态模量值随着荷载频率的增加而增加。分析认为:荷载频率是荷载作用的一个重要参数,由于沥青混合料是黏弹性材料,混合料在动态荷载作用下,其变形响应并不会瞬间完成,卸载时混合料回弹变形也会经历一个过程,需要一定的时间完成全幅变形响应。在同一荷载应力水平作用下,荷载频率不同,混合料的变形响应也不同,进而对模量值产生影响。汽车在沥青路面行驶,对于某一个沥青路面断面,随着车轮的驶入,其所承受荷载作用由零增加到峰值,而随着车轮的驶离,其所承受荷载由峰值降为零。经国内外研究表明,汽车驶入和驶离的力学过程近似为正向波加载。车速越慢,荷载频率越低,混合料的动态模量也就越低。当天气炎热,地面温度很高时,沥青混合料在极低的荷载频率下,动态模量也很低,路面极易发生车辙病害,因此在经常性行车缓慢或者需要经常停车地段(如高速公路收费站、城市道路交叉口、停车场等),要特别注意路面高温性能。

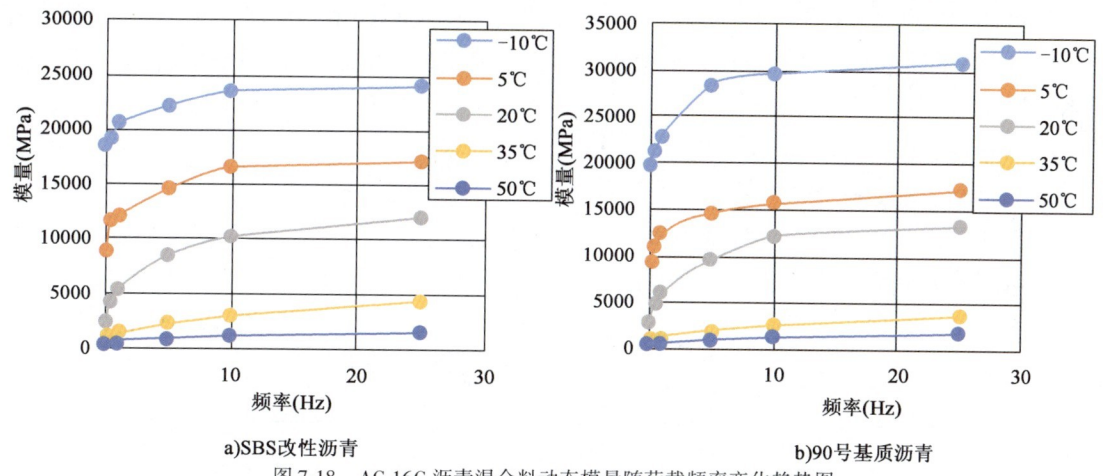

图7-18　AC-16C沥青混合料动态模量随荷载频率变化趋势图

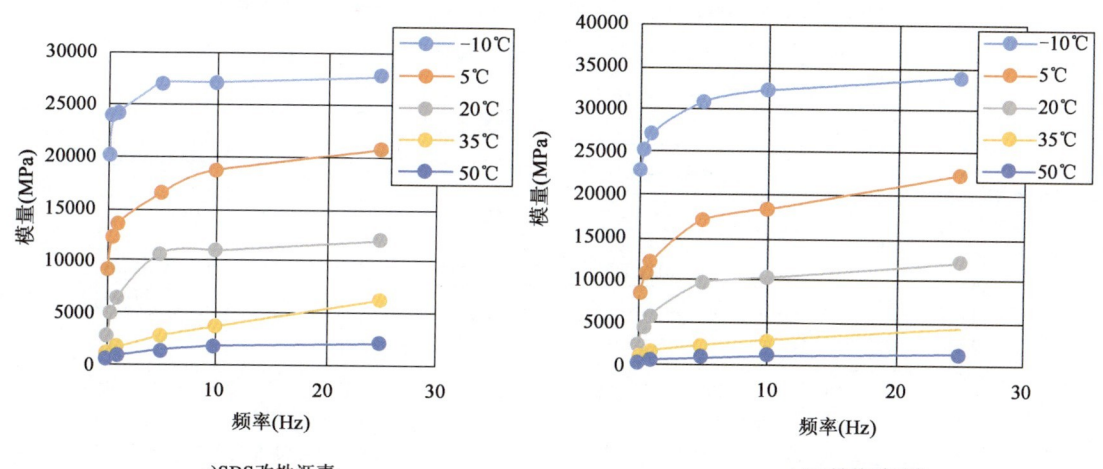

图7-19　AC-20C沥青混合料动态模量随荷载频率变化趋势图

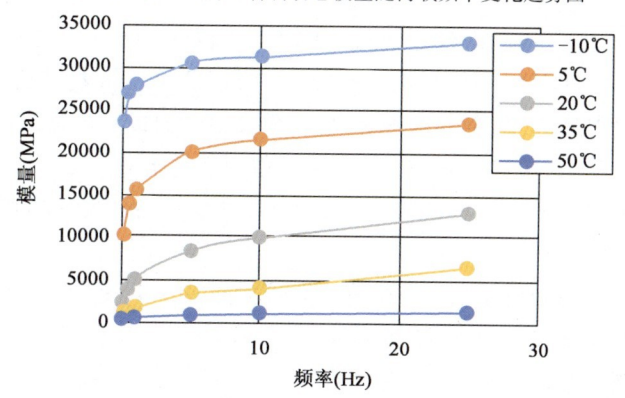

图7-20　AC-25C+90号基质沥青混合料动态模量随荷载频率变化趋势图

(3)沥青种类对沥青混合料动态模量的影响

对比动态模量室内试验数据发现:在低温及荷载频率较高条件下,同种沥青混合料,改性沥青混合料动态模量值明显较小;在高温以及荷载频率较低的条件下,改性沥青混合料动态模量值明显较大。AC-16C(90号基质沥青和SBS改性沥青)和AC-20C(90号基质沥青和SBS改性沥青)沥青混合料在25℃和50℃试验条件下的动态模量值对比如图7-21、图7-22所示。

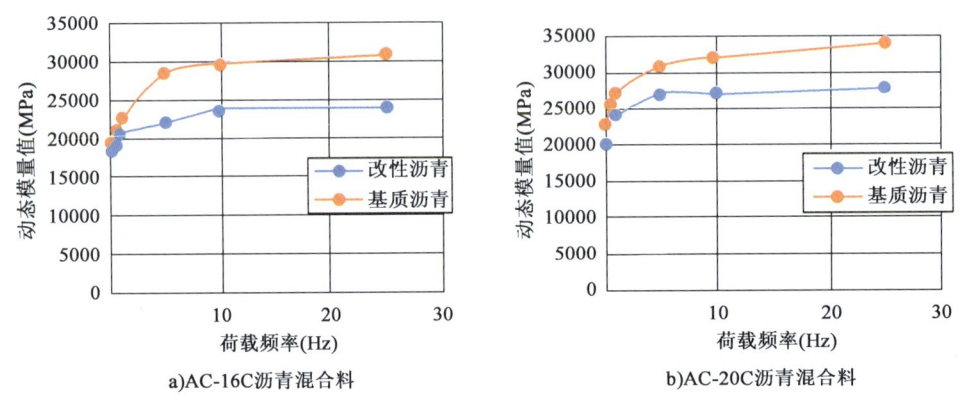

图7-21 在-10℃试验条件下不同沥青种类沥青混合料动态模量对比图

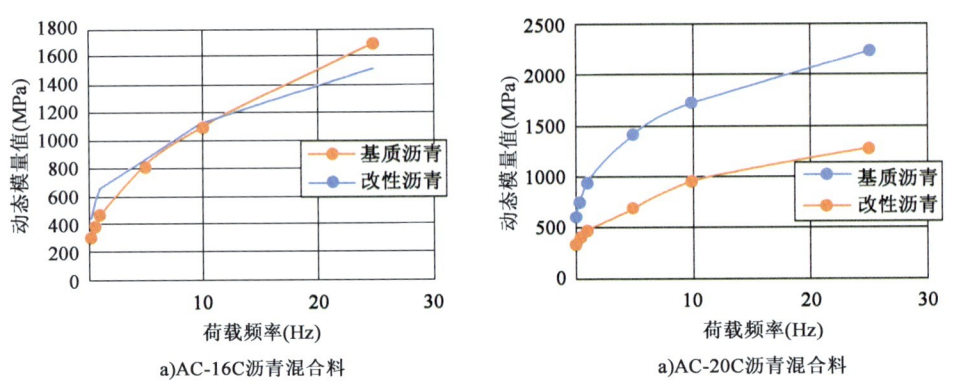

图7-22 在50℃试验条件下不同沥青种类沥青混合料动态模量对比图

低温条件下,沥青混合料动态模量越高,在相同荷载作用下,其变形量越小。在寒冷的冬季,环境温度急剧下降,沥青路面材料遇冷收缩产生温缩变形,路面材料模量越大,其在相同变形量下产生的温缩应力越大,材料越容易产生微裂纹,在路面行车荷载作用下,路面材料在微裂纹处出现应力集中现象,微裂纹扩散,进而导致路面裂缝病害。

沥青混合料动态模量室内试验表明,在相同的低温条件下,改性沥青混合料动态模量值较小,其低温条件下的路用性能更好。

在高温和低荷载频率条件下,路面容易产生较大量的永久变形,永久变形累积而成车辙病害。沥青混凝土动态模量值越高,其在相同荷载作用下的变形量越小。动态模量室内试验研究表明,在较高的试验温度条件下,改性沥青混合料的动态模量值明显较大,其抗车辙性能更好。

7.3 沥青混合料动态模量主曲线及预估模型研究

7.3.1 动态模量主曲线

(1) 时温等效原理

典型的热流变黏弹性材料力学状态随着温度的变化而变化,温度由低到高,黏弹性物质分别处在玻璃态、橡胶态和黏流态,可以用形变与温度曲线描述,见图 7-23。

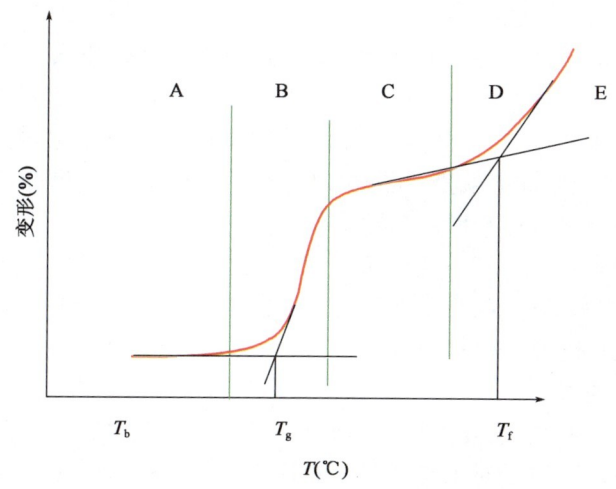

图 7-23　高聚物黏弹特性和温度关系图
A-玻璃态;B-过渡区;C-高弹态;D-过渡区;E-黏流态;T_b-脆化温度、T_g-玻璃化温度、T_f-黏流温度

由图 7-23 可知,非晶态无定型高分子聚合物的理想形变-温度曲线可以分为 3 种力学状态(玻璃态、橡胶态和黏流态)和 2 个相应的转变区域(玻璃态-橡胶态转变区和橡胶态-黏流态转变区)。当温度很低时,高聚物分子运动的能量很低,主链内旋转的势垒不能被克服,链段此时处于冻结状态,只有如侧基、支链与小链节等较小的运动单元能够移动,此时的高分子聚合物处于玻璃态;随着温度升高,分子热运动的能量逐渐变大,当热运动的能量持续升高到某一程度,能够克服内旋转的势垒时,链段可通过主链中单键的内旋转不断改变构象,部分链段甚至可以产生滑移,聚合物便进入了高弹态;温度继续升高,链段运动的松弛时间缩短,同时整个分子链移动的松弛时间也缩短到与试验观察的时间同一数量级,这时聚合物在外力的作用下发生黏性流动,聚合物进入黏流态。

时温等效的自由体积理论最初由 Fox 和 Flory 提出,他们认为液体或固体物质,其体积由两部分组成:一部分是被分子占据的体积,称为占有体积;另一部分是未被占据的自由体积。

沥青混合料是一种典型的黏弹性材料,在荷载作用下的力学响应特征受加载时间和环境温度影响很大。同时,混合料力学响应中的时间效应与温度效应是等效性的,能相互转换,这就是沥青混合料的时温等效效应。从微观上解释就是黏弹性材料的力学特性取决于材料的分子链和运动活性,升高温度可以激活分子链运动能力,黏度降低,蠕变和松弛时间变短,与延长作用时间效果相同。

为了对时温等效效应进行定量描述,可以建立相应的数学模型,该模型被称为时间-温度换算法则。黏弹性力学行为的时间-温度换算法则通常采用时间 t 的对数坐标描述。根据时温等效原理,在不同的温度状况下,随加载频率的变化,动态模量变化曲线几何形状是相同的。选择一个基准温度,将其他温度下的动态模量-频率变化曲线沿水平方向平移一定的距离 $\lg a(T)$,与基准温度下的模量曲线重合,得到动态模量的主曲线。$\lg a(T)$ 被称为该温度相对于基准温度的移位因子,移位因子仅与温度有关。这样,得到的主曲线时间(频率)范围将远远超过实测时间(频率)范围,这时所得到的主曲线特征函数的时间(频率)历程并非试验测定经历的真实历程,通常我们将其称为换算时间(频率)。

(2)沥青混合料动态模量主曲线

沥青混合料是典型的黏弹性材料,其力学响应特征与荷载加载方式存在明显相关关系。利用动态模量描述沥青混合料在动态荷载作用下的力学响应特征,荷载频率越高,沥青材料动态模量值越大。沥青混合料的动态模量随着加载频率的变化而变化,其关系可以用函数表达式描述,反映到笛卡尔坐标轴上就是一条光滑的曲线。然而,由于试验条件的限制,我们很难得到极低频率和极高频率下动态模量的测试值。由时温等效原理可知,沥青混合料的动态模量受温度和加载时间影响,且温度效应和时间效应是等效的。因此,通过不同温度下的模量试验得到模量值,通过左右平移,以高温下的模量值模拟参考温度下的低频模量值,以低温下的模量值模拟参考温度下的高频模量值,最后得到一条关于模量值与荷载频率的光滑曲线,也就是所谓的动态模量主曲线。

要得到动态模量主曲线,需要利用一定的数学模型对试验数据进行描述,通过平移拟合,可以得到不同温度下动态模量对于参考温度的移位因子,进而对数据进行平移,得到动态模量主曲线。国内外大量研究表明,沥青混合料动态模量主曲线可以用西格摩德(Sigmoidal)数学模型来表示,该数学模型形式如公式(7-15)所示。

$$\lg E = \delta + \frac{\alpha}{1 + e^{\beta + \gamma(\lg f_r)}} \tag{7-15}$$

式中:E——动态模量(MPa);

f_r——参考温度下的荷载频率(Hz),也称为缩减频率;

δ、α、β、γ——回归系数;

δ——动态模量最小值;

β、γ——Sigmoidal 函数形状参数。

西格摩德(Sigmoidal)模型给出在参考温度下,沥青混合料动态模量与加载时间(频率)之间的函数关系。其中,δ、α 是模型拟合参数,由混合料级配、沥青饱和度和空隙率等确定,而 β、γ 是描述 Sigmoidal 模型形状的参数,由沥青胶结料特性和拟合参数 δ、α 的大小确定。移位因子反映了沥青混合料动态模量对环境温度的依赖关系,式(7-16)和式(7-17)给出移位因子的关系式。

$$t_r = \frac{t}{a(T)} \tag{7-16}$$

$$\lg(t_r) = \lg(t) - \lg[a(T)] \tag{7-17}$$

式中：t_r——在参考温度下的加载时间(s)；
t——被换算温度下的加载时间(s)；
$\lg[a(T)]$——移位因子,是温度的函数；
T——被换算的温度(℃)。

本书将根据沥青混合料动态模量室内试验结构,利用最小二乘法拟合分析得到 5 种混合料的动态模量主曲线和位移因子、动态模量主曲线 Sigmoidal 数学模型。

以 $\lg(E^*)$ 为纵坐标,$\lg t$ 为横坐标,将 5 种沥青混合料动态模量室内试验结果取对数进行转换,选取 20℃为基准温度,利用 MATLAB 数学分析软件对 5 种沥青混合料动态模量室内试验结果进行最小二乘法拟合分析,得到不同试验温度下沥青混合料动态模量对于参考温度的位移因子,利用位移因子对动态模量室内试验数据进行平移拟合,得到 5 种沥青混合料动态模量主曲线,同时利用室内试验数据对西格摩德(Sigmoidal)模型进行标定。

7.3.2 基于西格摩德模型的沥青混合料动态模量主曲线标定

1) AC-16C 沥青混合料动态模量主曲线标定

(1) AC-16C + SBS 改性沥青混合料

选取 20℃为基准温度,对 AC-16C + SBS 改性沥青混合料动态模量室内试验数据进行动态模量主曲线最小二乘法拟合分析,得到沥青混合料动态模量位移因子 $\lg[a(T)]$,如图 7-24a)所示,根据位移因子对混合料动态模量数据进行平移拟合得到动态主曲线,如图 7-24b)所示。

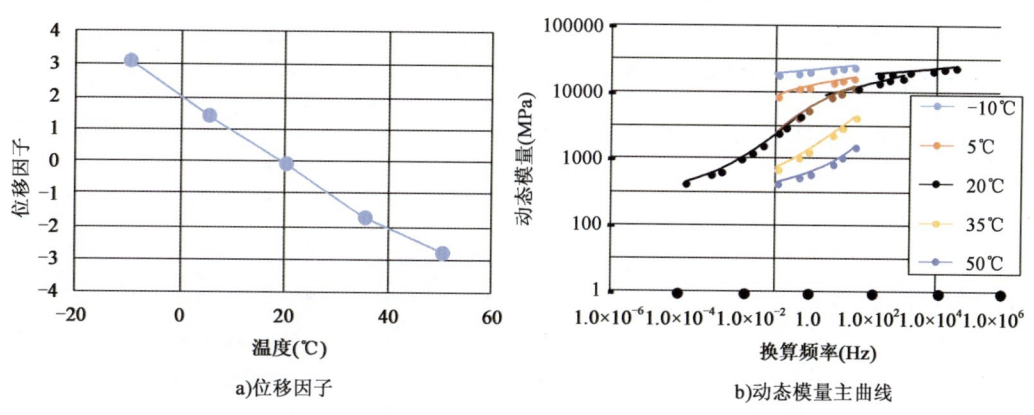

a) 位移因子

b) 动态模量主曲线

图 7-24 AC-16C + SBS 改性沥青混合料动态模量主曲线和位移因子

利用西格摩德(Sigmoidal)模型对 AC-16C + SBS 改性沥青混合料动态模量室内试验结果进行最小二乘法数值拟合,得到该混合料动态模量主曲线在 20℃参考温度下的西格摩德(Sigmoidal)模型,拟合得到的西格摩德模型及沥青混合料动态模量主曲线如式(7-18)和图 7-25 所示。

$$\lg(E^*) = 2.125 + \frac{2.347}{1 + e^{-0.7324 - 0.6056 \lg t_r}} \tag{7-18}$$

数值拟合相关系数 R 为 0.994,表明本回归模型对 AC-16C + SBS 沥青混合料动态模量室内试验结果的拟合程度非常高,拟合效果非常好。

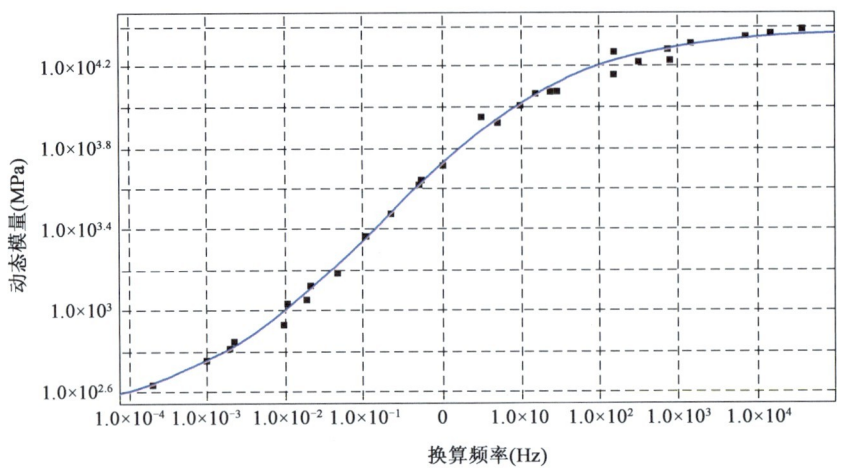

图 7-25　AC-16C + SBS 改性沥青混合料动态模量拟合西格摩德(Sigmoidal)模型

(2) AC-16C + 90 号基质沥青混合料

选取 20℃为基准温度,对 AC-16C + 90 号基质沥青混合料动态模量室内试验数据进行动态模量主曲线最小二乘法拟合分析,得到沥青混合料动态模量位移因子 $\lg[a(T)]$,如图 7-26a)所示,根据位移因子对混合料动态模量数据进行平移拟合得到动态主曲线,如图 7-26b)所示。

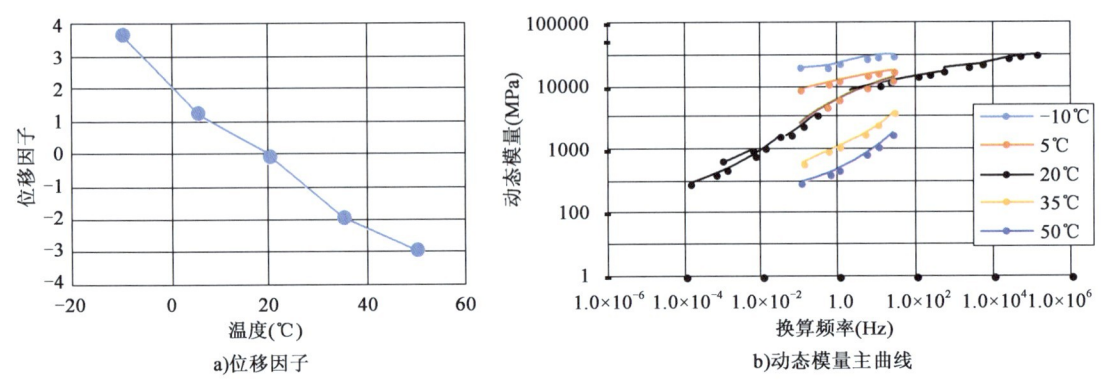

a)位移因子　　　　　　　　　　　　　　b)动态模量主曲线

图 7-26　AC-16C + 90 号基质沥青混合料动态模量主曲线和位移因子

利用西格摩德(Sigmoidal)模型对 AC-16C + 90 号基质沥青混合料动态模量室内试验结果进行最小二乘法数值拟合,得到该混合料动态模量主曲线在 20℃参考温度下的西格摩德(Sigmoidal)模型,拟合得到的西格摩德模型及沥青混合料动态模量主曲线如式(7-19)和图 7-27 所示。

$$\lg(E^*) = 2.012 + \frac{2.466}{1 + e^{-0.8824 - 0.6218 \lg t_r}} \quad (7\text{-}19)$$

数值拟合相关系数 R 为 0.995,表明本回归模型对 AC-16C + 90 号基质沥青混合料动态模量室内试验结果的拟合程度非常高,拟合效果非常好。

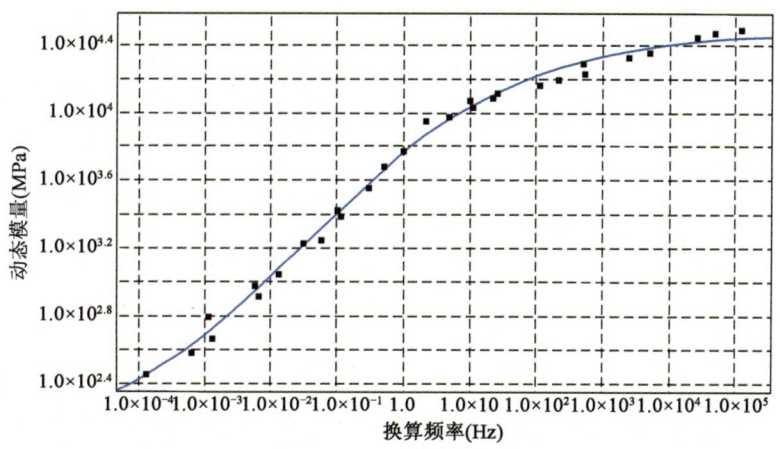

图7-27　AC-16C+90号基质沥青混合料动态模量拟合西格摩德(Sigmoidal)模型

2) AC-20C沥青混合料动态模量主曲线标定

（1）AC-20C+SBS改性沥青混合料

选取20℃为基准温度,对AC-20C+SBS改性沥青混合料动态模量室内试验数据进行动态模量主曲线最小二乘法拟合分析,得到沥青混合料动态模量位移因子,如图7-28a)所示,根据位移因子对混合料动态模量数据进行平移拟合得到动态主曲线,如图7-28b)所示。

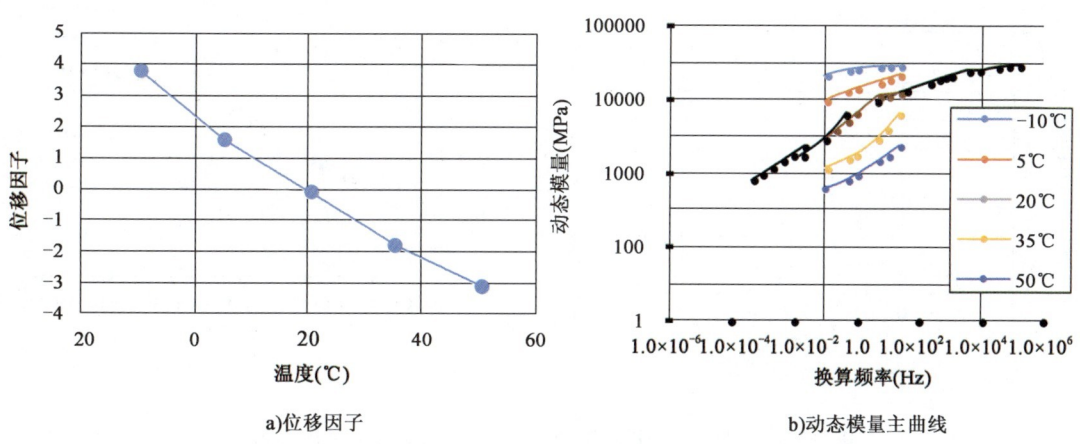

a) 位移因子　　　　　　　　　　　　　　b) 动态模量主曲线

图7-28　AC-20C+SBS改性沥青混合料动态模量主曲线和位移因子

利用西格摩德(Sigmoidal)模型对AC-20C+SBS改性沥青混合料动态模量室内试验结果进行最小二乘法数值拟合,得到该混合料动态模量主曲线在20℃参考温度下的西格摩德(Sigmoidal)模型,拟合得到的西格摩德模型及沥青混合料动态模量主曲线如式(7-20)和图7-29所示。

$$\lg(E^*) = 2.097 + \frac{2.476}{1 + e^{-0.7729 - 0.4591 \lg t_r}} \quad (7-20)$$

数值拟合相关系数 R 为0.994,表明本回归模型对AC-20C+SBS改性沥青混合料动态模量室内试验结果的拟合程度非常高,拟合效果非常好。

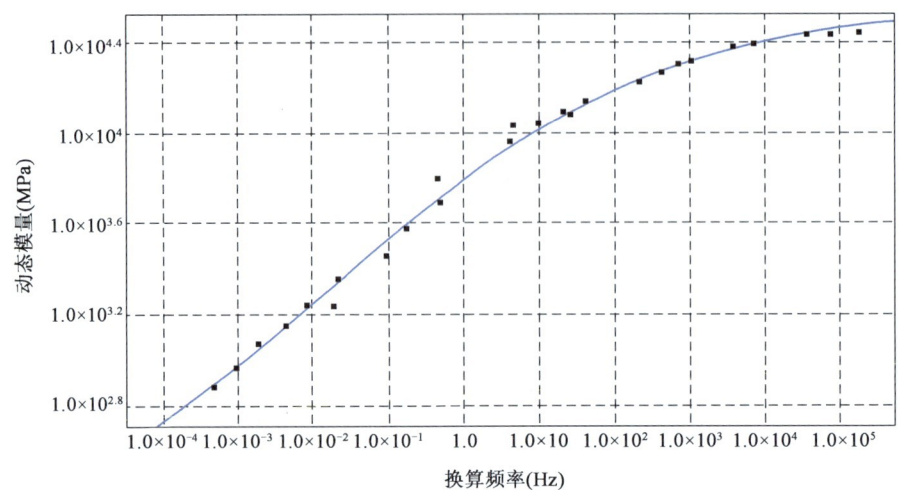

图 7-29　AC-20C + SBS 改性沥青混合料动态模量拟合西格摩德(Sigmoidal)模型

（2）AC-20C + 90 号基质沥青混合料

选取 20℃为基准温度,对 AC-20C + 90 号基质沥青混合料动态模量室内试验数据进行动态模量主曲线最小二乘法拟合分析,得到沥青混合料动态模量位移因子,如图 7-30a)所示,根据位移因子对混合料动态模量数据进行平移拟合得到动态主曲线,如图 7-30b)所示。

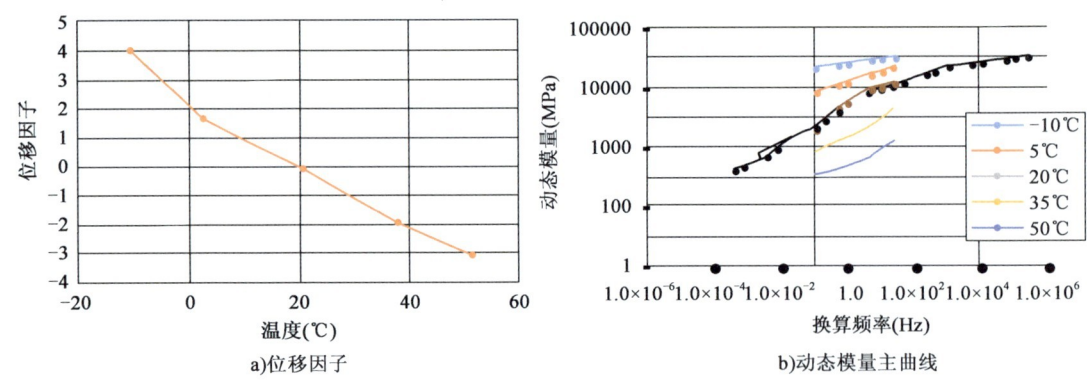

a)位移因子　　　　　　　　　　　　　　b)动态模量主曲线

图 7-30　AC-20C + 90 号基质沥青混合料动态模量主曲线和位移因子

利用西格摩德(Sigmoidal)模型对 AC-20C 90 号基质沥青混合料动态模量室内试验结果进行最小二乘法数值拟合,得到该混合料动态模量主曲线在 20℃参考温度下的西格摩德(Sigmoidal)模型,拟合得到的西格摩德模型及沥青混合料动态模量主曲线如式(7-21)和图 7-31 所示。

$$\lg(E^*) = 2.134 + \frac{2.432}{1 + e^{-0.5983 - 0.5688 \lg t_r}} \tag{7-21}$$

数值拟合相关系数 $R = 0.997$,表明本回归模型对 AC-20C + 90 号基质沥青混合料动态模量室内试验结果的拟合程度非常高,拟合效果非常好。

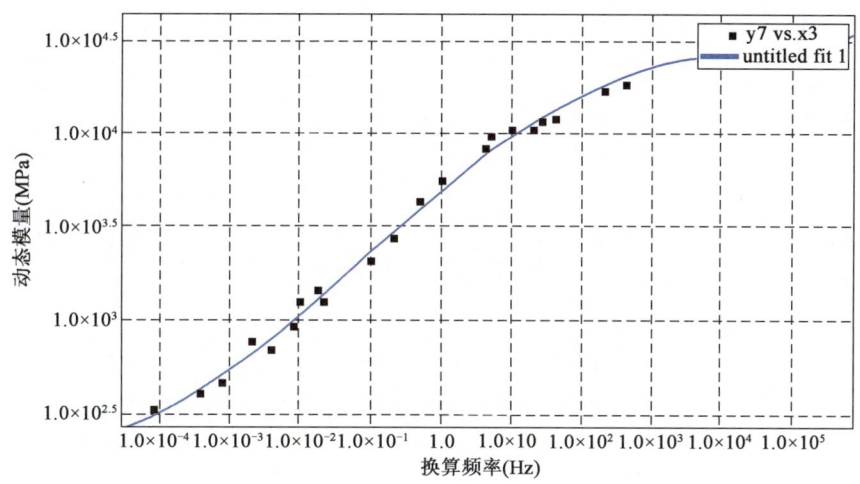

图 7-31　AC-20C +90 号基质沥青混合料动态模量拟合西格摩德(Sigmoidal)模型

3) AC-25C 沥青混合料动态模量主曲线标定

选取 20℃为基准温度,对 AC-25C +90 号基质沥青混合料动态模量室内试验数据进行动态模量主曲线最小二乘法拟合分析,得到沥青混合料动态模量移位因子,如图 7-32a)所示,根据位移因子对混合料动态模量数据进行平移拟合得到动态主曲线,如图 7-32b)所示。

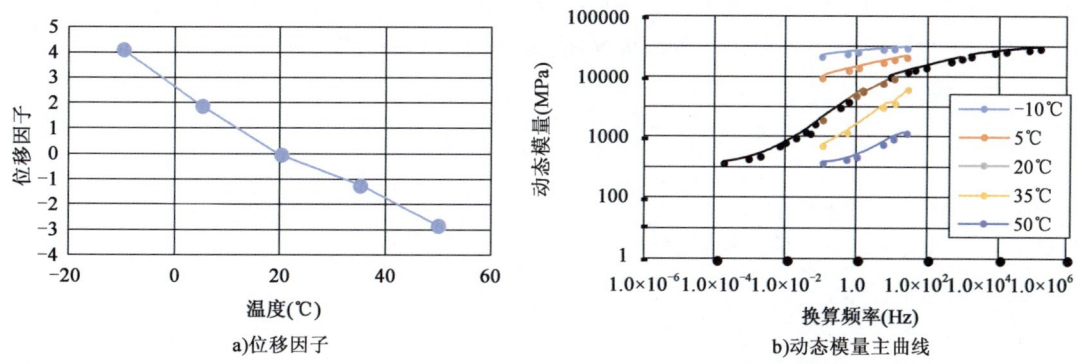

图 7-32　AC-25C +90 号基质沥青混合料动态模量主曲线和位移因子

利用西格摩德(Sigmoidal)模型对 AC-25C 90 号基质沥青混合料动态模量室内试验结果进行最小二乘法数值拟合,得到该混合料动态模量主曲线在 20℃参考温度下的西格摩德(Sigmoidal)模型,拟合得到的西格摩德模型及沥青混合料动态模量主曲线如式(7-22)和图 7-33 所示。

$$\lg(E^*) = 2.049 + \frac{2.519}{1 + e^{-0.6231 - 0.5906 \lg t_r}} \tag{7-22}$$

数值拟合相关系数 R 为 0.997,表明本回归模型对 AC-25C +90 号基质沥青混合料动态模量室内试验结果的拟合程度非常高,拟合效果非常好。

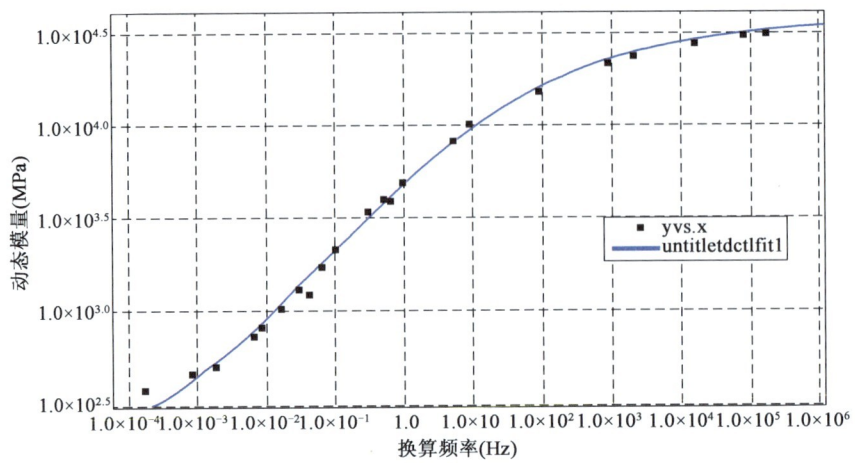

图 7-33　AC-25C+90 号基质沥青混合料动态模量拟合西格摩德（Sigmoidal）模型

7.3.3　基于 WLF 方程的位移因子研究

1）位移因子 WLE 方程拟合分析

WLF 方程最早是从验算时间-温度转换的大量试验事实中总结来的。Williams、Landel 和 Ferry 等发现，对许多非晶态聚合物，通过把在不同温度下得到的几个不同时间数量级的试验模量-温度曲线水平位移，可以叠合成一条主曲线（master curve）。在时间轴上的水平位移 α_T（在温度 T 时的弛豫时间 τ 和在参考温度 T_r 时的弛豫时间 τ_r 之比）符合如下关系：

$$\lg\alpha_T = \lg\frac{\tau}{\tau_r} = \frac{-C_1(T-T_r)}{C_2+(T-T_r)} \tag{7-23}$$

式中：α_T——位移因子；

　　τ、τ_r——温度在 T、T_r 时的松弛时间；

　　C_1、C_2——经验参数；

　　T_r——参考温度。

WLF 方程中的参数 C_1、C_2 是经验参数，没有明确的物理意义，随着高分子材料的结构及力学状态的不同而变化，且有很大的差别。

沥青混合料属于典型的黏弹性材料，其动态模量可以用一定的数学模型分析拟合出主曲线，在拟合过程中得到的位移因子遵循高聚物的一般规律，可以用 WLF 方程进行拟合分析。

通过沥青混合料动态模量室内试验得到 5 种混合料在 5 个试验温度和 6 个荷载频率下的动态模量值。通过最小二乘法拟合分析得到混合料动态模量主曲线和位移因子。动态主曲线位移因子可以用 WLF 方程进行数学描述，本节将建立 5 种沥青混合料动态模量主曲线位移因子的 WLF 数学模型。

2）AC-16C 沥青混合料动态模量位移因子 WLF 方程

AC-16C 基质沥青及改性沥青混合料基于 20℃ 基准温度的动态模量主曲线位移因子如表 7-26 所示。

AC-16C 沥青混合料动态模量主曲线基于 20℃基准温度的位移因子　　　　表 7-26

温度(℃)		-10	5	20	35	50
位移因子	SBS	3.171	1.484	0	-1.665	-2.716
	90 号	3.704	1.327	0	-1.941	-2.892

利用 WLF 方程对 AC-16C 基质沥青及改性沥青混合料动态模量主曲线基于 20℃ 基准温度的位移因子进行最小二乘法拟合分析,拟合得到的位移因子随温度变化曲线如图 7-34、图 7-35 所示,拟合模型见式(7-24)、式(7-25)。

(1) AC-16C + SBS 改性沥青混合料

AC-16C + SBS 改性沥青混合料动态模量主曲线基于 20℃ 基准温度的位移因子随温度变化的拟合曲线如图 7-34 所示。

AC-16C + SBS 改性沥青混合料动态模量主曲线基于 20℃ 基准温度的位移因子 WLF 拟合方程为:

$$\lg\alpha_T = \frac{-20.71 \times (T-20)}{213.7 + (T-20)} \quad (7-24)$$

动态模量主曲线基于 20℃ 基准温度的位移因子随温度变化而变化的 WLF 最小二乘法拟合相关系数 R^2 为 0.992,拟合程度非常好。

(2) AC-16C + 90 号基质沥青混合料

AC-16C + 90 号基质沥青混合料动态模量主曲线基于 20℃ 基准温度的位移因子随温度变化而变化的拟合曲线如图 7-35 所示。

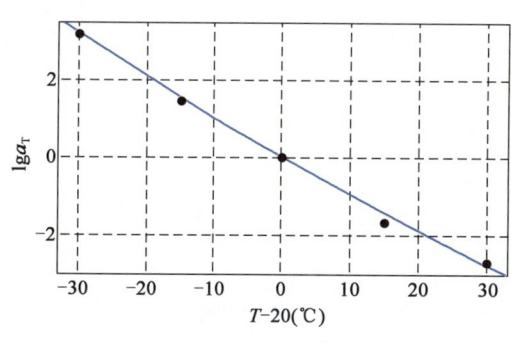 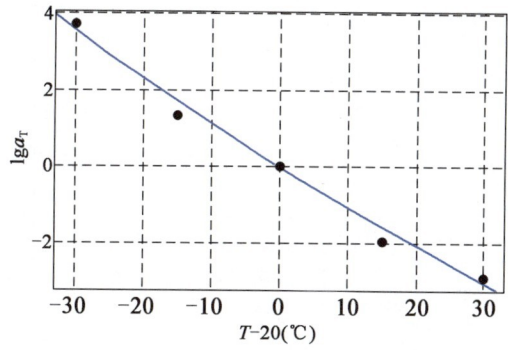

图 7-34　AC-16C + SBS 改性沥青混合料动态模量基于 20℃ 的位移因子 WLF 方程拟合图

图 7-35　AC-16C + 90 号基质沥青混合料动态模量基于 20℃ 的位移因子 WLF 方程拟合图

AC-16C + 基质沥青混合料动态模量主曲线基于 20℃ 基准温度位移因子 WLF 拟合方程为:

$$\lg\alpha_T = \frac{-19.98 \times (T-20)}{187.8 + (T-20)} \quad (7-25)$$

动态模量主曲线基于 20℃ 基准温度位移因子随温度变化而变化的 WLF 最小二乘法拟合相关系数 R^2 为 0.985,拟合程度非常好。

3) AC-20C 沥青混合料动态模量位移因子 WLF 方程

AC-20C 基质沥青及改性沥青混合料基于 20℃ 基准温度的混合料动态模量主曲线位移因子如表 7-27 所示。

AC-20C 沥青混合料动态模量基于 20℃ 参考温度的位移因子　　　表 7-27

温度(℃)		−10	5	20	35	50
位移因子	SBS	3.862	1.627	0	−1.736	−3.045
	90 号	4.012	1.635	0	−1.687	−3.105

利用 WLF 方程对 AC-20C 基质沥青及改性沥青混合料动态模量主曲线基于 20℃ 基准温度位移因子进行最小二乘法拟合,拟合得到的位移因子随温度变化曲线如图 7-36、图 7-37 所示,拟合模型见式(7-26)、式(7-27)。

（1）AC-20C + SBS 改性沥青混合料

AC-20C + SBS 改性沥青混合料动态模量主曲线基于 20℃ 基准温度位移因子随温度变化而变化的拟合曲线,如图 7-36 所示。

AC-20C + SBS 改性沥青混合料动态模量主曲线基于 20℃ 基准温度位移因子 WLF 拟合方程为：

$$\lg \alpha_T = \frac{-21.87 \times (T - 20)}{196 + (T - 20)} \tag{7-26}$$

动态模量主曲线基于 20℃ 基准温度位移因子随温度变化而变化的 WLF 最小二乘法拟合相关系数 R^2 为 0.997,拟合程度非常好。

（2）AC-20C + 90 号基质沥青混合料

AC-20C + 90 号基质沥青混合料动态模量主曲线基于 20℃ 基准温度位移因子随温度变化而变化的拟合曲线,如图 7-37 所示。

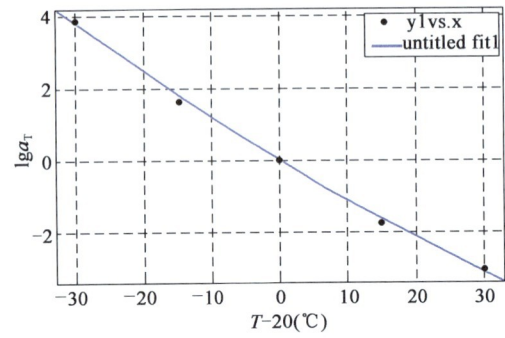

图 7-36　AC-20C + SBS 改性沥青混合料动态模量基于 20℃ 的位移因子 WLF 方程拟合图

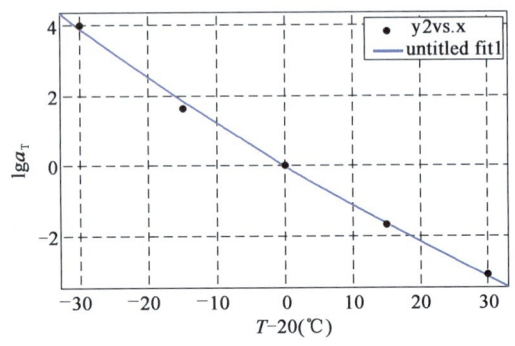

图 7-37　AC-20C + 90 号基质沥青混合料动态模量基于 20℃ 的位移因子 WLF 方程拟合图

AC-20C + 90 号基质沥青混合料动态模量主曲线基于 20℃ 基准温度位移因子 WLF 拟合方程为：

$$\lg \alpha_T = \frac{-21.11 \times (T - 20)}{185.5 + (T - 20)} \tag{7-27}$$

动态模量主曲线基于 20℃ 基准温度位移因子随温度变化而变化的 WLF 最小二乘法拟合相关系数 R^2 为 0.997,拟合程度非常好。

4）AC-25C 沥青混合料动态模量位移因子 WLF 方程

AC-25C 沥青混合料基于 20℃ 基准温度的动态模量主曲线位移因子,如表 7-28 所示。

AC-20C 沥青混合料动态模量基于 20℃基准温度的位移因子 表 7-28

温度(℃)		-10	5	20	35	50
位移因子	90 号	4.191	1.918	0	-1.209	-2.77

利用 WLF 方程对 AC-25C 基质沥青混合料动态模量主曲线基于 20℃基准温度位移因子进行最小二乘法拟合分析,拟合得到的位移因子随温度变化曲线如图 7-38 所示,拟合模型如式(7-28)所示。

AC-20C + 90 号基质沥青混合料动态模量主曲线基于 20℃基准温度位移因子 WLF 拟合方程为:

$$\lg\alpha_T = \frac{-19.32 \times (T-20)}{173.2 + (T-20)} \quad (7-28)$$

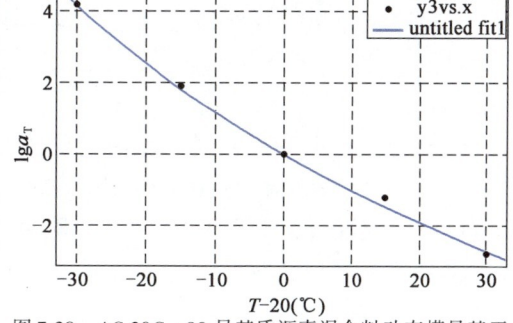

图 7-38 AC-20C + 90 号基质沥青混合料动态模量基于 20℃位移因子 WLF 方程拟合图

动态模量主曲线基于 20℃基准温度位移因子随温度变化而变化的 WLF 最小二乘法拟合相关系数 R^2 为 0.995,拟合程度非常好。

对 5 种沥青混合料动态模量室内试验数据进行动态模量主曲线研究,得到混合料动态模量主曲线位移因子;利用 WLF 方程对位移因子进行最小二乘法拟合分析,得到位移因子随温度变化曲线和函数关系式。根据模型可以得到一定温度范围内任意温度条件下相对参考温度的沥青混合料动态模量主曲线位移因子。

7.3.4 基于西格模德模型和 WLE 方程的沥青混合料动态模量预估模型

沥青混合料动态模量室内试验分析说明了内蒙古地区典型沥青路面混凝土材料在动态荷载作用下的力学响应特征——动态模量随着加载温度和加载时间变化而变化的规律。同时,沥青混合料动态模量主曲线研究则把实验室有限试验条件下的动态模量测试值扩展到了更为广阔的加载频率空间。通过不同温度下的模量试验,根据时温等效原理,利用动态模量主曲线,可以得到参考温度下极低频率和极高频率下的沥青混合料动态模量值。为了对沥青混合料的高低温性能进行进一步分析研究,需要知道某一具体试验温度和具体荷载频率下的特定沥青混合料动态模量值,其可以通过基于试验温度和试验加载频率的沥青混合料动态模量预估模型来计算得到。

上文通过沥青混合料动态模量室内试验得到了 5 种混合料在 5 个温度和 6 个频率下的动态模量数据,同时根据时温等效原理利用西格摩德(Sigmoidal)模型得到基于基准温度 20℃的沥青混合料动态模量主曲线和位移因子,将沥青混合料的动态模量数据延伸到更广泛的时空领域;同时利用 WLF 方程拟合得到动态模量主曲线位移因子 $\lg\alpha_T$ 的解析式。将拟合的动态模量主曲线西格摩德(Sigmoidal)模型和位移因子 WLF 方程结合,即可得到 5 种沥青混合料的动态模量预估方程。

(1) AC-16C 沥青混合料动态模量预估模型

利用本书研究得到的 AC-16C 沥青混合料动态模量主曲线西格摩德模型和位移因子 WLF

模型可以得到混合料动态模量预估方程,基质沥青及改性沥青混合料预估模型如下:

①AC-16C + SBS 改性沥青混合料动态模量预估模型

$$\lg(E^*) = 2.125 + \frac{2.347}{1 + e^{-0.7324 - 0.6056\left[\lg t_r - \frac{20.71(T-20)}{213.7+(T-20)}\right]}} \quad (7\text{-}29)$$

②AC-16C + 90 号基质沥青混合料动态模量预估模型

$$\lg(E^*) = 2.012 + \frac{2.466}{1 + e^{-0.8824 - 0.6218\left[\lg t_r - \frac{19.98(T-20)}{187.8+(T-20)}\right]}} \quad (7\text{-}30)$$

(2) AC-20C 沥青混合料动态模量预估模型

利用本书研究得到的 AC-20C 沥青混合料动态模量主曲线西格摩德模型和位移因子 WLF 模型可以得到混合料动态模量预估方程,基质沥青及改性沥青混合料预估模型如下:

①AC-20C + SBS 改性沥青混合料动态模量预估模型

$$\lg(E^*) = 2.097 + \frac{2.476}{1 + e^{-0.7729 - 0.4591\lg\left[t_r - \frac{21.87(T-20)}{196+(T-20)}\right]}} \quad (7\text{-}31)$$

②AC-20C + 90 号基质沥青混合料动态模量预估模型

$$\lg(E^*) = 2.134 + \frac{2.432}{1 + e^{-0.5983 - 0.5688\lg\left[t_r - \frac{21.11(T-20)}{185.5+(T-20)}\right]}} \quad (7\text{-}32)$$

(3) AC-25C 沥青混合料动态模量预估模型

利用本书研究得到的 AC-20C 沥青混合料动态模量主曲线西格摩德模型和位移因子 WLF 模型可以得到混合料动态模量预估方程,基质沥青混合料预估模型如下:

$$\lg(E^*) = 2.049 + \frac{2.519}{1 + e^{-0.6231 - 0.5906\lg\left[t_r - \frac{19.32(T-20)}{173.2+(T-20)}\right]}} \quad (7\text{-}33)$$

7.4 沥青路面沥青层模量代表值

7.4.1 模量代表值研究思路概述

沥青混合料在不同的试验温度和荷载频率作用下,其力学响应特征不同;沥青路面在不同的温度和行车荷载作用下服役,产生的主要路面病害也不同。夏季高温区域沥青路面病害主要为重载反复作用下永久变形累积导致的车辙变形;冬季寒冷区域,温度骤降时,温缩应力超过路面材料的抗拉强度,路面表层容易出现裂缝病害;长期反复荷载作用下,沥青路面沥青层底极易产生疲劳破坏。不同的路面病害产生的路面层位也不相同,车辙病害是各层路面材料永久变形累积导致的;温缩裂缝一般发生在路面表层,裂缝自上而下,形成 top-down 裂缝;疲劳破坏则会发生在沥青路面面层混凝土层底,自下而上形成裂缝。因此,要评价路面结构、材料抵抗沥青路面可能遭受的不同病害的能力,并进行优化设计,需要有针对性地对路面材料进行分析、研究和评价。在沥青路面常见的路面病害中,疲劳破坏和永久变形属于结构性破坏,可以利用行车荷载作用下的沥青面层混凝土力学响应特征参数来描述。

可以通过室内动态模量试验研究、动态模量主曲线研究、动态模量预估研究等试验及理论手段得到不同温度及加载频率条件下的沥青混合料动态模量值,而到底该用哪一温度下的动态模量值去衡量沥青混合料的服役性能,值得商榷。沥青路面结构的破坏是一个累加过程,温度越高、交通量越大,重载比例越大,其永久变形量越大,疲劳寿命也是如此。因此这种衡量需要同时考虑温度和路面荷载。对于某条道路,其所处环境每年的温度呈现周期性变化,虽然不同的年份,温度变化不尽相同,但总体趋势不变,可以以一个自然年为分析周期。

首先,利用温度预估模型预估在某一环境温度下沥青路面结构不同层位的代表温度。在此基础上,对路面永久变形和疲劳寿命预估分析进行研究,选择合适的永久变形和疲劳寿命预估模型,选择合适的路面性能等效方法,利用路面性能预估模型对沥青路面服役性能进行等效预估分析,得到永久变形和疲劳寿命等效温度。

我们可以通过永久变形和疲劳寿命预估模型进行沥青路面永久变形和疲劳寿命等效温度预估分析,在分析过程中,沥青混合料动态模量是重要参数,结合等效温度,给出了沥青混合料动态模量代表值的概念。可以通过调研得到内蒙古地区典型区域内的典型沥青路面基本参数,利用这些参数,进行永久变形和疲劳寿命等效预估分析,得到等效温度,进而得到该地区典型道路的沥青混合料永久变形和疲劳寿命模量代表值。

综上所述,首先对内蒙古地区进行基本状况调研,得到分析路面结构参数;然后选取典型区域进行历年温度参数调研,利用调研所得数据,进行永久变形和疲劳寿命等效温度预估分析,进一步得到永久变形和疲劳寿命模量代表值。

7.4.2 沥青路面结构代表温度分析

沥青混凝土路面具有建设速度快,养护维修便利、良好的行车舒适性和优异的路用性能等优点,我国高等级道路大多选择沥青混凝土作为主要的路面修筑材料。沥青混合料是一种黏弹性材料,其力学性能随着温度的变化而变化,且变化剧烈。为了研究沥青路面在动态荷载作用下的力学响应特征,需要对路面结构温度场分布进行预估分析。

路面结构暴露于自然环境中,环境因素对路面温度场产生着持续和周期性影响,影响路面温度的环境因素包括气温、太阳辐射、路面湿度、风速、本地区所处纬度等,各种环境因素对路面温度场的影响如图7-39所示。

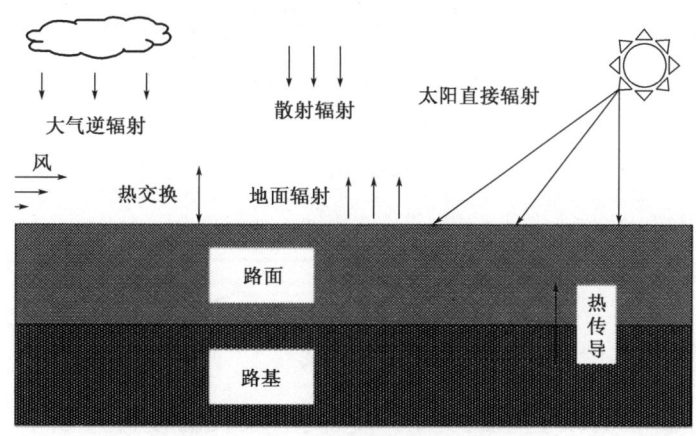

图 7-39 环境因素对沥青路面温度场的影响

太阳直接辐射和散射的天空辐射被称为太阳总辐射,这是一种短波的热辐射,太阳总辐射到达地面,大部分被地面吸收转化为热量,少部分被反射回大气。云层状况、降雨和降雪、路面表面状况等都会对路面吸收量产生影响。路面结构与大气接触的介质表面上,路面温度和环境温度差会导致热量交换。地辐射和大气逆辐射之差即地面有效辐射。沥青路面结构表面和大气之间复杂的热量交换,使路面结构产生复杂的温度变化。

路面结构作为道路结构中直接暴露于自然环境的部分,经受着持续变化的各种环境因素的综合作用。这种作用的直接影响就是路面沿竖向温度场分布复杂。环境温度的变化是随机的和不稳定的,环境温度变化的不稳定性导致了路面热导的不稳定性,加上路面材料本身的不均匀性,想要精确描述路面温度场的变化变得十分困难。国内外学者对此进行了大量研究,研究结果表明,虽然准确描述路面温度场的实时变化困难重重,但路面温度场随着深度的变化而变化,这种变化却呈现出一定的规律性。

多年来,国内外学者对路面温度场的分布做了大量研究。总体上可以分为两大类,一是基于气象学和热传导的基本原理,采用数值分析和解析法建立沥青路面温度场预估模型;二是以路面实测数据和气象资料为依据,采用回归分析分方法建立路面温度场和环境影响因素之间的定量关系。第一种研究方法,由于大部分地区气象资料集料不全面,路面材料的离散性和路面热传导的复杂性,工作量大,实施困难;第二种研究方法,建立数学模型,通过试验路实测路面温度场变化,回归分析建立环境因素和路面温度场之间的统计模型,应用较为广泛。本书采用第二种方法建立的路面温度场预估模型进行研究。

分析表明,在众多环境因素中,气温对沥青路面温度场的影响最为显著,在气象统计资料不是很全的地区,只用环境温度来预估路面温度场变化是可行的,其精度可以满足工程需求。

美国沥青协会(AI)采用 Witczak 公式估算沥青面层的月平均温度 MMPT。该公式形式简单,应用方便。当把路面作为整体对待时,温度计算点取沥青层各层厚度处作为代表,计算公式如式(7-34)所示。

$$\mathrm{MMPT} = \mathrm{MMAT}\left(1 + \frac{1}{Z+4}\right) - \frac{34}{Z+4} + 6 \tag{7-34}$$

式中:MMAT——月平均气温(°F);

Z——路表下的深度(in,1in = 2.54cm)。

把式(7-34)中的华氏温度换算成摄氏温度,英寸换算成厘米,得到修正后的模型,如式(7-35)所示。

$$\mathrm{MMPT} = \mathrm{MMAT}\left(1 + \frac{1}{\frac{1}{2.54}Z+4}\right) - \frac{10}{9} \times \frac{1}{\frac{1}{2.54}Z+4} + \frac{10}{3} \tag{7-35}$$

式中:MMAT——月平均气温;

Z——路表下的深度(cm)。

利用调研得到的历年月平均气温和美国地沥青协会沥青路面温度预估模型,就可以得到沥青混凝土路面目标结构层层位的月平均代表温度。

7.4.3 沥青面层混凝土永久变形动态模量代表值分析方法

车辙是指车辆荷载重复作用下柔性路面竖向永久变形量累积超过一定范围,对行车舒适性、安全性,甚至路面结构强度产生影响的路面病害。车辙沿着柔性路面纵向,轮迹带中间沉陷(部分车辙病害会伴随有两侧隆起现象),其深度与路面结构(结构层厚度和质量)、路面材料、交通量和交通组成、行车荷载、环境温度和路面服役时间等有关。

沥青路面车辙病害对路面服役质量会产生如下影响:

①沥青路面路表过量变形,雨天会造成路表排水不畅,沥青路面的抗滑能力因而降低,甚至会因车辙内积水而导致车辆发生水漂现象,影响行车的安全;

②沥青路面车辙发生路段,会伴随有沥青路面摩擦系数下降现象,摩擦系数的降低,会导致车辆在超车或更换车道时方向失控,影响车辆操纵的稳定性;

③路面车辙会造成路面的凸凹不平,影响行车舒适性,进而影响沥青路面服务质量;

④路面车辙发生路段,在车辆经过时,路面不平会导致沥青路面受力不均、局部受力过大,进而诱发疲劳破坏等病害,影响沥青路面的使用寿命。

路面车辙病害成为沥青路面应用过程中产生的主要病害之一。研究者试图通过路面结构及材料设计来提高路面的抗车辙性能。力学-经验设计方法试图把永久变形与土基顶部的竖向应变联系起来,路面设计理论认为如果面层材料质量控制得当,就可以通过限制土基竖向应变使车辙控制在容许范围内。这种设计方法延承过去柔性路面的设计思路,认为路面结构设计只需在土基层减少其剪应变,即可控制路面永久变形的发生。然而,随着时间的推移,研究者对沥青路面的研究逐步展开,对沥青路面永久变形的认识也更为深入。研究成果认为:沥青路面总的永久变形是路面各层位的永久变形的累积,而不仅是土基压缩造成的。

为了提高沥青路面的抗永久变形能力。世界各国的道路研究者进行了大量研究。主要包含室内试验评价方法和理论预估。室内试验评价方法主要是用成型特定尺寸的试件,在一定的试验条件(温度、荷载施加方式、荷载水平、荷载作用次数)下测量试件产生的永久变形量,来评价沥青混合料的抗永久变形能力。现在我国通用的沥青混合料高温性能评价方法——动稳定度试验就是利用该方法。然而,沥青路面实际的服役状况千差万别,温度、交通量和重载比例等各不相同,很难用统一的标准来衡量沥青路面的抗永久变形能力。而理论预估法的好处在于可以充分考虑路面的实际服役状况。

(1)永久变形预估模型

抗车辙性能是沥青路面材料的重要性能指标之一。沥青路面材料的抗车辙性能可以用车辙预估的方法来评价,即建立路面车辙预估模型,通过模型评价沥青路面材料的抗车辙性能。多年来,道路材料研究人员对路面的抗车辙性能预估进行了大量研究,这些研究无论基于怎样的理论,都需要结合力学法和经验法,因为纯粹的力学分析在道路材料领域是不适用的。而力学法和经验法的结合延伸出大量的沥青路面车辙预估模型,具体方法主要可以分为三种:经验法、半经验-半分析法、分析法。

①经验法:利用试验路车辙观测结果回归分析,建立经验公式,用以描述路面车辙和车辙影响要素之间的关系。这种方法需要大量的试验路数据,工作量大。

②半经验-半分析法:采用弹性层状体系理论或黏弹性体系理论求解路面的应力与位移,再结合室内外的有关试验,统计出沥青层的永久变形与路表弯沉、材料特性参数及荷载之间的经验关系式。

③分析法:以层状弹性体系理论或以弹黏性体系理论为基础的方法,常采用单轴压缩蠕变试验的结果来预估车辙深度。

在 AASHTO 2002 设计指南中,建立了车辙预估方法来预测路面沥青层的车辙,每一层的车辙深度都被独立表示为时间与交通参数的函数,同样,可以根据时间和交通参数来预测路面的总变形。

沥青混合料塑性应变可以认为是温度和轴载次数的函数,具体见式(7-36)。

$$\frac{\varepsilon_p}{\varepsilon_r} = aT^b N^c \tag{7-36}$$

式中:ε_p——N 次轴载下的塑性应变;

ε_r——回弹应变,是混合料特性、温度和荷载时间的函数;

N——轴载作用次数;

T——路面温度;

a、b、c——非线性回归系数。

对此,Leahy 对 250 个 AC 试样、2860 个应变数据进行回归分析,得到式(7-37)。

$$\ln\left(\frac{\varepsilon_p}{\varepsilon_r}\right) = -6.631 + 0.435\ln N + 2.767\ln T + 0.110\ln S + 0.118\ln \eta + 0.930\ln V_{beff} + 0.5011\ln V_a \tag{7-37}$$

式中:T——混合料的温度(°F);

S——应力分量(psi❶);

η——华氏 70 度时的黏度(10poise❷);

V_{beff}——有效沥青体积百分率(%);

V_a——空隙率(%)。

从分析结果可以看出,温度是永久变形预估最重要的变量。从统计学角度分析,该模型相关性系数 R 为 0.76,但是该模型只研究有限个数的混合料类型以及某些相互独立的变量,其实用性不足。

Ayres 分析了 Leahy 和马里兰大学 M. W. Witczak 的数据,得到的模型见式(7-38)。

$$\ln\left(\frac{\varepsilon_p}{\varepsilon_r}\right) = -4.80661 + 2.58155\ln T + 0.429561\ln N \tag{7-38}$$

该模型的相关性系数 R 为 0.72。分析认为 Ayres 所得到的新模型忽略了其他 4 个变量的影响,导致相关性系数略有下降(3%),但是公式更加简洁,更方便应用。

"AASHTO 沥青路面设计指南"中永久变形预估模型见式(7-39)。

$$\frac{\varepsilon_p}{\varepsilon_r} = 10^{-3.15552} N^{0.39937} T^{1.734} \tag{7-39}$$

该模型内的温度的单位是华氏温度,我国的基准温度采用的是摄氏温度,利用等量换算公式进行温度换算,得到修正后的沥青面层混凝土永久变形预估模型,见式(7-40)。

$$\frac{\varepsilon_p}{\varepsilon_r} = 10^{-3.15552} N^{0.39937} (1.8T + 32)^{1.734} \tag{7-40}$$

式中:T——温度(℃)

---

❶ 1psi = 0.006895MPa。

❷ 1pa·s = 10pose。

沥青面层混凝土竖向回弹应变按式(7-41)求解：

$$\varepsilon_{rz} = \frac{1}{E^*}(\sigma_z - \mu\sigma_x - \mu\sigma_y) \tag{7-41}$$

式中：ε_{rz}——竖向回弹变形；

E^*——沥青混合料动态模量。

对永久变形的产生进行解释，可以忽略材料性能的影响，将永久变形发展分成三个阶段（图7-40）进行说明。

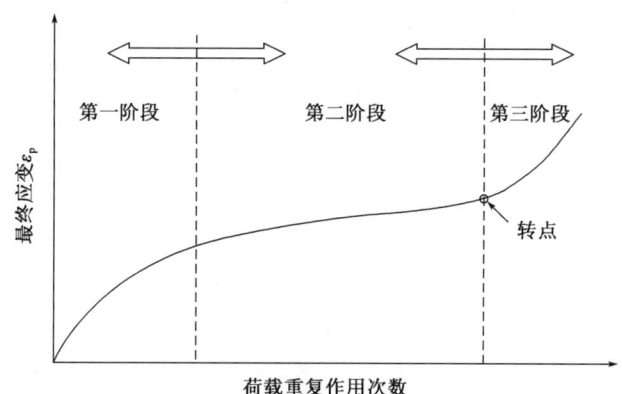

图7-40　沥青混凝土路面在重复荷载作用下车辙发展图

第一阶段：压密阶段。由于沥青混凝土在施工压实过程中压实度不足，混合料内部存在空隙，在汽车荷载作用下，沥青混合料会进一步压密，车辙深度增长很快，但增长率逐渐下降。

第二阶段：过渡阶段。随着行车荷载的作用继续，沥青混合料压密到一定程度，体积压密速度减缓，车辙增长率趋于平缓；行车荷载继续作用，混合料的压密速度进一步变小。但由于长期荷载作用，沥青混凝土开始出现塑形变形（剪切），后期车辙增长速度会在达到一个极低点之后开始上升。

第三阶段：塑形（剪切）变形阶段。沥青混凝土的体积压密不再发生，但塑性（剪切）变形显著增长。

我国道路设计中，沥青混凝土路面主要采用半刚性基层，半刚性基层刚度大，其竖向变形很小。在设计中，我们根据第一阶段的预测来外推第二阶段的车辙发展，但是对第三阶段，不做考虑。同时认为化学稳定粒料层、水泥混凝土层以及基岩没有永久变形，即永久变形只会发生在沥青层、无黏结层和地基。依据分层总和法的思路，提出总变形公式，见式(7-42)。

$$PD = \sum_{i=1}^{n} \varepsilon_p^i h^i \tag{7-42}$$

式中：PD——永久变形；

n——层数；

ε_p^i——第i层总的塑性应变；

h^i——第i层的厚度。

（2）永久变形动态模量代表值等效方法

车辙病害是重载道路在高温时段的沥青路面结构常见的破坏形式，车辙病害的产生是一个累积过程,在不同的温度下沥青路面抗车辙性能明显不同。一般来说,温度越高,沥青黏度越低,集料颗粒间的黏结力越小,沥青混合料的模量越小,在重复荷载作用下就越容易产生车辙病害。因此,有必要通过理论分析,得到沥青路面永久变形的等效温度,以该温度下的动态模量值去评价沥青面层混凝土抗车辙性能,该温度下沥青面层混凝土的模量值也就是其永久变形模量代表值。

车辙预估等效温度及永久变形模量代表值的计算流程如图7-41所示。

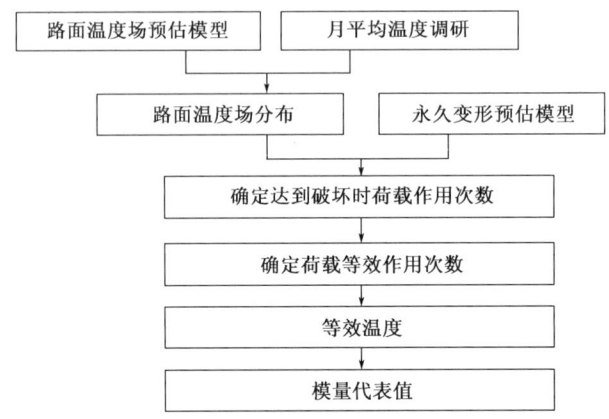

图7-41 沥青混凝土路面永久变形等效温度及模量代表值计算流程图

①确定路面月代表温度

确定路面月代表温度,也就是将气象资料转化成路面结构层代表温度。选择美国沥青协会(AI)的路面温度场预估模型作为分析模型。首先收集典型区域一年分析期内的月平均气温,同时利用路面温度场预估模型,确定路面不同结构层的月代表温度。

②选取永久变形预估模型

根据上文分析研究成果,采用美国2002年版《AASHTO路面设计指南》的路面永久变形预估模型作为路面永久变形预估模型,2002年版《AASHTO路面设计指南》的路面永久变形模型形式见式(7-43)。

$$\frac{\varepsilon_\mathrm{p}}{\varepsilon_\mathrm{r}} = 10^a N^b T^c \tag{7-43}$$

式中:a、b、c——拟合参数,分别为10、0.39937、1.734;

　　　N——标准荷载作用次数;

　　　T——华氏温度;

　　　ε_r——回弹应变。

预估模型中需要计算沥青路面面层混凝土竖向回弹应变,竖向回弹应变可以用式(7-44)计算:

$$\varepsilon_\mathrm{r} = \frac{\sigma}{E} \tag{7-44}$$

式中:σ——竖向压应力;

　　　E——沥青混凝土动态模量。

通过永久变形预估模型可以计算得到竖向塑形应变,对于特定厚度的沥青路面,即可计算沥青路面面层混凝土车辙深度 R，见式(7-45)。

$$R = \varepsilon_p h \tag{7-45}$$

式中：h——路面沥青层厚度。

将式(7-43)、式(7-44)代入式(7-45)得到沥青路面面层混凝土车辙深度 R 的预估模型表达式，见式(7-46)。

$$R = \frac{ah\sigma}{E} N^b T^c \tag{7-46}$$

③确定达到永久变形破坏临界值

在进行沥青混凝土永久变形等效温度计算时，需要设置一个永久变形临界值 R_d，当沥青路面面层混凝土永久变形量累积达到该值时，即可认为沥青混凝土路面发生车辙破坏。

④确定荷载等效作用次数

在上文的研究中，我们设置了沥青路面永久变形破坏临界值 R_d，在某一温度 T_{pi} 下，假定荷载作用次数时，沥青路面发生永久变形破坏，对式(7-46)进行变形得到式(7-47)，利用式(7-47)计算 N_i：

$$N_i = (a\sigma h)^{-\frac{1}{b}} R_d^{\frac{1}{b}} E_i^{\frac{1}{b}} T_{pi}^{-\frac{c}{b}} \tag{7-47}$$

路面的永久变形累积并不是线性的，但为了便于计算，假定为线性变化，这与疲劳破坏的 Miner 假设保持一致，其精度可以满足工程应用。基于该假设，在某一温度 T_{pi} 下，车辙深度达到临界值 R_d 时，路面标准轴载作用次数为 N_i，则可以认为每次荷载作用所造成的沥青混凝土永久变形量 R_i 为式(7-48)。

$$R_i = \frac{R_d}{N_i} \tag{7-48}$$

假定在不同的温度下路面在不断地发生永久变形，并且这些永久变形是线性累积的，则 n 个温度下沥青混凝土的累积永久变形量为：

$$\sum_{i=1}^{n} R_i$$

假定该变形量可以由等效温度 T_e 下的路面荷载所造成，并且在该温度下，路面永久变形量达到所需要的荷载作用次数为 N_e，则该等效温度下，路面荷载单次作用所造成的永久变形量 R_e 可以用式(7-49)计算。

$$R_e = \frac{R_d}{N_e} = \frac{1}{n} \sum_{i=1}^{n} R_i \tag{7-49}$$

将式(7-47)代入式(7-48)，化简，然后代入式(7-49)，得：

$$N_e = n \left(\sum_{i=1}^{n} \left[(a\sigma h)^{\frac{1}{b}} R_d^{-\frac{1}{b}} E_i^{-\frac{1}{b}} T_{pi}^{\frac{c}{b}} \right] \right)^{-1} \tag{7-50}$$

⑤确定永久变形等效温度及模量代表值

当温度为 T_e 时，沥青路面面层混凝土永久变形量达到本书设置的破坏临界值时，R_d 可以用式(7-51)计算。

$$R_d = \frac{ah\sigma}{E_e} N_e^b T_e^c \tag{7-51}$$

式中：T_e——永久变形等效温度；

E_e——该温度下的模量值。

将式(7-50)代入式(7-51),得到沥青混凝土永久变形等效温度表达式:

$$\frac{E_e^{\frac{1}{c}}}{T_e} = \left[\frac{1}{n}\left(\sum_{i=1}^{n} E_i^{-\frac{1}{b}} T_i^c\right)\right]^{-\frac{b}{c}} \tag{7-52}$$

该式中,T 为华氏温度,转换成我国常用的摄氏温度 T_s,计算公式为

$$T_s = 1.8 \times T + 32 \tag{7-53}$$

我们定义该等效温度下的沥青混合料模量值即为该地区沥青面层混凝土永久变形模量代表值。利用调研得到的沥青面层混凝土温度代表值和模量预估模型,计算寒区重载沥青路面面层混凝土永久变形等效温度和模量代表值。

7.4.4 沥青面层混凝土疲劳寿命动态模量代表值分析方法

在沥青路面研究中,可以参考物理疲劳的概念给出以下描述:沥青路面面层混凝土是不均匀性材料,在服役过程中,由于行车荷载的多次反复作用,路面材料的某点或某些点产生局部永久损伤,并在一定的循环次数后形成裂纹,这就是沥青路面疲劳破坏。疲劳破坏产生时,路面无显著的永久变形,大都是形成细而短的横向开裂,继而逐渐扩展成网状,开裂的宽度和范围不断扩大。

沥青路面开裂是世界各国沥青路面使用过程中出现最为广泛的病害之一,路面裂缝的出现会对路面行车舒适性、路面性能和耐久性产生不利影响,具体可以表述为如下几个方面:

①路面防水性能下降。沥青路面裂缝的出现,若不及时处理,雨水等会从裂缝进入基层甚至是路基内部,在行车荷载的反复作用下会导致路面整体结构的破坏。

②路面应力和变形增大。沥青路面裂缝的产生,会把连续的沥青路面结构分割成一块块相互独立的板体,板体边缘容易出现应力集中现象,导致板体局部应力过大,板体变形随之过大而使路面结构产生进一步的破坏。

③表面磨耗层沿裂缝破坏。在行车荷载、水等综合作用下,表面磨耗层会从裂缝边缘开始剥落。

(1)疲劳寿命预估模型

沥青混合料的疲劳寿命受很多因素影响,主要包括沥青种类、沥青含量、混合料空隙率、环境温度、荷载作用周期及频率等。国内外道路研究者对沥青混合料疲劳性能进行了大量研究,主要包括室内疲劳试验、足尺寸试验路试验和理论分析方法。本书拟采用理论分析方法,利用疲劳寿命预估模型,对沥青混合料的疲劳寿命和疲劳等效温度进行分析研究。

在沥青路面疲劳寿命分析研究中,最常用的预测沥青混合料疲劳破坏时荷载重复作用次数的数学模型是拉应变和混合料模量的函数,临界拉应变通常发生在面层表面或沥青层底部。疲劳破坏重复作用次数见式(7-54)。

$$N_f = Ck_1 \left(\frac{1}{\varepsilon_t}\right)^{k_2} \left(\frac{1}{E}\right)^{k_3} \tag{7-54}$$

式中:N_f——疲劳破坏重复作用次数;

ε_t——临界位置拉应变;

E——材料刚度(动态模量);

k_1、k_2、k_3——试验回归系数；

C——室内试验/现场修正系数。

在2002年版《AASHTO路面设计指南》中，沥青路面疲劳方程是在美国沥青协会(AI)疲劳方程的基础上进行修正得到的，方程形式如下：

$$N_f = 0.00432 K'_1 C \left(\frac{1}{\varepsilon_t}\right)^{3.9492} \left(\frac{1}{E}\right)^{1.281} \tag{7-55}$$

式中：C——空隙率和沥青体积率的函数，取10。

E——沥青混合料的动态模量(psi)；

ε_t——弯拉应变；

K'_1——修正系数，根据开裂方式取值。

M的计算公式见式(7-56)。

$$M = 4.84 \times [V_b/(V_a + V_b) - 0.6875] \tag{7-56}$$

式中：V_b——有效沥青含量(%)；

V_a——空隙率(%)。

$$V_b/(V_a + V_b) = \text{VFA} \tag{7-57}$$

ε_t 为路面沥青层层底拉应变，采用标准单轴-双轮荷载模型进行计算，该模型的轮胎接地压强为0.7MPa，模型其他的计算参数见表7-29。

标准单轴-双轮荷载模型参数　　　　　　　　　　表7-29

设计轴载(kN)	轮胎接地压强(MPa)	单轮接地当量圆直径(mm)	两轮中心距(mm)
100	0.70	213	319.5

泊松比取0.35，对于自下向上开裂时：

$$K'_1 = \frac{1}{0.000398 + \dfrac{0.003602}{1 + e^{(11.02 - 3.49 H_{ac})}}} \tag{7-58}$$

式中：H_{ac}——沥青层厚度(in)。

将英寸换算成厘米，得到公式如下：

$$K'_1 = \frac{1}{0.000398 + \dfrac{0.003602}{1 + e^{(11.02 - 1.37 H_{ac})}}} \tag{7-59}$$

AASHTO2002版规范的设计方法采用的是标准荷载80kN，而国内采用的是100kN标准轴载，因而需要对原预估方程预估结果进行轴载换算，统一以100kN为疲劳寿命计量的标准轴载。

基于弹性层状体系理论下的沥青面层轴载换算符合下式关系：

$$\text{EALF} = \frac{W_{100}}{W_{80}} = \left(\frac{P_{100}}{P_{80}}\right)^k \tag{7-60}$$

式中：EALF——等效轴载换算系数；

P_{100}、P_{80}——轴载100kN和轴载80kN；

k——疲劳预测方程中应变指数。

对于 k 值,美国沥青学会(AI)用 k 为 3.291,壳牌用 k 为 5.671,而 Deacon 则取 k 为 4,成为目前国际上较为通用的沥青路面轴载换算指数。本书对于不同方程直接采用 4 作为其等效轴载换算指数。因而,将 80kN 轴载等效换算为 100kN 标准轴载时,EALF 取值为 0.4096。

(2)疲劳寿命动态模量代表值等效方法

疲劳破坏是沥青路面常见的破坏形式之一,在不同的温度、材料和行车荷载作用下,沥青路面产生疲劳破坏的状况完全不同。温度越高,沥青材料的韧性越好,越不容易产生疲劳破坏,但过高的温度会导致沥青路面产生车辙病害。温度越低,沥青材料的韧性越差,在行车荷载的反复作用下,越容易产生疲劳破坏。

疲劳破坏是一个累积过程,在不同的温度和行车荷载作用下,其发生疲劳损伤的速率并不相同。因此,有必要通过理论分析,得到沥青路面疲劳破坏的等效温度,以该温度下的动态模量值去评价沥青面层混凝土的疲劳性能,该温度下沥青面层混凝土的模量值也就是其疲劳破坏模量代表值。

沥青混凝土路面疲劳破坏等效温度及疲劳模量代表值的计算流程如图 7-42 所示。

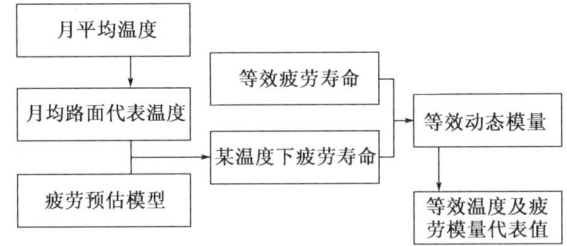

图 7-42 沥青混凝土路面疲劳破坏等效温度及疲劳模量代表值计算流程图

①确定路面月代表温度

确定路面月代表温度,也就是将气象资料转化成路面代表温度 T_p。选择美国沥青协会(AI)的路面温度场预估模型作为分析模型。首先收集典型区域一年分析期内的月平均气温,利用路面温度场预估模型,确定沥青路面结构层的月代表温度。

②选取沥青路面疲劳破坏预估模型

根据上文分析研究成果,采用美国 AASHTO 2002 版的路面疲劳破坏预估模型作为分析模型,进行路面疲劳破坏预估分析,AASHTO 2002 版规范的模型形式见式(7-61)。

$$N_f = Ck_1 \left(\frac{1}{\varepsilon_t}\right)^{k_2} \left(\frac{1}{E}\right)^{k_3} \tag{7-61}$$

③确定不同温度下的疲劳寿命

以疲劳寿命预估模型确定不同温度下的沥青面层混凝土疲劳寿命,当路面代表温度为 T_{pi} 时,沥青面层混凝土层底拉应变和动态模量值分别为 ε_{ti}、E_i,沥青混凝土动态模量可以通过前文动态模量预估模型得到,而层底拉应变则通过 BISAR 3.0 软件进行标准双轮轴载模型下的力学计算得到,此时不同温度下的疲劳寿命计算见式(7-62)。

$$N_{fi} = Ck_1 \left(\frac{1}{\varepsilon_{ti}}\right)^{k_2} \left(\frac{1}{E_i}\right)^{k_3} \tag{7-62}$$

④确定等效疲劳寿命

沥青路面的疲劳破坏是一个累积过程,随着行车荷载的反复作用,路面疲劳损坏逐渐累积,直至发生疲劳破坏。沥青路面疲劳破坏的累积是一个复杂的过程,但可以用 Miner 定理中的疲劳损坏线性累积假设来描述。该定理建立于 1945 年,最初被用来预测金属在重复应力作用下的疲劳寿命。20 世纪 60 年代该定理被引入道路工程领域,并且被验证了该定理在道路工程领域的适用性。现在 Miner 定理作为路面疲劳设计的重要法则,已被世界各国广泛采用。

根据 Miner 定理,当沥青混凝土疲劳寿命为 N_{fi} 时,每次荷载作用所造成的疲劳损伤 D_i 可以表述为式(7-63)。

$$D_i = \frac{1}{N_{fi}} \tag{7-63}$$

而计算疲劳等效寿命则可以采用 Edwards 于 1974 年提出的用于计算疲劳等效寿命的等效关系,关系式见式(7-64)。

$$D_e = \frac{1}{N_{fe}} = \frac{1}{n}\sum_{i=1}^{n} D_i \tag{7-64}$$

式中: D_e——等效温度下的单次轴载疲劳损伤量;

N_{fe}——等效温度下的沥青混凝土疲劳寿命。

该等效关系的本质在于,对沥青材料在不同温度下每次荷载造成的疲劳损伤取平均值,以该平均值作为等效依据,假定沥青混凝土在等效温度下每次荷载作用造成的疲劳损伤为该均值,然后取倒数,就能得到等效疲劳寿命。

等效疲劳寿命见式(7-65)。

$$N_{fe} = \left(\frac{1}{n}\sum_{i=1}^{n} N_{fi}^{-1}\right)^{-1} \tag{7-65}$$

将式(7-62)代入式(7-65)中,得:

$$N_{fe} = \left\{\frac{1}{n}\sum_{i=1}^{n}\left[Ck_1\left(\frac{1}{\varepsilon_{ti}}\right)^{k_2}\left(\frac{1}{E_i}\right)^{k_3}\right]^{-1}\right\}^{-1} \tag{7-66}$$

⑤确定疲劳破坏等效温度及模量代表值

根据疲劳寿命预估模型,等效疲劳寿命见式(7-67)。

$$N_{fe} = Ck_1\left(\frac{1}{\varepsilon_{te}}\right)^{k_2}\left(\frac{1}{E_e}\right)^{k_3} \tag{7-67}$$

式中: ε_{te}——等效温度下的沥青面层层底拉应变;

E_e——等效温度下沥青混凝土动态模量。

联立式(7-66)和式(7-67),得:

$$Ck_1\left(\frac{1}{\varepsilon_{te}}\right)^{k_2}\left(\frac{1}{E_e}\right)^{k_3} = \left(\frac{1}{n}\sum_{i=1}^{n}\left(Ck_1\left(\frac{1}{\varepsilon_{ti}}\right)^{k_2}\left(\frac{1}{E_i}\right)^{k_3}\right)^{-1}\right)^{-1} \tag{7-68}$$

化简得:

$$\varepsilon_{te}^{k_2}E_e^{k_3} = \frac{1}{n}\sum_{i=1}^{n}(\varepsilon_{ti}^{k_2}E_i^{k_3}) \tag{7-69}$$

$k_2 = 3.9492$ $k_3 = 1.281$,代入式(7-68)中,得:

$$\varepsilon_{te}^{3.9492} E_e^{1.281} = \frac{1}{n}\sum_{i=1}^{n}(\varepsilon_{ti}^{3.9492} E_i^{1.281}) \qquad (7\text{-}70)$$

定义该等效温度下的沥青混合料动态模量值,即为该地区沥青路面面层混凝土模量代表值。

7.4.5 内蒙古典型地区参数调研与选取

内蒙古地处我国北部地区,地区东西跨度大,矿场资源丰富,公路是内蒙古地区区域发展的基础和根本。为了对内蒙古地区沥青混凝土路面进行研究,需要选取典型分区内的典型道路。

乌兰察布市区位优越,内蒙古地区所辖12个盟市中,乌兰察布市是距首都北京最近的城市,是内蒙古自治区东进西出的"桥头堡",北开南联的交汇点,是进入东北、华北、西北三大经济圈的交通枢纽,也是中国通往蒙古、俄罗斯和东欧的重要国际通道。

呼和浩特,是内蒙古自治区首府,是内蒙古的经济、文化、科教和金融中心,是呼包银城市群核心城市、呼包鄂城市群中心城市。地处环渤海经济圈、西部大开发、振兴东北老工业基地三大战略交汇处,是连接黄河经济带、亚欧大陆桥、环渤海经济区域的重要桥梁,是中国向蒙古、俄罗斯开放的重要沿边开放中心城市,也是东部地区连接西北、华北的桥头堡。同时也是我国北方重要的航空枢纽。

因此本书选取乌兰察布市和呼和浩特市作为研究对象。

(1) 内蒙古地区典型沥青路面结构

在路面性能预估分析中,路面结构组成和层厚是重要参数,需要进行界定。本书选取内蒙古地区典型沥青道路沥青混凝土路面进行调研,根据前期调研结果,本书采用"4cm AC-16 + 5cm AC-20 + 7cm AC-25"沥青面层混凝土路面结构进行分析。路面结构示意图如图7-43所示。

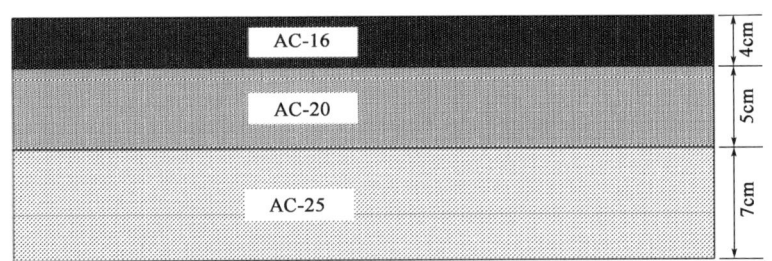

图7-43 内蒙古自治区典型沥青混凝土路面结构示意图

(2) 内蒙古地区典型区域月平均温度调研

为了对内蒙古地区典型区域进行路面性能等效预估分析,选取了乌兰察布和呼和浩特作为代表区域,需要对这两个地区的月平均温度进行调研。乌兰察布和呼和浩特地区月平均温度资料来源于资源学科领域基础科学数据整合与集成应用——人地系统主题数据库(http://www.data.ac.cn/),选取乌兰察布市集宁观测站(气象站代码53480)和呼和浩特市观测站(气象站代码53463)作为研究对象。本书以月平均气温为基本温度研究单元,调研结果如表7-30、表7-31所示。

①乌兰察布市集宁观测站(表7-30)

乌兰察布地区历年月平均温度　　　　　　　　　　　　　　　　　　　　　　　表 7-30

编　号	月　份	月平均温度(℃)	编　号	月　份	月平均温度(℃)
1	1	-14	7	7	19.1
2	2	-10.9	8	8	17.3
3	3	-3.4	9	9	11.7
4	4	5.3	10	10	4.6
5	5	12.7	11	11	-4.4
6	6	17.2	12	12	-12

②呼和浩特观测站(表 7-31)

呼和浩特地区历年月平均温度　　　　　　　　　　　　　　　　　　　　　　　表 7-31

编　号	月　份	月平均温度(℃)	编　号	月　份	月平均温度(℃)
1	1	-13.1	7	7	21.9
2	2	-9	8	8	20.1
3	3	-0.3	9	9	13.8
4	4	7.9	10	10	6.5
5	5	15.3	11	11	-2.7
6	6	20.1	12	12	-11

7.4.6　内蒙古地区典型沥青路面面层混凝土永久变形动态模量代表值

沥青路面永久变形是一个累积过程,而环境温度是以年为周期不断循环变化的,因此可以选择一年为分析周期,进行路面永久变形预估分析。

(1)乌兰察布地区永久变形动态模量代表值

①路面结构代表温度

可以利用路面代表温度预估模型预估距离路表面一定深度的路面月平均代表温度。月平均气温取乌兰察布地区温度调研结果。沥青路面面层混凝土上、中、下面层取距路表深度 4/3cm、(4+5/3)cm、(9+7/3)cm 处预估温度作为各面层代表温度,代表温度计算结果如表 7-32 所示。

乌兰察布地区典型沥青路面结构代表温度　　　　　　　　　　　　　　　　　表 7-32

月份	1	2	3	4	5	6	7	8	9	10	11	12
深度 Z (cm)	气温(℃)											
	-14	-10.9	-3.4	5.3	12.7	17.2	19.1	17.3	11.7	4.6	-4.4	-12
	等效温度(℃)											
4/3	-14.0	-10.2	-1.1	9.6	18.6	24.1	26.4	24.2	17.4	8.7	-2.3	-11.6
4+5/3	-13.1	-9.5	-0.8	9.3	17.9	23.1	25.3	23.2	16.7	8.5	-2.0	-10.8
9+7/3	-12.5	-9.0	-0.6	9.1	17.4	22.4	24.6	22.5	16.3	8.3	-1.7	-10.2

②确定动态模量值

沥青路面面层混凝土结构的各层混合料动态模量值由前文的动态模量预估模型计算得到。在动态模量预估计算过程中,温度参数采用沥青路面等效温度;关于荷载频率参数取值,汽车对沥青路面施加的荷载频率跟很多因素有关,包括汽车车速、路面平整度、车辆减震系统等,参照国内外研究成果,认为荷载频率为10Hz时,大概相当于汽车行驶车速为70km/h,这与我国高速公路的设计行车速度 80～100～120km/h 大致相当,因此选择 10Hz 的荷载频率作为计算频率,动态模量值计算结果如表7-33所示。

乌兰察布地区典型沥青混凝土路面代表温度下沥青混合料动态模量值(MPa)　　表7-33

深度 Z (cm)	月份											
	1	2	3	4	5	6	7	8	9	10	11	12
4/3	26062	24916	21159	15411	10363	7708	6732	7655	11009	15902	21738	25349
4+5/3	30372	28625	23520	16796	11472	8768	7776	8714	12136	17336	24259	29272
9+7/3	32752	31237	26134	18274	11605	8273	7091	8208	12437	18938	26928	31814

③永久变形等效温度和模量代表值计算

根据研究经验,当沥青混凝土温度在5℃以下时,路面产生的永久变形量可以忽略不计,选取 4—10 月数据进行分析计算,计算得到内蒙古乌兰察布地区沥青路面永久变形等效温度及模量代表值如表7-34所示。

乌兰察布地区沥青混凝土路面永久变形模量代表值　　表7-34

层位	上	中	下
等效温度(℃)	22.2	21.1	20.8
模量代表值(MPa)	8570	9755	9276

(2)呼和浩特地区永久变形动态模量代表值

①路面结构代表温度

根据呼和浩特地区温度调研结果及温度预估模型,沥青面层混凝土上、中、下面层取点 4/3cm、(4+5/3)cm、(9+7/3)cm 处温度作为各面层等效温度,路面结构代表温度计算结果如表7-35所示。

呼和浩特地区典型沥青混凝土路面结构代表温度　　表7-35

月份	1	2	3	4	5	6	7	8	9	10	11	12
深度 Z (cm)	气温(℃)											
	-13.1	-9	-0.3	7.9	15.3	20.1	21.9	20.1	13.8	6.5	-2.7	-11
	等效温度(℃)											
4/3	-12.9	-7.9	2.7	12.7	21.8	27.6	29.8	27.6	19.9	11.0	-0.2	-10.3
4+5/3	-12.0	-7.3	2.8	12.3	20.9	26.5	28.6	26.5	19.2	10.7	0.0	-9.6
9+7/3	-11.4	-6.9	2.9	12.0	20.3	25.7	27.7	25.7	18.6	10.5	0.2	-9.1

②确定动态模量值

动态模量选择10Hz的荷载频率作为计算频率,动态模量值计算结果如表7-36所示。

呼和浩特地区典型沥青路面代表温度下沥青混合料动态模量值(MPa) 表7-36

深度 Z (cm)	月份											
	1	2	3	4	5	6	7	8	9	10	11	12
4/3	25753	24096	19233	13588	8774	6256	5465	6256	9674	14568	20741	24957
4+5/3	29890	27440	21157	14831	9851	7290	6477	7290	10767	15880	22995	28685
9+7/3	32347	30137	23490	15827	9592	6524	5598	6524	10725	17138	25560	31291

③永久变形等效温度和模量代表值计算

根据研究经验,当沥青混凝土温度在5℃以下时,路面产生的永久变形量可以忽略不计,选取4—10月数据进行分析计算,计算得到内蒙古呼和浩特地区沥青路面永久变形等效温度及模量代表值如表7-37所示。

呼和浩特地区沥青路面永久变形模量代表值 表7-37

层位	上	中	下
代表温度(℃)	25.5	24.3	23.9
模量代表值(MPa)	7104	8224	7443

7.4.7 内蒙古地区典型沥青路面面层混凝土疲劳寿命动态模量代表值

沥青路面面层混凝土疲劳破坏主要发生在面层层底,因此以结构的下面层作为分析对象,即混凝土下面层取点距路面16cm深度为计算点。

(1)乌兰察布地区疲劳寿命动态模量代表值

①路面结构代表温度

根据乌兰察布地区温度调研结果及温度预估模型进行等效温度预估代表温度计算,结果如表7-38所示。

乌兰察布地区沥青路面代表温度 表7-38

月份	1	2	3	4	5	6	7	8	9	10	11	12
深度 Z (cm)	气温(℃)											
	-14	-10.9	-3.4	5.3	12.7	17.2	19.1	17.3	11.7	4.6	-4.4	-12
	等效温度(℃)											
5	-13.4	-9.7	-0.9	9.4	18.1	23.4	25.7	23.5	16.9	8.6	-2.1	-11.0
9	-12.7	-9.2	-0.7	9.2	17.6	22.7	24.8	22.8	16.4	8.4	-1.8	-10.4
16	-12.1	-8.7	-0.5	9.0	17.2	22.1	24.2	22.2	16.1	8.3	-1.6	-9.9

②确定动态模量值

动态模量由动态模量预估模型得到,选择10Hz的荷载频率作为计算频率,动态模量值计算结果如表7-39所示。

路面代表温度下沥青混合料动态模量值（MPa）　　　　表7-39

深度Z (cm)	月 份											
	1	2	3	4	5	6	7	8	9	10	11	12
	模量（MPa）											
5	25888	24747	21068	15511	10617	8007	7037	7954	11247	15985	21631	25177
9	30180	28450	23439	16874	11655	8982	7994	8928	12308	17401	24162	29090
16	32627	31113	26065	18349	11784	8475	7292	8409	12607	19001	26847	31688

③计算层底拉应变

利用 BISAR 3.0 计算沥青层层底拉应变，内蒙古地区高等级道路主要采用半刚性基层，基层厚度取 40cm，模量取 1500MPa；土基模量取 40MPa 作为计算值，泊松比沥青层取 0.35，半刚性基层取 0.25，土基取 0.35。计算下面层层底拉应变，计算结果如表 7-40 所示。

下面层层底拉应变计算结果　　　　表7-40

月份	1	2	3	4	5	6	7	8	9	10	11	12
层底拉应变	27.5	28.1	30.5	35.4	41.1	44.7	46	44.7	40.3	34.9	30.1	27.9

由于沥青混凝土路面疲劳破坏都是从沥青层底开始的，因此，只考虑下面层，也就是 AC-25C 基质沥青混合料的疲劳破坏模量代表值，计算结果如表 7-41 所示。

疲劳破坏模量代表值　　　　表7-41

层位	下	层位	下
代表温度（℃）	1.9	模量代表值（MPa）	24245

（2）呼和浩特地区疲劳寿命动态模量代表值

①路面结构代表温度

根据呼和浩特地区温度调研结果及温度预估模型进行等效温度预估等效温度计算，结果如表 7-42 所示。

呼和浩特地区沥青路面代表温度　　　　表7-42

月份	1	2	3	4	5	6	7	8	9	10	11	12
深度Z (cm)	气温（℃）											
	-13.1	-9	-0.3	7.9	15.3	20.1	21.9	20.1	13.8	6.5	-2.7	-11
	等效温度（℃）											
5	-13.4	-7.5	2.8	12.5	21.2	26.8	29.0	26.8	19.4	10.8	-0.1	-9.8
9	-12.7	-7.0	2.8	12.1	20.5	26.0	28.0	26.0	18.8	10.5	0.1	-9.3
16	-12.1	-6.6	2.9	11.9	20.0	25.3	27.3	25.3	18.4	10.4	0.3	-8.8

②确定动态模量值

选择 10Hz 的荷载频率作为计算频率，动态模量值计算结果如表 7-43 所示。

路面代表温度下沥青混合料动态模量值（MPa） 表 7-43

深度 Z (cm)	月 份											
	1	2	3	4	5	6	7	8	9	10	11	12
5	25888	23938	19202	13750	9059	6561	5767	6561	9942	14697	20662	24787
9	30180	27282	21130	14952	10055	7509	6695	7509	10960	15978	22926	28509
16	32627	30019	23466	15946	9788	6723	5790	6723	10913	17234	25500	31167

③计算层底拉应变

层底拉应变计算结果如表 7-44 所示。

层底拉应变计算结果 表 7-44

月份	1	2	3	4	5	6	7	8	9	10	11	12
层底拉应变	27.5	28.1	30.5	35.4	41.1	44.7	46	44.7	40.3	34.9	30.1	27.9

由于沥青混凝土路面疲劳破坏都是从沥青层底开始的，因此，我们只考虑下面层，也就是 AC-25C 基质沥青混合料的疲劳破坏模量代表值，计算结果如表 7-45 所示。

疲劳破坏模量代表值 表 7-45

层位	下	层位	下
代表温度（℃）	3.1	模量代表值（MPa）	23291

7.5 本章小结

本书以内蒙古地区为研究区域，以沥青路面面层混凝土结构在行车荷载作用下的力学响应为切入点，研究寒区重载沥青路面设计关键参数——沥青混合料动态模量及其变化规律。针对内蒙古地区寒区重载区域内的典型沥青混合料进行动态模量研究，研究内容包括沥青混合料动态模量及路面性能预估研究现状、沥青混合料动态模量概念、测试方法、试验机及试件成型方法、沥青混合料设计、沥青混合料动态模量室内试验及结果分析，沥青混合料动态模量主曲线及动态模量预估模型，沥青路面面层混凝土永久变形、疲劳寿命预估模型、等效温度及模量代表值等，得到如下结论：

（1）对动态模量研究现状进行调研，包括动态模量的概念、动态模量室内试验方法和试验机、试件成型方法等。研究表明：国内外进行了大量的动态模量理论及试验研究，沥青路面性能预估研究等，但由于路面材料的离散性和不同气候条件下力学响应差异巨大，因此针对内蒙古地区区域特征进行研究，具有重要意义。

（2）对内蒙古地区典型高等级沥青路面结构及材料应用状况进行调研，调研发现内蒙古地区高等级道路沥青路面面层结构主要为两层或者三层设计，上面层主要为 AC-16C + SBS 改性沥青混合料，中面层主要为 AC-20C + SBS（90 号基质）沥青混合料，下面层主要为 AC-25C + 90 号基质沥青混合料，集料主要为玄武岩，考虑到石灰岩具有更好的沥青黏结性，且内蒙古地区并不缺乏石灰岩，因此，细集料采用石灰岩进行研究，并建议当地沥青路面建设采用石灰岩细集料。

(3)选择 AC-16C + SBS 改性沥青混合料、AC-20C + SBS 改性沥青混合料、AC-25C + 90 号基质沥青混合料进行沥青混合料设计。为了保证动态模量室内试验的均匀性,对集料进行筛分,分档准备集料,混合料级配以级配中值为主,参考国内外研究成果,对部分关键筛孔做适当调整,进行马歇尔试验得到最佳油石比,并进行基本性能验证试验。

(4)对沥青混合料动态模量影响因子进行分析,包括试验温度、荷载频率、沥青及沥青混合料种类、集料的选择、沥青老化、混合料级配、孔隙率和沥青用量等。选择主要的影响因子进行动态模量试验设计,共设计了 5 种沥青混合料,每种有 4 个平行试件,每个试件在 5 个试验温度、六个荷载频率进行试验,一共进行 600 次试验。

(5)利用旋转压实成型试件,进行动态模量室内试验,对试验数据进行误差分析,然后分析温度和荷载频率对动态模量试验的影响,分析表明,随着试验温度的升高和荷载频率的降低,混合料动态模量急剧下降。

(6)根据时温等效原理和西格摩德模型,对动态模量室内试验结果进行最小二乘法拟合分析,得到沥青混合料动态模量主曲线和位移因子,利用 WLF 方程对位移因子进行拟合,进而得到动态模量预估方程,分析表明,动态模量主曲线拟合分析,相关系数 R^2 大于 0.99,拟合程度非常好,位移因子的 WLF 方程拟合,相关系数 R^2 大于 0.95,拟合程度非常好,得到的动态模量预估方程可以用于后续研究。

(7)对路面代表温度预估方法进行研究,得到基于环境温度的路面不同结构深度的温度预估模型,结合永久变形和疲劳寿命预估模型,给出沥青路面永久变形和疲劳寿命等效温度预估方法。

(8)对内蒙古地区典型道路进行调研,得到温度及路面结构参数,对典型沥青路面的高温疲劳性进行预估分析,给出该地区永久变形和疲劳寿命等效温度和模量代表值。

本章取得的关键性成果汇总如下:

(1)适应内蒙古地区的典型沥青混合料动态模量预估模型

本书对沥青混合料动态模量的位移因子进行 WLE 方程拟合,得到内蒙古地区典型沥青混合料动态模量预估模型(表 7-46),预估模型中含有的自变量包含温度条件、荷载加载频率。

《公路沥青路面设计规范》(JTG D50—2017)中,在进行路面结构疲劳开裂验算时采用 20℃沥青混合料的动态模量,本书的研究成果可以为内蒙古地区的路面结构设计提供可靠的动态模量参数。

沥青混合料动态模量预估模型 表 7-46

沥青混合料种类	动态模量预估方程
AC-16C + SBS 改性沥青	$\lg(E^*) = 2.125 + \dfrac{2.347}{1 + e^{-0.7324 - 0.6056\left[\lg t_r - \frac{20.71(T-20)}{213.7 + (T-20)}\right]}}$
AC-16C + 90 号基质沥青	$\lg(E^*) = 2.012 + \dfrac{2.466}{1 + e^{-0.8824 - 0.6218\left[\lg t_r - \frac{19.98(T-20)}{187.8 + (T-20)}\right]}}$
AC-20C + SBS 改性沥青	$\lg(E^*) = 2.097 + \dfrac{2.476}{1 + e^{-0.7729 - 0.4591\lg\left[t_r - \frac{21.87(T-20)}{196 + (T-20)}\right]}}$

续上表

沥青混合料种类	动态模量预估方程
AC-20C+90号基质沥青	$\lg(E^*) = 2.134 + \dfrac{2.432}{1+e^{-0.5983-0.5688\lg\left[t_r - \frac{21.11(T-20)}{185.5+(T-20)}\right]}}$
AC-25C+90号基质沥青	$\lg(E^*) = 2.049 + \dfrac{2.519}{1+e^{-0.6231-0.5906\lg\left[t_r - \frac{19.32(T-20)}{173.2+(T-20)}\right]}}$

(2) 基于永久变形、疲劳寿命等效的动态模量代表值

基于永久变形和疲劳寿命等效的沥青面层等效温度与动态模量代表值成果整理如表7-47所示。在路面结构设计时,一方面可对沥青面层混合料的动态模量提出设计要求;另一方面可以参考典型地区的等效温度、模量代表值,依据永久变形、疲劳寿命等路面设计指标,进行路面结构层的优化设计。

沥青面层等效温度与动态模量代表值研究成果　　表7-47

区域	层位	永久变形		疲劳寿命	
		等效温度 T(℃)	模量代表值(MPa)	等效温度 T(℃)	模量代表值(MPa)
呼和浩特	上	25.5	7104	—	—
	中	24.3	8224	—	—
	下	23.9	7443	3.1	23291
乌兰察布	上	22.2	8570	—	—
	中	21.1	9755	—	—
	下	20.8	9276	1.9	24245

参 考 文 献

[1] Hachiya Y, Sato K. EFFECT OF TACK COAT ON BINDING CHARACTERISTICS AT INTERFACE BETWEEN ASPHALT CONCRETE LAYERS[C]// Eighth International Conference on Asphalt Pavements. 1997.

[2] Hakim, Al B. An improved backcalculation method to predict flexible pavement layers moduli and bonding condition between wearing course and base course.[J]. Liverpool John Moores University, 1997.

[3] Bahia H U, Hanson D I, Zeng M, et al. Characterization of modified asphalt binders in Superpave mix design(NCHRP Report 459)[R]. Washington DC: National Academy Press, 2001.

[4] King G, R May. New Approaches to Tack Application. the 83rd Annual Meeting of the Transportation Research Board, Washington D. C., 2003.

[5] RoffeJ C, Chaignon F. Chataeterisaton Tests on Bond Coats: Worldwide Study[A]. 3rd International Conference Bituminous Impact, Tests, and Recommendations[C]. Mixtures and Pavements, Thessaloniki, 2002:603-609.

[6] Kruntcheva M R, Collop A C, Thom N H. Effect of Bond Condition on Flexible Pavement Performance[J]. Journal of Transportation Engineering, 2005, 131(11):880-888.

[7] 戴许明. 沥青路面抗裂防水技术研究[D]. 长沙:长沙理工大学, 2006.

[8] 颜可珍, 江毅, 黄立葵, 等. 层间接触对沥青加铺层性能的影响[J]. 湖南大学学报(自然科学版), 2009, 36(5):11-15.

[9] 李彦伟, 穆柯, 石鑫, 等. 沥青路面基面层间结合状态的数值分析[J]. 天津大学学报, 2012, 45(5):461-467.

[10] 中华人民共和国行业标准. JTG F40—2004 公路沥青路面施工技术规范[S]. 北京:人民交通出版社, 2009.

[11] Stephen A. Cross and Pramed Prasad Shrestha. Guidelines for Using Prime and Tack Costs[R]. Federal Highway Administration, Publication No. FHWA-CFL-04-001, 2004.

[12] 姜云焕. 稀浆封层施工技术[J]. 公路交通科技, 1990, 7(4):61-66.

[13] 刘红琼. 水泥砼桥桥面铺装防水粘结层性能研究[D]. 重庆:重庆交通大学, 2008.

[14] Staff C C. Pavement sawing contractor Rick Younger invented a patented device for grooving and grinding concrete pavement. It consists of replaceable straps mounted on a rotating drum with a metal inner core. [J].

[15] Cooley L A, Brown E R. SELECTION AND EVALUATION OF FIELD PERMEABILITY DEVICE FOR ASPHALT PAVEMENTS[M]. Transportation Research Record, 2000:73-82.

[16] Kim S, Loh S W, Zhai H. et al. Advanced characterization of crumb rubber-modified asphalts,

using protocols developed for complex binder[J]. Transportation Research Record, 2001, 1767: 15.

[17] 刘博.改性沥青中SBS含量物理检测方法研究[D].长沙:中南大学,2013.

[18] Loucks D A, Seguin F P. Analysis of asphalt: US, 499-456[J]. 1991-02-05.

[19] 吴文浩.SBS改性沥青关键技术参数对混合料路用性能的影响研究[D].西安:长安大学,2011.

[20] 高榕.SBS改性沥青关键技术参数及试验方法研究[D].西安:长安大学,2012.

[21] 刘登武.原材料参数对SBS改性沥青指标的影响及SBS剂量针入度法测试技术研究[D].西安:长安大学,2011.

[22] 杨朝辉.SBS改性沥青的流变性能及改性剂剂量研究[D].西安:长安大学,2011.

[23] 黄卫东,孙立军.聚合物改性沥青显微结构及量化研究[J].公路交通科技,2002(3):9.

[24] 杨群,殷巍.基于微观结构量化的SBS改性沥青分析[J].同济大学学报,2012,40(8):1176.

[25] 李闯民,李元元,邹镇伦,等.改性沥青SBS含量检测方法对比[J].长沙理工大学学报(自然科学版),2015(09).

[26] 王丽红.改性沥青中聚合物含量化学检测方法及红外光谱验证[J].化学工程师,2012(5):34.

[27] 张露喜,朱自强,鲁光银,等.沥青路面SBS含量检测仪的研制与应用[J].公路交通技术,2015(02).

[28] 曹贵,仇小年,汝凡.基于红外光谱的改性沥青中SBS掺量测试分析[J].中国建材,2013(3):38.

[29] 李炜光,周巧英,李强,等.SBS测试方法及机理研究[J].石油沥青,2010,24(5):1.

[30] 孙大权,张立文.SBS改性沥青中SBS含量测试方法研究[J].建筑材料学报,2013,16(1):180.

[31] Chung H, Ku M. Comparison of near-infrared, infrared, and Raman spectroscopy for the analysis of heavy petroleum products[J]. Appl Spectrosc 2000,54:239.

[32] Wilt B K, Welch W T, Rankin J G. Determination of asphaltenes in petroleum crude oils by fourier transform infrared spectroscopy[J]. Energ Fuel 1998, 12:1008.

[33] Aske N, Kallevik H, Sjoblom J. Determination of saturate, aromatic, resin, and asphaltenic (SARA) components in crude oils by means of infrared and near-infrared spectroscopy[J]. Energ Fuel,2001,15: 1304.

[34] Hongfu Y, Xiaoli C, Haoran L, Yupeng X. Determination of multi-properties of residual oils using mid-infrared total reflection spectroscopy[J]. Fuel 2006, 18:1720.

[35] 蔡健,石鹏程,韩静云,等.基于FTIR的改性沥青中SBS含量精确测试研究[J].公路,2016(3).

[36] 张肖宁.沥青与沥青混合料的粘弹性力学原理与应用[M].北京:人民交通出版社,2006.

[37] CLYNE T R, LI X, MARASTEANU M O, et al. Dynamic and Resilient Modulus of Mn/DOT Asphalt Mixtures[R]. Minneapolis:University of Minnesota ,2003.

[38] WITCZAK M W, FONSECA O A. Revised Predictive Model for Dynamic (Complex)Modulus of Asphalt Mixtures[C]. TRB. Transportation Research Record 1540. Washing to n DC:TRB, 1996 :15-23.

[39] 许志鸿,李淑明,高英,等.沥青混合料疲劳性能研究[J].交通运输工程学报,2001, 1(1):20-24.

[40] 赵延庆,吴剑,文健.沥青混合料动态模量及其主曲线的确定与分析[J].公路, 2006(8):163-167.

[41] 马翔,倪富健,陈荣生.沥青混合料动态模量试验及模型预估[J].中国公路学报,2008, 21(3):35-39.

[42] 韦金城,王林,马士杰.多孔隙大碎石沥青混合料动态模量试验研究[J].石油沥青, 2008, 22(1):15-19.

[43] 韦金城,崔世萍,胡家波.沥青混合料动态模量试验研究[J].建筑材料学报, 2008, 11(6):657-661.

[44] Wang, H. and Al-Qadi, I. L. (2009) "Combined Effect of Moving Wheel Loading and Three-Dimensional Contact Stresses on Perpetual Pavement Responses," Transportation Research Record, No. 2095, TRB, Washington, D. C., pp. 53-61.

[45] Al-Qadi, I. L., Wang, H., Yoo, P. J., and Dessouky, S. H. (2008) "Dynamic Analysis and In-Situ Validation of Perpetual Pavement Response to Vehicular Loading," Transportation Research Record, No. 2087, TRB, Washington, D. C., pp. 29-39.

[46] 孙立军,等.沥青路面结构行为理论[M].北京:人民交通出版社,2005.

[47] 马新,郭忠印,杨群.考虑水平荷载的道路交叉口沥青路面破损机理力学分析[J].公路工程,2008.

[48] 倪富健,王燕芳,马翔.城市道路交叉口沥青路面受力分析[J].公路交通科技,2010.

[49] De Beer, M., Fisher, C., and Jooste, F. J. (2002) "Evaluation of Non-uniform Tire Contact Stresses on Thin Asphalt Pavements," Proceedings of 9th International Conference on Asphalt Pavements (ICAP 2002), Copenhagen, Denmark.

[50] Siddharthan, R. V., Krishnamenon, N., El-Mously, M. and Sebaaly, P. E. (2002) "Investigation of Tire Contact Stress Distributions on Pavement Response," Journal of Transportation Engineering, vol. 128, no. 2, ASCE, pp. 136-144.

[51] Prozzi, J. A. and Luo, R. (2005) "Quantification of the Joint Effect of Wheel Load and Tire Inflation Pressure on Pavement Response," Transportation Research Record, No. 1919, TRB, Washington, D. C., pp. 134-141.

[52] Park, D, Fernando, E. and Leidy, J. (2005) "Evaluation of Predicted Pavement Response with Measured Tire Contact Stresses," Transportation Research Record, No. 1919, TRB, Washington, D. C., pp 160-170.

[53] 姚占勇,田腾辉.不同轮压分布形式对半刚性路面结构力学响应的有限元分析[J].山东大学学报(工学版),2009,39(6).

[54] 曾胜,吴翚,徐琦.路面动态模量的特性分析[J].长沙交通学院学报,2004,20(2).

[55] WANG HAO, (2011) "ANALYSIS OF TIRE-PAVEMENT INTERACTION AND PAVEMENT RESPONSES USING A DECOUPLED MODELING APPROACH", University of Illinois at Urbana-Champaign, Urbana, Illinois.

[56] Mcghee K K, Clark T M. Bond Expectations for Milled Surfaces and Typical Tack Coat Materials Used in Virginia[J]. Costs, 2009.

[57] Chehab G R, Medeiros M, Solaimanian M. Evaluation of Bond Performance of FastTack® Emulsion for Tack Coat Applications[J]. Bond Strength, 2008.

[58] Tashman L, Nam K, Papagiannakis T, et al. Evaluation of Construction Practices That Influence the Bond Strength at the Interface between Pavement Layers[J]. Journal of Performance of Constructed Facilities, 2008, 22(3):154-161.

[59] Mcghee K K, Clark T M. Bond Expectations for Milled Surfaces and Typical Tack Coat Materials Used in Virginia[J]. Costs, 2009.

[60] 张金荣.长寿命沥青路面层间处治技术研究[D].西安:长安大学,2008.

[61] 王兴泉.铣刨技术在二灰碎石基层工程中的应用研究[D].济南:山东大学,2011.

[62] 张久鹏,武书华,裴建中,等.基于剪切弹性柔量的基-面层间接触状态及路面力学响应分析[J].公路交通科技,2013,30(1):6-16.

[63] 曾志煌,陈茂南,翁国和,等.路面缺陷影响辨识技术研发路面[M].台北:交通运输研究所,2011.

[64] LRMS. Leader in Vision Systems for the Automated Inspection of Transportation Infrastructures [EB/OL]. http://www.pavemetrics.com/en/lrms.html, 2012-2-15.

[65] Laurent, J. D., Lefebvre, E. S. Development of a New 3D Transverse Laser Profiling System for the Automatic Measurement of Road Cracks[C]. 6th Symposium on Pavement Surface Characteristics, 2008.

[66] Laurent, J. D., Lefebvre, E. S. Development of a New 3D Transverse Laser Profiling System for the Automatic Measurement of Road Cracks [C]. The 6th Symposium on Pavement Surface Characteristics, 2008.

[67] Kelvin, C. P., Wang, W. G., Wilson, D., et. al. Application and Advanced Development of the Next Generation Highway Data Vehicle[R]. Supported by Mack-Blackwell Transportation Center and Arkansas State Highway and Transportation, July 23, 2003.

[68] Tsai, Y., Wu, Y., Lewis, Z. Full-Lane Coverage Micromilling Pavement - Surface Quality Control Using Emerging 3D Line Laser Imaging Technology [J]. Journal of Transportation Engineering,140(2).

[69] Tsai, Y., Wu, Y., Lewis, Z. Full-Lane Coverage Micromilling Pavement - Surface Quality Control Using Emerging 3D Line Laser Imaging Technology [J]. Journal of Transportation

Engineering,140(2).

[70] Tsai, Y., Li. F.. Detecting Asphalt Pavement Cracks under Different Lighting and Low Intensity Contrast Conditions Using Emerging 3D Laser Technology[J]. ASCE Journal of Transportation Engineering, 138(5):649-656.

[71] Tsai, Y., Jiang. C.. Crack Detection Using High-resolution 3D Line Laser Imaging Technology[C]. 7th RILEM International Conference on Cracking in Pavements, Delft, Netherlands, June 20, 2012.

[72] C.L. Jiang, Y.C. Tsai, Implementation of Automatic Crack Evaluation Using Crack Fundamental Element[C]. IEEE International Conference on Image Processing, 2014.

[73] Tsai, Y., Wu, Y., Ai. C., Pitts, E.. Feasibility Study of Measuring Concrete Joint Faulting Using 3D Continuous Pavement Profile Data[J]. ASCE Journal of Transportation Engineering, 138(11), 1291-1296.

[74] 孟娜.基于激光扫描点云的数据处理技术研究[D].济南:山东大学,2009.

[75] 戴彬.基于车载激光扫描数据的三维重建研究[D].北京:首都师范大学,2011.

[76] 位洪军.单三维激光扫描三维测量技术研究[D].天津:天津大学,2012.

[77] 郭昌鹤.成像激光雷达距离像乘性噪声的分析和处理[D].哈尔滨:哈尔滨工业大学,2014.

[78] 张汝婷.基于三维激光扫描的全角度三维成像系统[D].杭州:浙江大学,2015.